MOOK

THE RESEARCH LOCAL COMMUNITY

지역사회연구

MOOK
THE RESEARCH LOCAL COMMUNITY
지역사회연구

Vol. 2

(사)여수지역사회연구소 지음

한국학술정보[주]

발간사

더욱 긴 호흡 큰 걸음으로

연구소가 출범한 지도 벌써 17년이 되어 이제 어느덧 성년이 되었습니다. 돌이켜 보니 우리 사회는 그동안 참 많은 일들이 있어 왔습니다. 네 번의 정권 교체 속에 민주화의 열림과 빗장의 반복은 고스란히 지역사회에도 전이되어 왔습니다. 네 번의 지방자치를 거치는 동안 전국 최초로 주민발의에 의한 행정구역 도농통합을 하여 통합 여수시가 되고, 15년 만에 드디어 2012 여수세계박람회가 열리고 있습니다. 또한 국회의원, 시장, 시·도의원들은 4년마다 새로이 선출되어 더러는 재선이 되기도 하고, 구속이 되기도 하였습니다.

연구소도 예외는 아니어서, 민족사의 비극인 여순사건 진상규명 사업을 전개하는 과정에 3~4대 이사장이셨던 이환희 이사장님과 여순사건유족회 김상태 회장님께서 과로와 과도한 스트레스로 인해 돌아가시기도 하였습니다. 진상규명을 위한 특별법이 7년여 만에 결실을 맺어 포괄 과거사법이 제정되고 진실화해위원회가 출범하여, 여순사건 진상규명을 하였으나 실망스런 조사결과로 인해 또다시 여순사건만의 독자적인 특별법 제정을 19대 국회에서 추진하려 하고 있습니다.

　또한 17년이란 세월 동안 연구소는 나름의 괄목할 만한 양질적인 성장을 도모하기도 하였습니다. 매년 창립기념행사의 일환으로 지역의 대표적인 토론문화인 기관장 초청 정책토론회, 각종 지역 현안과 사회 지표에 대한 사회여론조사와 선거여론조사, 중앙사 중심의 역사·문화 기술을 탈피하는 민중사 중심의 지역사 재구성 조사연구사업, 이를 토대로 하는 100여 차례의 국내외 문화유적답사를 통해 70여 권의 자료와 책자를 발간하였습니다.

　최근에는 '여수 올레길 찾기'의 성과로 '금오도 비렁길' 등 생태 탐방로 개설사업도 주도적으로 참여하여 도보여행을 통한 관광활성화에도 기여하고 있으며, 본격적인 고품격 해양도서문화관광을 위한 도서연구도 목포대 도서문화연구원과 공동으로 박차를 가하고 있습니다. 그런가 하면 취약한 우리 사회의 민주화의 토대를 보다 공고히 구축하기 위해 전국의 8개 단체(광주5·18재단, 전남대5·18연구소, 제주4·3연구소, 부산 민주주의사회연구소, 민주화운동기념사업회, 민족문제연구소, 대구 4·9인혁열사계승사업회, 여수지역사회연구소)로 구성된 민주연구단체협의회 상임간사단체의 활동이 그것입니다.

이번에 복간하는 연구소의 무크지 '지역사회연구'는 실로 12년 만의 일로서, 그동안의 연구소 사업과 연구성과에 비한다면 게으름과 나태함이라는 질책도 부끄러울 뿐입니다. 복간 '지역사회연구' 제2집은 지난 2011년부터 2012년 6월까지 1년 6개월 동안 연구소 회원들의 귀중한 사업과 연구 성과물들입니다. 구성은 크게 도서해양, 평화와 인권, 역사문화관광, 자치일반의 4개 분야의 주제로 이루어져 있는데 이를 분야별로 살펴보면 다음과 같습니다.

도서해양 분야는 본격적인 고품격 도서해양문화관광을 위한 길의 인문학과 해양 실크로드의 길 – 남해안 도서지역 2편의 논문과 금오도 비렁길 현장 워크숍 결과와 금오도 비렁길 관광객 만족도 조사 결과를 담았습니다.

평화와 인권 분야는 2011 민주연구단체협의회 전국학술대회 성과물인 학술대회를 정리한 글과 함께 한국 현대사의 정치공안조작사건과 진화위의 여순사건 보고서에 대한 분석과 평가를 수록하였으며, 그 외에도 광주 5·18과 관련된 내용을 담아 보았습니다.

역사문화관광 분야는 여수의 항일운동사와 지역의 현안인 박물관 건립 문제를 다룬 글과 함께 사도의 생태관광과 지역의 주요 관광지 관광업소 컨설팅 결과를 수록하였습니다.

자치일반 분야는 18대에 이어 19대 국회에 다시 입성한 지역구 국회의원 김성곤, 주승용 의원의 초청 정책토론회 내용과 함께 최근에 다시 대두되고 있는 광양만권 지방행정체제 개편에 대한 글과 전남도 교육감과 청소년 간에 체결된 청소년 교육정책 이행에 대한 여론조사결과, 여서·문수지구 일방통행 시민만족도 여론조사 결과를 수록하였습니다. 마지막으로 연구소를 소개하는 글에서는 연구소의 약사와 현황 및 과제, 2012년도 주요 사업계획과 함께 연구소를 이끌어 주시는 소중한 분들을 소개하였습니다.

모쪼록 다시 시작하는 마음으로 더욱 긴 호흡 큰 걸음으로 연구소는 회원들과 함께 가려 합니다. 12년 만에 복간된 무크지 '지역사회연구'를 위해 지난 1년여 동안 여러 활동을 해 주신 연구소 회원 여러분과 발간을 위해 특별히 도움을 주신 한국학술정보(주)와 김만수, 박강수, 정기선, 정인석, 진준규, 최동현 회원님 및 편집교열의 수고를 하여 주신 김옥균 회원님께 진심 어린 감사를 드리며, 앞으로도 길게 내다보며 지금처럼 뚜벅뚜벅 걸어가고자 합니다.

2012. 8. 20.

(사)여수지역사회연구소 드림

| 차례 |

역사 문화 관광

도서 해양

길의 인문학

강봉룡(목포대 도서문화연구원장)

인문학에서 길은 무엇인가?

우리는 너무나 쉽게 이해할 수 있는 대상에 대하여 굳이 그 의미를 되새겨 보지 않고 지나쳐 버리는 경향이 있다. 그러나 흔하고 너무 지당한 것처럼 보이는 '어떤 것'도 '낯설게 보기'의 안목으로 다시 바라다보면, 평소에 우리가 보지 못했던 놀라운 의미와 문화상들이 그 안에 내재되어 있는 경우를 종종 본다. 결국 '낯설게 보기'야말로 대상에 대한 인문학적 의미 찾기의 일환이다.

길도 마찬가지이다. "다른 곳으로 다닐 수 있게 나 있는 공간"이라는 제1의 사전적 의미는 우리가 일상적으로 접하는 상식적인 길을 설명하는 것으로, 당연한 것으로 여기고 지나쳐 버릴 수 있다. 그러나 길을 '낯설게 보기'라는 관점을 통해서 다시 보게 되면, 우리가 놓쳐 버린, 길에 내재된 농익은 인문학적 의미들을 새삼 재발견할 수 있다. 바로 이것이 우리가 지향하고자 하는 길의 인문학적 탐구이다.

먼저 길에는 '공간으로서의 길' 이외에도 '관념으로서의 길'이 있을 수 있다. 다시 사전을 들여다보면 '공간으로서의 길'을 설명하는 제1의 의미와 함께 '관념으로서의 길'을 설명하는 제2("행동의 방향이나 목적"), 제3("도리나 임무"), 제4("방법이나 수단")……의 의미들이 나열되어 있다. 결국 '공간으로서의 길'의 의미에서 수많은 '관념으로서의 길'의 의미들이 파생되었음을 알 수 있다. 따라서 길의 원형은 역시 '공간으로서의 길'이며, 길에 대한 탐구는 이로부터 시작되어야 할 것이다.

'공간으로서의 길'도 그리 간단치는 않다. 크게 나누어 보면 '자연에 의해 내어진 길'과 '인간이 낸 길'이 있을 수 있다. 전자의 길은 지구대와 같이 자연적으로 내어진 길이나 자연의 일부로서의 야생 동물들이 반복적으로 왕래한 결과 내어진 길과 같은 '자연의 길'을 말함이고, 후자의 길은 인간이 '뭔가'를 지향하면서 의식적 혹은 무의식적으로 낸 '인간의 길'을 의미한다. '자연의 길'도 인간이 활용하면 '인간의 길'로 전환될 수 있음은 물론이다.

우리의 길에 대한 탐구는 우선 '인간이 낸 길'에 한정한다. 그런데 '인간이 낸 길'은 육지에만 있는 것이 아니라 바다에도 있고 강에도 있다. 바닷길, 강길, 물길 등의 개념이 그것이다. 근대 이후에는 '하늘 길'도 열린다. 물길이나 하늘 길은 육지의 길처럼 그 흔적이 뚜렷이 보이지는 않지만, 분명히 존재하는 '인간이 낸 길'이다.

한편 이러한 길은 중요한 점(거점=도시)들을 연결하는 선이다. 길의 거점으로서의 도시(혹은 마을)들은 길의 일부이면서 또한 그 안에 또 다른 길을 포함한다. 길은 도시와 도시를 소통시키고, 도시 내부를 소통시키는 통로인 셈이다. 따라서 길의 관점에서 그 위에 있는 거점으로서의 도시를 들여다볼 때, 소통의 내용과 의미를 보다 풍부하고 선명하게 이해할 수 있을 뿐 아니라, 도시들을 보다 맥락적으로 파악할 수 있다.

항구는 바닷길의 거점 도시이고, 나루는 강을 횡단하는 강길의 거점 도시다. 그리고 이들은 내륙의 도시들과 길로써 연결된다. 길의 맥락을 따라가 보면, 그 길 위 도시들의 문화적 맥락을 엿볼 수 있고, 길 위 도시들의 문화적 내용을 파악하면 그 도시들이 위치한 길의 성격을 이해할 수 있다. 따라서 길의 관점에서의 도시 보기는 인문학의 맥락적 접근방법을 의미한다.

우리의 길에 대한 인문학적 탐구는 인간이 이러한 길들을 내면서 지향한 의식적 무의식적 '무엇'을 찾는 것에서 시작하여, 길의 문화적 기능과 맥락 및 변용양태, 길에 대한 인식의 변화, 길의 거점으로서의 도시에 대한 맥락적 이해 등등을, 그리고 더 나아가 이로부터 파생된 '관념으로서의 길'의 의미까지를, 역사(지리)적, 문학적, 철학적, 민속학적 관점에서 추구한다.

길의 생성과 변용: 침투와 소통

기본적으로 길은 '인간의 반복적인 행위(왕래)'를 통해서 생성된다. 따라서 길은 그 같은 반복적인 행위에 투영된 인간의 의식적 무의식적 지향성을 포함한다. 먼저 길의 생성과 변화, 발전 및 변용의 과정을 살핀다.

첫 단계의 길은 인간이 자연으로 침투해 들어가는 통로로서 길이다. 인간이 채집과 어로와 수렵을 위해 자연으로 침투해 들어갈 때 그 반복 과정에서 길이 생성된다. 그 길은 육지의 길뿐만 아니라 강과 바다에 낸 물길도 마땅히 포함한다. 수렵을 위해 '동물의 길'을 반복적으로 추적하다 보면 동물에 의해 내어진 '자연의 길'이 수렵이라는 인간의 의식적 무의식적 지향이 투영된 '인간의 길'로 전환되기도 한다. 결국 첫 단계의 길이란 문화가 자연으로 침투하고 확산되어 가는 통로인 셈이다. 그 길을 통해 문화가 자연으로 더욱 널리 확산되어 감에 따라 새로운 길이 생성되고, 길은 더욱 복잡다기한 양상을 띠기 마련이다.

첫 단계의 길은 먼 태초의 시기에만 존재했던 과거의 길이 아니라 오늘날까지도 인간이 발길이 미치지 않는 미지의 자연에 대한 험난한 탐험과정을 통해서 끊임없이 생성되고 있는 길이다. 근세기의 인상적인 사례로서 호주의 남단과 북단을 관통하는 탐험에 나선 John McDouall Stuart의 길 내기를 들 수 있다. 그는 1858년부터 1862년까지 남단의 Adelaide에서 북단의 Darwin까지 무려 6차례에 걸쳐 탐험을 감행하였다. 이를 통해 누구도 감히 도전하지 못했던 험난한 호주 내륙의 사막지역을 관통하는 탐험을 마침내 성공적으로 마무리하고, 새로운 길의 가능성을 제시하였다. 오늘날 Stuart가 낸 길을 따라 새 길을 닦고 이를 Stuart Highway라 명명하여, Stuart가 험난한 자연을 침투하여 처음으로 길을 낸 사실을 역사적으로 기념하고 기억하고 있다. 이러한 사례는 국내외의 역사를 통해서 얼마든지 찾아질 수 있다.

바닷길에서도 첫 단계의 길을 찾을 수 있다. 15세기 말에 콜럼버스는 잘 알려진 지중해의 바닷길이 아닌 전혀 알려지지 않은 생소한 길을 찾아 서쪽 바다로 항해를 떠난다. 그의 항해는 인도에 도달하는 새로운 길을 찾겠다는 분명한 의식적 지향성을 포함한다. 네 차례에 걸친 그의 탐험 항해는 결국 자연 상태로 존재하던 대서양에 새로운 바닷길의 획을 그었다(대서양항로). 이후 유럽인들은 이 길을 따라 아메리카 대륙에 왕래하며 식민하고 지배했다.

다음 단계의 길은 문화 전파의 통로로서 길이다. 한 집단은 처음엔 우연적인 '발견'을 통해서 '저곳'에 다른 집단이 존재한다는 사실을 알게 되고, 이어서 반복적인 왕래를 통해 두 집단을 연결하는 길이 만들어진다. 길은 우연히 트이게 되나, 두 집단의 필요성에서 의식적으로 만들어진다. 이 길은 두 집단 혹은 여러 집단의 문화가 '전파'되는 통로로 활용된다.

그런데 '전파'는 상호 문화 교류와 일방적 문화 침투를 모두 포함한다. 상호 문화 교류의 통로로서 길은 역사에서 얼마든지 찾아볼 수 있다. 그중에서도 중국에서 시작하여 중앙아시아, 서아시아를 거쳐 유럽으로 이어지는 육지의 길과, 홍해에서 시작하여 아라비아 해, 인도양, 동남아시아, 동아시아로 이어지는 바닷길을 합한 육해 순환로가 저명한 예이다. 흔히 '실크로드'라 불리는 이 길을 통해서 실크로 상징되는 문물의 교류가 동서 간에 이루어졌다.

우리는 역사에서 일방적 문화 침투의 길도 찾을 수 있다. 물론 완전히 대등한 문화 교류도 있을 수 없듯이, 완전히 일방적인 문화 침투도 상정하기 어렵겠지만, 그와 비슷한 양상을 띠는 것으로 문화의 '지배적 전파'를 상정하면 가할 것이다. 쉬운 사례로서 앞에서 든 콜럼버스의 '대서양항로'를 다시 들 수 있다. 이 길을 통해서 유럽의 문화가 아메리카 대륙과 호주대륙, 그리고 태평양 상의 수많은 섬들에 식민과 함께 일방적으로 침투해 들어갔다. 로마의 길도 이런 유의 길로 분류될 수 있다. 로마의 길은 로마가 유럽 대륙으로 무력 침략을 감행하고 일방적 문화 침투와 문물 수탈을 선도하는 통로로 활용되었다. 한때 '모든 길은 로마로 통한다'고 했을 정도다.

중국의 길도 마찬가지다. 육로 이외에 운하를 적극 활용했다는 특징이 있고, 역사 전개과정에서 전국 각지에서 일어난 세력들 간에 상호 교류하고 쟁투하는 통로로 활용되기도 했지만, 크게 보아 중국의 길은 한족이 중국대륙을 통합하여 거대한 제국을 건설해간 일방적 통로였다고 볼 수 있다.

특이한 길: 역사에서 철학으로

세 번째 단계의 길이 있다면 그것은 특이한 길이다. 이탈리아의 베네치아는 육로가 없다. 모든 길이 수로이다. 6세기 이후에 이탈리아 동북지역에 살던 주민들이 침략세력을 피해 아드리아 해 석호지대로 피난해 들어가 임시거처로 삼다가, 십 수 세기에 걸쳐 인접해 있는 100여 개의 섬을 400여 개의 다리로 연결하고 177개의 운하를 조성하여 '길'로 활용하는 특이한 물의 도시 베네치아를 건설한다. 4km에 달하는 대수로(Canal Grande)를 간선으로 하고 수많은 작은 수로(Rio)를 지선으로 하는 베네치아 물길 교통체계는 특이함을 넘어서 경이로움을 느끼게 한다.

유목인의 길(nomadic road)은 특이함이 더욱 돋보인다. 끝없이 펼쳐진 대초원지대에 정처 없이 말을 타고 달리다 보면 그곳이 곧 길이 된다. 보통 길은 정해진 정형이 있기 마련인데, 유목인의 길은 정형이 없다. 농경을 바탕으로 고도의 문명 단계로 들어선 중국문화의 정형화된 길의 입장에서 볼 때, 정형이 없는 유목인의 길은 그 자체가 위협이었다. 유목인의 길은 모든 방향이 길이기 때문에 길목만 차단하면 될 그런 길이 아니었다. 중국이 굳이 장구한 세월 동안 만리장성을 쌓았던 것도 알고 보면 이러한 유목인의 길을 차단하기 위한 고육지책이었을 것이다. 그러나 그들의 모든 길을 차단할 수는 없었고, 때론 그들의 지배를 받아들여야 했다.

사실 유목인의 길은 특이한 길을 넘어서는 '길 아닌 길'이다. 최근에는 유목인의 길에 내포된 무정형의 속성을 새로운 철학 사조로 내세우기도 한다. 유목주의(normalism)가 그것이다. 정형화된 길(기존의 가치와 삶의 방식)의 억매임에서 벗어나 대초원지대의 '길 아닌 길'(다양하고 새로운 가치와 삶의 방식의 창조)을 추구한다. 여기에서 우리는 '공간으로서의 길'을 '정형화된 삶과 사고의 관행(routine)'을 의미하는 '관념으로서의 길'로 진전시킬 수 있다. 그러면서도 또 한편으로는 그 길로부터 벗어나 자유를 추구하는 '길 아닌 길' 역시 길의 범주에 포함시키지 않을 수 없으니, 곧 길을 통한 역사와 철학의 만남, 그리고 '길의 철학'이 가능한 이유다.

길의 거점으로서의 도시: 역참과 항·포구

인간이 왕래하고 문화가 소통되는 통로가 길이라면 길 위의 거점인 도시는 인간과 문화가 머물고 만나는 공간이다. 이런 관점에서 길과 도시의 상관관계를 따져 보는 것도 흥미로운 인문학적 주제가 된다.

우리는 육로의 거점을 '역참(驛站)'이라 부르고, 물길의 거점을 항·포구라 칭하는데, 역참과 항·포구는 길을 통해 유기적인 네트워크를 형성하기 마련이다. 다만 도시의 발생과 발전이 강가나 바닷가의 항·포구에서 일어나는 경우가 많다는 사실은 주목할 필요가 있다. 이는 곧 강길이나 바닷길이 원초적 문화 소통로로 작동한다는 것을 의미하기 때문이다. 비록 사례가 드물기는 하지만 내륙도시는 육로의 거점에서 일어나기 마련이다. 산업(예컨대 유목)이나 자원 (풍부한 물산)에 힘입어 고립적으로 내륙 도시들이 발생하기도 있지만, 결국에는 육지의 길과 긴밀한 관계를 맺으며 성장하게 된다. 길과 도시가 이렇듯 상호 작용하면서 성장한 내륙 도시들의 사례를 육상 실크로드 상의 수많은 전근대 도시들에서 찾아볼 수 있다.

근대도시의 건설에서 길은 더욱 중시된다. 목포와 군산, 홍콩과 마카오, 그리고 나가사키, 고베 등과 같이 제국주의 세력이 동아시아에 침투하면서 조성한 근대 개항장들은 바닷길과 강길, 더 나아가 육지의 길을 염두에 둔 최상의 길목에 조성된다. 그리고 그들은 대개 거대 근대도시로 발전한다. 목포의 경우는 거대 도시로까지 발전하지 못했다는 점이 좀 특이할 뿐 입지와 조성 과정은 공통점을 가진다.

1897년 개항장 건설이 시작되기 전에 목포는 도시가 아닌 일개 소촌에 불과했다. 강길과 바닷길이 교차하는 영산강의 하구에 위치하고 있을 뿐 아니라, 바닷길을 통해서 중국과 일본을 연결할 수 있는 최상의 국내외 길의 입지를 띠고 있어, 바다를 매립하는 수고로움에도 불구하고 굳이 이곳을 개항장으로 선정하였던 것이다. 일제강점기에 들어 목포는 호남선 철도의 종착점이자 국도 1·2호선의 기점으로서 설정되어, 물길과 육지의 길이 교차하는 최고의 길 중심지가 된다. 소촌에 불과했던 목포가 1920년대 들어 전국 3대항, 6대 도시의 반열에까지 올랐던 것은 이러한 국내외적 길의 집적과 긴밀한 상관관계가 있다. 반면 해방 이후에 목포가 정체 내지 쇠퇴를 면치 못했던 것은 1949년 중국의 공산화 이후에 중국과의 바닷길이 차단되면서 여타의 길들이 국내외적 네트워크의 탄력을 상실하게 된 것이 중요한 요인이 되었을 것으로 판단된다.

이렇듯 길과 도시는 동서고금을 막론하고 깊은 상관관계를 가진다. '길의 인문학'의 관점에서 도시 연구가 맥락적으로 이루어져야 하는 이유가 여기에 있다.

길에 대한 인식의 변천: 세계관과 패러다임

우리나라의 예만 보아도 길에 대한 인식은 시대에 따라 달라진다. 먼저 고려시대까지는 강길과 바닷길은 국내 문물을 소통시키는 주요 통로였을 뿐 아니라, 세계와 소통하는 통로였다. 수많은 국제 무역선들이 바닷길을 통해서 왕래했고, 외교사절단(사신) 역시 바닷길을 통해서 교류되었다. 장보고는 이 시대의 바닷길을 대표하고 상징하는 인물이다. 고려에 파견되었던 송의 사신 서긍은 그가 왕래한 바닷길의 내력을 『고려도경』에 남겼다.

그러나 조선시대에 들면 세계와의 소통이 물길이 아닌 육지의 길 중심으로 이루어지게 된다. 강길과 바닷길은 세곡 운반과 같이 국가적으로 필요한 사안에 한정하여 단순히 국내용으로만 활용되었다. 조선시대의 사신 파견은 철저하게 육로를 통해서 이루어지고, 수많은 연행록과 사행록들은 육로의 여정을 대상으로 기록된다. 자연히 대외관계는 육지로 연결된 중국에 한정되었다. 바다활동을 금지한 해금정책 탓이다.

조선의 해금정책 채택은 단순한 정책의 차원을 넘어서는 세계관의 변화를 포함한다. 처음 조선은 명의 강요로 해금정책을 채택하였으나, 점차 폐쇄적 세계관의 큰 틀로 안착한다. 육로로 통하는 중국만을 유일한 문명세계(大中華)로 간주하고 조선 스스로는 그 문명권 안의 소중화(小中華)로 자부한다. 바다 밖의 세력은 야만의 세계로 치부해 버렸다. 일본에 파견한 조선통신사의 길은 공식적인 조선의 유일한 대외 바닷길이었지만, 이것도 일본의 요청에 마지못해 응한 제한적인 길이었을 뿐이다.

조선의 사례는 길에 대한 인식의 변화가 세계관의 변화와 긴밀한 관계에 있을 수 있음을 보여 준다. 15세기부터 시작된 유럽의 '대항해시대' 역시 길에 대한 인식의 변화가 세계관의 변화와 긴밀한 관련을 가지는 대표 사례의 하나이다. 지구 구형설에 대한 뿌리 깊은 의심은 콜럼버스에 의해서 깨졌고 대서양을 횡단하는 새로운 바닷길(대서양항로)이 열렸다. 이로써 '로마의 길'과 지중해의 바닷길에 안주하던 유럽세계는 '대서양항로'와 '인도항로'라는 새로운 바닷길을 통해서 세계로의 진출을 본격화하고 급기야 제국주의 시대로 이어 간다.

길에 대한 인식의 변화는 패러다임의 변화와도 관계가 있다. 비근한 예로 근대 철도를 들 수 있다. 미국의 철도가 서부개척을 선도했고, 우리 철도의 역사가 일제의 조선 강점과 긴밀한 관계가 있음은 주지의 사실이다. 문제는 철도에 대한 저항의 성격이다. 기본적으로는 제국주의 침략에 대한 저항의 의미가 강하지만, 한편으로 봉건세력의 도로관과의 충돌 현상이 있었음도 주목할 일이다. 봉건적 보수성이 강한 지역 유지들의 목숨을 건 격렬한 반대에 부딪혀 결국 노선을 우회시키지 않을 수 없었던 것은 이를 반영한다. 그러나 철도가 지나가는 곳은 근대 도시로의 성장을 가져왔지만, 우회되어 버린 중세 중심도시는 퇴락을 면치 못한 사례가 많다. 고속도로로 진화하는 '신작로' 역시 이와 비슷한 이미지를 내포한 근대의 길에 포함시킬 수 있다. 철도와 신작로는 곧 중세에서 근대로의 패러다임의 전환을 가져온 새로운 길인 셈이다.

육지의 길과 바닷길의 교대, 그리고 전근대의 길과 근대의 길의 교대가 세계관과 패러다임의 대전환을 가져와 역사의 주도세력을 교대시키는 데까지 나갔다고 한다면, 이는 철학이 선도하는 인문학적 길 탐구의 좋은 주제가 될 수 있다.

길에서 펼쳐지는 문학의 세계: '길의 문학'을 지향함

여행은 일상에서 벗어나 새로운 사람과 문화를 만나며 낭만을 즐기는 유희이다. 그런 만큼 여행은 인간의 상상력을 자극해서 새로운 문학의 세계로 이끌어 간다. 여행길을 여로라 부르고 여행의 과정을 여정이라 부르듯 여행은 길과 관계가 깊고, 따라서 길은 문학과 불가분의 관계를 가진다.

14세기 말에 초서가 쓴 『캔터베리이야기』는 길과 문학의 관계를 가장 인상적으로 담고 있다. 영국 남부 캔터베리대성당을 참배하러 떠난 31명의 사회 각계각층의 인물들이 그 여로에서 무료함을 달래기 위해 번갈아 가면서 이야기하는 형식으로 꾸며진 중세 영국 문학의 대표작이다. '신밧드의 모험'은 뱃사람 신밧드가 경험한 일곱 차례의 항해 이야기를 소재로 하고 있어, 이 역시 길(바닷길)과 문학의 만남을 보여 주는 저명한 예로 들 수 있다. 죽음을 면하기 위해 왕비가 1,001일 동안 매일 밤 왕에게 이야기를 들려준다는 형식으로 꾸며진 『천일야화－아라비안나이트』는 중세 아랍 문학의 백미로 꼽히고 있는데, '신밧드의 모험'은 그 안에 나오는 이야기의 하나다.

한국 설화문학의 백미라 할 『삼국유사』에도 길과 관련된 이야기들이 다수 실려 있다. 연오랑·세오녀 이야기, 수로부인 이야기, 거타지 이야기 등을 그 예로 들 수 있다. 신라 아달라왕 대에 동해변에 살던 연오랑과 세오녀가 동해안에서 떠오는 바위를 타고 일본으로 건너가 왕과 왕비가 되었다는 이야기가 고대 한·일 간의 바닷길을 소재로 한 것이라면, 신라 진성여왕 배경의 거타지 이야기는 신라와 당 사이에 이루어진 바닷길을 소재로 한다. 그 이야기의 개요는 다음과 같다. "사신선이 곡도라는 섬 근처에서 풍랑이 크게 일어나 섬에 머물러 있다가 한 노인의 선몽에 따라 신궁인 거타지를 섬에 남겨 놓고서야 비로소 출발할 수 있게 된다. 거타지는 그 노인의 요청에 따라 노인을 괴롭히는 요괴를 활로 쏘아 죽이고 행운을 잡게 된다." 거타지 이야기는 고려 건국시조인 왕건의 할아버지 작제건에 얽힌 이야기를 거쳐, 심청 이야기로까지 이어져 한·중 바닷길의 험난함을 표상하는 설화문학의 원형으로 평가할 만하다. 수로부인 이야기는 신라 성덕왕 대에 순정공이 강릉태수로 부임하던 중에 그 동해안 길에서 그의 부인(수로부인)과 얽혀 일어난 해프닝을 담은 이야기로 우리에게 '헌화가'라는 향가의 배경이 되는 이야기로 더 잘 알려져 있다.

그러고 보면, 길과 얽힌 역사의 문학의 혼합된 『동방견문록』을 언급하지 않을 수 없다. 베네치아 출신의 마르코 폴로가 13세기 후반에 원나라 등 동방의 여러 나라를 여행하면서 견문한 것을 기록한 기행문학의 결정판으로, 역사적 사실과 함께 문학적 픽션을 뒤섞어서 유럽인들에게 동방에 대한 환상을 심어 주어 급기야 15세기 동방에 이르는 새로운 길(대서양항로와 인도항로)을 찾아 나서도록 자극한다. 일본의 고승 엔닌이 장보고 등 신라인들의 도움을 받아 9년간(838~847) 당에 불교 유학을 수행한 과정을 정리한 『입당구법순례행기』 역시 이러한 기행문학의 대표 사례에 속한다. 중·일 간의 바닷길과 재당 신라인 집락들, 그리고 중국 내 순례의 노정 등을 일기 형식으로 기록한 사실적 기행문학의 대표작이라 일컬을 수 있다.

박지원의 『연암일기』가 중국에 사행(使行)하던 중 한·중 육로상의 노정에서 견문한 것을 정리한 육로 기행문학의 결정판이라 한다면, 영조 대에 출간된 『해행총재』는 고려 말 이래 일본에 사행하고 남긴 기록들을 모은 것으로, 바닷길의 노정과 사행의 목적과 일행의 구성, 예물과 영접례 등의 절차를 대부분 일기와 산문·시의 형식으로 기록한 바닷길 기행문학의 집대성 판이라 할 것이다. 이 밖에 바다에서 길을 잃고 '길 밖의 길'을 경험한 사람들이 그들의 견문과 소감을 혹은 사실적으로 혹은 문학적 표현으로 기록한 표류기는 '표류문학'이라는 장르로 분류할 만하다.

다양한 길에서 행하는 다양한 경험들을 문학의 세계와 연결하려는 '길의 문학'은 과거에 수없이 시도되었고, 오늘날, 그리고 앞으로도 끊임없이 시도되어 갈 것이다.

길에서 행해지는 민속 의례와 연희의 세계

우리의 민속 의례에는 길을 중시하는 아이콘이 존재한다. 길은 다른 세계로 떠나고 보다 풍성한 귀환을 기약하는 통로로 인식되며, 이를 기원하는 의례가 행해진다. 육지의 길을 떠날 때는 길놀이, 길고사, 길군악을, 뱃길을 떠날 때는 뱃고사, 뱃서낭, 풍장 굿을 행한다. 이러한 의례에는 길에 대한 민중들의 경외하는 종교적 심성이 깃들어 있다. 그러면서도 길을 관장하는 신에 대한 경외감을, 그 신을 즐겁게 해 주는 오신(娛神)의 연희로써 풀어냄으로써, 신과 하나되는 신명(神明)이라는 엑스타시의 경지에 빠져든다.

길놀이는 축제의 세계로 들어가기 전에 필수적인 의례로 거행된다. 마을 축제 땐 농악패가 마을길을 돌아다니며 주민들의 신명을 돋운다. 일본의 축제에서도 길놀이는 하이라이트를 이룬다. 신사(神社)에 고하는 것으로부터 시작되는 일본의 축제는 간선도로에서 주민들이 일체가 되는 신명의 연희를 행하는 것으로 정점에 달한다. 세계의 축제로 정착한 올림픽에서도 길놀이와 유사한 의례가 행해진다. 성화를 채화하여 세계의 길(성화 봉송로)을 달리며 성화의 신성한 권위로 세계인이 하나임을 선언한다.

무속에서의 길은 '질(길)굿'이나 '질(길)닦음'에서 '흰질(길)베'를 통해 종교적 관념의 세계로 연결된다. '흰질베'란 하얀 베로 길의 이미지를 표상한 것으로서 삶과 죽음 혹은 있음과 없음을 매개하는 '관념으로서의 길'을 상징한다. 흰질베는 때때로 고뇌를 상징하는 매듭(고)으로 형상화되기도 하는데, 이는 길의 얽힘, 길의 막힘을 상징한다. 무당은 길의 종교적 안내자로서 고를 풀고 '흰질베'를 두 갈레로 찢으면서 전진한다. 막힌 길을 뚫고 업과 고가 없는 공간으로 이동하는 것을 형상화한 것이다. 이른바 '고풀이'가 그것이다. 고풀이 의례에서 흰질베는 영원으로 이르는 길의 메타포인 것이다.

해양 실크로드의 길목, 남해안 도서지역

이정훈(연구소 연구위원)

21세기는 해양의 시대라고 일컫는다. 삼면이 바다로 둘러싸인 우리나라는 지정학적으로 볼 때 매우 중요한 유라시아 동안의 반도국에 해당된다. 반도적 위치는 예로부터 대륙세력과 해양세력이 조우하는 곳으로 문명의 교류와 전래가 빈번하게 발생했던 곳이다. 대륙에서 불교가 전래되어 일본에 전래되기도 하였으며, 고려의 인삼과 자기가 중국을 통해 대륙으로 전파되기도 하였다.

오늘날에는 공업 발달과 국제간 활발한 교역으로 해상 교통의 중요성이 매우 높아졌다. 따라서 21세기에는 이러한 반도적 위치의 장점을 잘 살려 태평양 시대를 주도할 중심 국가로서 발전할 가능성이 그 어느 때보다도 높아지고 있다. 세계적 시야에서 보자면 우리나라의 지리적 위치는 동남아와 미주를 연결하는 태평양 대권항로의 중간 길목에 해당되기 때문에 해운업이 발달할 수 있는 매우 유리한 조건을 갖고 있다. 외국의 상선이나 화물선이 우리나라의 부산항을

여수국가산업단지 내 삼일항 전경

중간 기항지로 하여 동남아와 미주지역을 연결할 수 있는 중간 지역인 셈이다. 따라서 정부에서도 광양항과 부산항을 투톱(two-top)으로 해운업과 무역에 주력하고자 하는 것이다.

남해안은 그러한 관점에서 매우 중요한 곳이며, 천혜의 자연환경과 어우러져 세계 그 어느 나라에서도 볼 수 없는 아름다운 바다와 많은 섬을 가진 곳이다. 이러한 지형이 만들어진 배경에는 우리나라가 유라시아판과 태평양판이 만나는 경계지대 너머에 위치한 배호분지(back-arc basin)라는 판구조 운동과 관련 있다. 다시 말해 이러한 지각운동으로 동해는 안정지괴 대륙 말단부의 비대칭적 운동이 일어난 곳이며, 황해와 남해는 지난 빙기 때 대륙과 연결된 곳이었다. 그 후 후빙기 해진(海進) 운동 때 서해안 일대는 많은 미립물질이 조류의 퇴적작용에 의해 육지 깊숙이 두터운 퇴적층을 만들기도

하였으며, 남해안에는 크고 작은 많은 섬과 반도를 이루게 되어 넓은 대륙붕이 만들어지게 되었다.

따라서 남해안의 도서는 판구조운동에 의한 선(線, fracture)구조 영향으로 현재와 같은 모습이 만들어졌으며, 이후 조류와 파랑에 의한 외적 작용이 가해진 곳이다. 또한 쿠루시오 난류가 동해로 북상하는 길목으로서 연중 수온이 높은 편이며, 크고 작은 많은 섬이 해양기단의 세력을 완화시켜 주는 바람받이 역할을 하여 연중 강수량이 많은 편이다. 남해안의 산지는 해발 400~600m 내외로 다도해까지 이어져 있는데, 기반암이 주로 편마암이나 안산암으로서 미립물질의 공급이 하천을 통해 바다로 잘 유입되지 않은 곳이다. 그 결과 남해안은 황해안에 비해 물이 맑고 깨끗하여 청정해역을 이루게 되고 수심이 얕아 어류의 산란과 성장에 유리한 곳이다. 이는 인간의 삶의 터전으로서 수산업과 양식업이 발달할 수 있는 계기가 되었으며, 크고 작은 많은 섬들은 바닷사람들의 보급기지로서 일찍이 사람들이 입도하여 정착하게 되었던 것이다.

이러한 특징을 바탕으로 세계의 다른 지역과 비교지역적 관점에서 논의해 보기로 하자. 우선 우리나라와 위도대가 비슷한 그리스 지역과 위도더가 다른 남태평양 저위도대의 누벨칼레도니를 사례로 살펴보고자 한다.

우리나라와 위도대가 비슷한 지중해 연안의 그리스 에게 해 지역은 그리스 본토, 소아시아 반도의 서해안 및 크레타 섬에 둘러싸인 동지중해의 해역으로, 남북길이 640km, 동서길이 320km에 달한다. 대소 400개의 섬이 산재해 있으며 다도해라고도 불린다. 이곳은 화산활동의 영향으로 형성된 거대한 수중 칼데라에 해당되는데, 서부지역은 규모가 크고 고도가 높은 섬들의 해안을 따라 가파른 해식애가 발달되었고 동부 지역은 고도가 낮은 섬들이 많다. 헤로도토스가에게 해의 섬들을 범람한 나일 강 수면에 점점이 떠 있는 취락에 비유했듯이 도서(島嶼)의 대부분은 파쇄(破碎)되어 침수한 구육괴(舊陸塊)의 정상부에 해당하며, 동서방향의 신기 조산대 몇 줄기가 이를 꿰뚫고 있다. 따라서 해저의 지형도 복잡하며, 수심이 2,300m 정도로 깊은 곳도 있고, 수십m에 불과한 얕은 곳도 있다. 그러나 섬을 따라 안전하게 항해할 수 있으며 해역 전체가 아시아와 유럽의 접촉점에 위치하고 고대문명이 꽃핀 이집트에도 가까웠기 때문에, BC 1500년경부터 이 해역을 중심으로 한 에게문명이 생겨났으며, 고대 후기에는 그리스문화의 중심부가 되었다. 이곳은 그리스 문명의 발상지로 일찍부터 교역과 왕래가 많았던 곳이며, 해상세력을 통한 각 국가들의 주도권 쟁탈이 심했던 곳이다. 19세기에 러시아가 이곳을 발판으로 남하정책을 펴려다 실패한 곳이기도 하다.

이와 비교하여 우리나라 남해안의 도서는 지정학적으로 매우 중요한 위치를 갖는다. 임진왜란 때는 일본의 침략을 막는 방파제 역할을 하였다. 이순신 장군은 이곳의 지형과 바다를 숙지하여 일본의 한반도 침략을 저지하는 데 공헌하였다. 남해안 도서지역은 천혜의 해상요새였다. 또한 1885년(고종 22년)에는 영국이 러시아의 남하를 막는다는 구실로 거문도를 불법 점령하여 해밀턴 항구라 불렸던 거문도사건이 일어났는데, 이는 거문도 지역이 동남아 해역에서 동해 상으로 나가는 전략적 요충지임을 증명해 주는 사건이었다.

대륙붕을 끼고 있는 우리나라와 비교할 때, 그리스 에게 해는 상대적으로 수산업과 양식업 발달에 불리한 자연적 조건이다. 그 대신 오늘날 지중해 일대 도서는 관광산업이 발달하였는데, 깊은 수심으로 바다가 깨끗하며, 온화한 지중해성 기후의 이점이 더해졌기 때문이다. 기후가 변덕스럽고 추운 북서유럽인들의 휴양지로 발달하게 된 배경도 이 같은 이유 때문이다. 식생의 경우, 이 지역은 올리브나무나 코르크나무 같은 경엽수림이 발달한 것이 특징이다. 이는 생활문화에도 영향을 미쳐 지중해 연안에는 포도주나 올리브유 사용이 보편화되었다. 신기조산대에 위치한 지역으로 토양이 척박하고 여름이 건조하기 때문이다.

한편 우리나라 남해안에 인접한 산지나 구릉에서는 경남 남해의 다랭이마을처럼 계단식 경작지가 발달하기도 하며, 해남 '땅끝마을'에서는 겨울채소가 재배되기도 한다. 그리스 에게 해 지역에 비해 대륙의 영향을 많이 받기 때문에 겨울이 상대적으로 추운 편이나 해양기단의 영향으로 한반도내륙에 비해 온화한 기후가 나타난다. 식생의 경우, 후박나무나 동백나무 같은 상록활엽수림이 발달하여 수목이 울창하다. 하지만 겨울기후가 온화하고 따뜻한 지중해 연안에 비하면 사계절 관광에 다소 불리한 기후적 조건을 갖는다.

다음으로, 우리나라와 위도대가 다른 남태평양 저위도대의 누벨칼레도니와 비교해 볼 수 있다.

누벨칼레도니(Nouvelle-Calédonie, 프랑스 해외영토)는 태평양의 남서쪽에 위치해 있다. 이 지역은 지리적으로 멜라네시아라고 불리는 군도의 일부분에 해당된다. 누벨칼레도니는 큰 섬과 여러 개의 작은 섬들로 이루어져 있는데, 큰 섬은 약 400km 정도의 길로 좁은 형태로 뻗어 있다. 이 섬은 태평양의 한가운데에 고립되어 있는데, 프랑스 본토와는 18,000km의 거리에 떨어져 있다.

이 지역의 지형형성 과정을 살펴보면, 오세아니아 해구에 쌓인 침전물이 횡압력을 받아서 습곡현상을 일으켜서 현재와 같은 모양의 거시적인 지형형성 작용을 경험했다. 그런 후에, 끊임없는 해수의 영향으로 섬의 주변부가 침식되었으며, 마지막으로 섬 주변에는 산호초에 의해 석호가 형성되었다. 따라서 이 지역의 토양을 구성하고 있는 물질은 아주 다양하다. 이 지역의 지형은 동서의 양 사면에서 언제나 똑같지는 않다. 동쪽에서의 산지는 바다 쪽으로 거의 이어지게 펼쳐져 있으며, 서쪽에서는 훨씬 기복이 심하다. 예컨대, 남서방향의 누메아(Nouméa)에서 부하이(Bourail)까지는 언덕과 작은 산지들로 구성되어 있다. 동쪽해안은 절벽과 낭떠러지로 이루어져 있는 반면, 서쪽 해안은 낮은 형태의 해안지형을 이루고 있다.

거의 남회귀선 사이에 위치하고 있는 누벨칼레도니의 기온은 연평균 23.5도이다. 가장 더운 달은 2월이며, 서늘한 달은 8월로서 그 차이는 단지 6도에 불과하다. 다양한 기온변화는 하루 동안에도 나타나는데, 가장 높은 기온은 정오가 시작되는 무렵이며, 기온의 격차는 누메아의 중심부 골짜기에서 가장 크게 나타난다. 이들 지역 역시 지중해 연안 도서처럼 사계절관광이 가능하며, 관광산업은 이들 지역의 주요 수입원이다.

하천은 거의 대부분 산지에서 해안으로 수직에 가깝게 떨어진다. 이것은 산지하천과 같이 그 흐름이 높은 곳에서 갑자기 낮아지는 해안가로 흐르기 때문이다. 토양은 기반암의 표면에만 국한되기 때문에 대단히 불안정하며, 식생이 발달하지 못한 토양대는 유수에 의해 쉽게 제거되어 나지(裸地)에 가까운 형태를 띤다.

우리나라와 비교할 때 이 지역은 변성암과 퇴적암이 많아 니켈이나, 크롬 같은 광물자원이 풍부하나, 토양은 척박하여 농업에 상대적으로 불리한 환경이다.

섬의 가장자리 부분은 해식작용을 받았으며 섬 주위는 환초에 의해 띠처럼 에워싸여 있다. 해안을 살펴보면 우리나라 황해안에 있는 갯벌해안과는 달리 산호가 부서져서 이루어진 산호 해안이 많다. 우리나라의 경우, 파도가 해안까지 밀려와서 부서지는데 이는 파도가 만나서 부서지는 지점(쇄파대)에 하천이나 바다에서 공급된 물질이 쌓여 퇴적된 해빈이 있기 때문이다.

하지만 이 지역은 해안으로부터 수백 미터도 더 멀리 떨어진 지점에서 파도가 부서진다. 이는 산호 띠가 섬을 둘러싸고 있기 때문에 파도가 산호에 부딪혀서 부서진다. 따라서 해안으로부터 멀리 떨어진 곳에서 파도는 멈추고, 그 지점과 해안 사이에는 파도가 없는 잔잔하고 얕은 바다가 펼쳐진다. 이 공간을 이 지역에서는 불어로 라공(lagon)이라고 부르는데, 우리는 보통 석호[1]라고 인식한다. 이 공간의 바다색은 초록빛을 띤다. 따라서 이들 지역은 우리나라 남해안에 비해 물질공급량이 부족하기 때문에 수산업이나 양식업 발달에 상대적으로 불리하다.

이제 이러한 논의를 바탕으로 하여 남해안 여수지역의 바다와 도서지역에 대해 좀 더 자세히 살펴보기로 하자.

---

1) 우리나라 동해안의 석호와는 다른 개념이다. 즉 우리나라 석호는 만 입구를 사주가 막아 형성된 것이지만, 이곳에서는 환초와 육지부 사이 바다를 일컫는다.

환상의 해넘이, 고요한 바다와 어우러지는 여자만 갯벌

황금빛 노을에 깃든 여자만 갯벌

여자만은 그 명칭 유래가 여자도에서 유래되는데, 여자도의 본래 명칭은 '넘자 섬'인데 섬의 높이가 낮아서(최고점 51m) 파도가 섬을 넘어서 '넘자'라고 하였다. 여자도는 넘자란 말의 뜻을 漢子化 한 이름으로 '넘'은 '남'이란 뜻을 가진 너 汝로 해석하고 자는 소리 나는 대로 표기하여 自로 하여 여자도(汝自島)라고 하게 되었다.

지도를 보면 고흥반도와 여수반도 사이에 있는 해역을 순천만으로만 표기되어 있는 경우가 있고, 또 다른 경우 순천만 밑에 작은 글씨로 여자만으로 함께 표기해 놓은 곳도 있는데, 원래 이 지역의 바다명은 여자도가 중심에 위치하여 여자만이라 하였다. 현재에 이르러 순천시 대대만 일대의 갯벌이 생태관광지로 인지도가 높아지자 지형도에서도 이곳 바다 전체를 순천만이라 하는데,2) 이는 반드시 바로잡아야 할 문제다. 여자만은 여수반도와 고흥반도 사이에 위치하며, 여수반도를 중심으로 북동쪽으로는 광양만, 남쪽으로는 가막만이 자리 잡고 있는데, 광양만은 공단 밀집지역으로 해양환경의 오염도(수질등급 2~3)가 높은 편이지만 여자만은 풍부한 갯벌과 수질등급 1~2등급의 청정해역을 유지하고 있어 이곳에는 각종 해류와 어류가 서식하기 좋은 환경을 제공하고 있으며 각종 철새들이 겨울나기를 하는 천혜의 해양환경을 지닌 곳이기도 하다. 또한 이곳에서 바라보는 다도해의 풍경은 아름답고 수려하여 이곳을 찾는 이에게 탄성을 자아내게 한다.

　여자만을 비롯한 남해안의 갯벌은 만입이 개방되어 있는 서해안의 갯벌에 비해 물질공급이 미약하여 간석지 면적이 20%에 불과하다. 또한 같은 지역 내에 있는 순천만(대대만)과 비교하면 순천만의 갯벌은 편마암의 풍화산물이 하천을 통해 공급되어 형성된 것인데, 이사천, 동천이 유입되는 곳으로 여자만에 비해 미립물질을 포함한 물질공급량이 많은 곳이다. 그에 비해 여자만은 외해로 나갈수록 조그만 한 만입들도 충분히 메워지지 못하여 해안선이 복잡해지며, 만입에 퇴적되어 있는 물질들도 갯벌에서 점차 갯벌과 자갈, 자갈, 모래 순으로 변한다. 17번 국도를 따라 오다가 순천 해룡면에 이르면 사거리 길을 만나는데 우측으로 들어서면 863번 지방도로로 접하게 되고 순천 해룡면에서 소라면 그리고 죽림 저수지를 돌아 화양면 이목과 장수리 쪽으로 이어지는 해안도로가 있다. 이 해안도로 안쪽으로 펼쳐지는 여자만의 포근하고 정겨운 해안 풍경은 동해나 서해바

---

2) 국토지리정보원에서 발행한 1:5만 지형도의 경우, 2004년 발행 지도까지 여자만이라는 명칭이 토이는데, 2009년 수정한 지도부터는 순천만이라 명칭으로 바뀌었다.

다와 색다른 느낌으로 지나는 길손의 마음을 사로잡는다.

> 금빛 바다 위로 외로운 날갯짓하는 수많은 새떼들,
> 해질녘 어선들이 포구로 돌아오는 모습,
> 광활하게 펼쳐져 있는 갯벌의 야성,
> 그것은 바다의 관능과 수줍음이 만나는 또 다른 감동이리라.
> 장승처럼 서서 바라보고 있노라면 깊은 적막과 고요 속에 빠져
> 들게 하지만 정작 그 안에 있으면 힘찬 생명의 고동과 아늑함
> 을 느끼게 하는 것이 어머니 젖가슴과 같은 여자만의 바다다.

검은 모래 눈 뜨는, 만성리 해수욕장

여수역으로부터 2km 떨어진 곳에 위치한 만성리 해수욕장은 전국에서 보기 드문 검은 모래 해수욕장으로 유명하다. 이 검은 모래는 주변에 분포하는 암석과 밀접한 관련이 있는데, 주로 안산암 계열의 암석이 풍화되어 공급된 것이다.

이곳에서 모래찜질을 하게 되면 신경통과 각종 부인병에 효험이 있는 것으로 널리 알려져 있어 음력 4월 20일이면 '검은 모래 눈 뜨는 날'로 오래전부터 전해져 오고 있어 이날이 되면 전국 각지에서 모여든 찜질 인파로 붐빈다.

남해와 오동도를 한눈에 관망할 수 있는 곳으로 피서철이 아닌 경우 조용한 어촌과 같은 분위기를 자아내어 주말과 휴일에는 시민들의 휴식공간으로 활용되고 있다. 그리고 싱싱한 회 맛을 즐길 수 있는 횟집과 아름다운 바다를 감상하면서 차를 마실 수 있는 해변 찻집이 이곳의 또 하나의 자랑거리다.

하지만 안타까운 것은 사빈 배후지에 축대와 도로 등 인공구조물이 생겨나면서 해마다 이곳 모래양이 줄어들고 있다는 점이다.

국내 유일의 검은모래 만성리해수욕장

해안은 인간의 간섭에 의한 작용을 가장 민감하게 반응하는 곳 중의 하나로서, 자연환경을 훼손하지 않는 일이 얼마나 중요한지 우리에게 새삼 시사하는 바가 많다.

환상의 야경, 돌산대교

돌산대교는 여수시 남산동과 돌산읍 우두리 사이를 연결한 사장교로서 1984년 12월 15일 준공된 바 있으며, 다리의 제원은 길이 450m, 폭 11.7m, 높이 62m이다. 이 대교는 각종 농수산물의 육상 물류운송뿐만 아니라 향일암, 방죽포 등 여수 주변 관광벨트를 연결하는 매우 중요한 역할을 수행하는 다리이기도 하다.

또한 이 대교는 여수의 중심권에 위치하여 가까운 돌산공원에 오르면 아름다운 여수항과 여수의 시가지 주변을 한눈에 바라볼 수 있으며 주변에는 장군도와 이순신 장군이 발명했던 거북선 모형(추정

바다와 빛이 함께하는 돌산대교

되는 실제크기)이 있어 관광객들의 좋은 볼거리를 제공할 뿐만 아니라 오동도, 향일암 등 해상관광을 위한 유람선 선착장이 있으며, 회타운 등이 있어 이곳을 찾는 관광객들에게 아름다운 추억을 갖기에 충분한 곳이기도 하다.

여수의 랜드 마크, 오동도

오동도는 시 동쪽 수정동에 위치한 약 3만 7천여 평의 조그마한 섬으로 육지로부터 768m의 방파제로 연결되어 있으며, 섬의 동서 길이가 530m이다.

오동도를 구성하는 대부분의 암석은 중생대 백악기의 화산암(안산암, 유문암)과 화산쇄설암(응회암)이다. 이러한 암석 분포 때문에 오동도는 해식애, 해식동이 발달하였고 지형기복이 심하다. 이러한

동백꽃의 향연, 선홍빛 물결이 아름다운 오동도

해식애와 해식동은 순수한 파랑의 침식작용에 의해 형성된 것이라기
보다는 섬 일대에 발달한 절리대를 따라 풍화된 암석구조 때문이다.

여수를 상징하는 관광지라면 해상국립공원인 오동도일 것이고,
오동도 하면 무엇보다 먼저 생각나는 것이 1년 중 9개월 동안 꽃을
피우는 동백일 것이다. 섬 전체를 덮고 있는 3,000여 그루 동백나무
는 10월부터 개화하기 시작해 겨울 중에도 붉은 꽃을 볼 수 있으며,
2월 중순경에는 약 30% 정도 개화되다가 3월 중순경에 절정을 이
룬다.

오동도에는 동백과 신이대 등 193여 종의 울창한 희귀 수목과 기
암절벽으로 천혜의 절경을 이루고 있으며 울창한 숲 사이로 잘 닦여
진 산책로, 푸른 잔디로 곱게 조성된 5,000여 평의 야외광장, 아름다
운 선율이 흐르는 음악분수대, 2012세계박람회 홍보를 위한 박람회

홍보관, 새로 개축하여 2002년에 준공된 오동도 등대 이런 것들은 이곳을 찾는 여행객들에게 좋은 볼거리를 제공하여 주고 있다.

해안의 아름다운 경관과 오동도의 병풍바위, 용굴, 지붕바위 등을 구경하기 위해서는 오동도 입구 선착장에서 출발하는 유람선, 모터보트를 이용하면 가능하며 돌산대교, 향일암, 남해대교까지 연계된 관광을 할 수 있도록 유람선이 정기, 수시로 운항하고 있다.

일출 광경이 장관을 이루는 돌산 향일암

향일암은 전국 4대 관음 기도처 중의 한 곳으로 백제 의자왕 4년(644) 신라 원효대사가 창건한 절로 당시는 원통암이라 명명했으나, 고려 광종 9년(958)에 윤필대사가 금오암으로, 조선 숙종 41년(1715)에 인묵대사가 향일암이라 개칭했다. 임진왜란 당시에는 충무공을 도와 싸웠던 승려군의 근거지이기도 했다. 이곳은 대웅전과 관음전, 칠성각, 독서당, 취성루 등이 복원돼 사찰로서의 면모를 갖추었다.

금오산의 기암절벽 사이, 동백나무와 아열대 식물에 둘러싸여 있다. 마을에서 향일암을 오르는 산길은 제법 가파른 편인데, 암자 근처에 이르면 집채만 한 거대한 바위 두 개 사이로 난 석문을 통과해야 하는 등 아기자기한 등산코스다. 임포마을 입구에는 수령이 5백년이나 된 동백나무와 뒷산 금오산에는 흔들바위가 있다.

남해 수평선의 일출 광경이 장관을 이루어 향일암이라 하였으며, 또한 주위의 바위모양이 거북의 등처럼 되어 있어 영구암이라 부르기도 한다. 이 같은 현상은 안산암질 용암이 분출하여 냉각 수축될 때 형성된 것으로 여겨진다.

암자에 오르면 남해바다의 푸르름과 아득한 지평선을 바라볼 수

전국 최고의 일출명소 향일암

있는데 남해바다의 섬세함은 가히 절경이라 할 수 있다.

특히 암자 뒤편 금오산 정상에 오르면 오밀조밀한 섬과 잘 어우러진 맑은 남해바다의 섬세함을 볼 수 있는데 이는 한려수도의 절경을 압축해 놓은 듯 아름다운 한 폭의 그림 같기도 하다. 특히 남해 수평선의 일출 광경은 장관이어서 평일은 물론 새해 첫날이면 일출을 보기 위하여 전국 각지에서 몰려오는 관광객들로 붐비는 해맞이 명소로서도 유명하다.

현대판 모세의 기적, 사도

사도는 전라남도 여수시 화정면 낭도 동쪽에 있는 섬으로서 면적은 0.34㎢, 최고지점은 49m이다. 도서의 대부분이 중생대 백악기 화성암인 중성화산암류와 퇴적암류가 분포하며 흑색 내지 암회색의 사암, 실트스톤·세일이 대부분을 차지한다.

가족단위 쉼터 · 생태학습장 사도

사도는 본도(本島)와 추도, 중도, 시루섬(증도), 장사도, 나끝, 연목 등 7개의 섬으로 이루어져 있다. 해마다 음력 정월 대보름, 2월 영등일 등 두세 차례에 걸쳐 2~3일 동안 "물 갈라짐"(일명 모세의 기적)이 열리면 길이 780m, 폭 15m의 길이 생겨나 일곱 개의 섬들이 'ㄷ'자형으로 연결되는 장관이 연출된다.

그뿐만 아니라 본 섬의 선착장에서 20분간 해변도로를 따라 걸어 들어가면 마주치는 중도의 기암들도 색다른 볼거리를 제공한다. 이순신 장군의 눈에 띄어 거북선을 구상하게 했다는 거북바위, 충무공의 전설이 서린 시루섬의 장군바위, 맑은 물이 솟아나는 젖샘바위, 멍석바위, 남산 야외음악당을 방불케 하는 높이 20m의 동굴바위, 사람의 옆얼굴을 닮은 바위, 고래바위를 비롯해 용꼬리를 닮은 용미암 등 기암마다 갖가지 전설이 숨어 있어 더욱 흥미롭다.

그 밖에 양면이 바다로 트여 있는 양면 바다해수욕장, 고운 모래밭이 일품인 사도해수욕장, 해변 가득 피어난 돌꽃이 눈길을 끄는 본도해수욕장 등 작은 섬 안에 세 개의 해수욕장이 자리 잡고 있다. 섬과 섬 사이가 멀지 않아 가족이 함께 산책하기 좋고 번잡한 일상으로부터의 해방을 만끽할 수 있다. 가족 단위의 피서객을 위해 새롭게 조성된 벚나무공원도 이색적인 분위기를 풍긴다.

그리고 공원의 언덕에 앉으면 바다 건너편의 낭도까지 볼 수 있다. 최근에는 사도 - 주도 간에 최근 공룡발자국화석이 발견되기도 했는데, 이는 세계에서 가장 긴 보행렬(84m) 공룡발자국화석이다.

남해의 에메랄드, 거문도

거문도는 전라남도 여수시 삼산면 거문리에 속한 섬으로서, 면적은 12㎢이며 최고점은 246.6m이다. 여수와 제주도의 중간지점에 위치한 도서이며, 서도·동도·고도의 세 섬으로 이루어져 있다. 거문도는 중생대 백악기 화성암인 마산암류(馬山岩類)가 대부분을 차지하며, 최고봉인 동도의 망향산(246.6m)을 비롯하여, 서도의 음달산(237m)·수월산(128m) 등 비교적 경사가 급한 산지로 이루어져 있다. 해안은 작은 돌출부가 많고 드나듦이 심하다. 대부분 암석해안이며, 동도의 남쪽 해안은 높은 해식애로 이루어져 있다.

다도해해상국립공원인 거문도를 찾아가는 뱃길은 섬 여행에서만 맛볼 수 있는 정취를 그대로 안고 있다. 부드러운 융단 같은 바다, 석류 알처럼 박힌 아기자기한 섬들이 한 폭의 수채화를 만들어 내는 다도해 그 위를 쾌속선으로 미끄러져 가기를 약 2시간, 드디어 남해의 빛나는 보석 거문도가 자태를 드러낸다.

역사와 문화가 살아 숨 쉬는 천혜의 항구 거문도

거문도는 고도·동도·서도와 삼부도·백도군도를 포함한 섬을 말한다. 거문도의 본섬인 동도·서도·고도 등 세 개의 섬은 바다 가운데 병풍처럼 둘러쳐져 있고 그 가운데에는 1백여만 평 정도의 천연적 항만이 호수처럼 형성돼 있어 큰 배가 드나들 수 있는 천혜의 항구 구실을 한다. 때문에 거문도항은 빈번히 열강의 침입을 받아 왔고, 현재는 남해의 어업기지로서 전국의 어선들이 몰려들고 있다.

1905년 국내 최초의 거문도등대가 건립된 것도 이 때문이다. 백도는 거문도에서 동쪽 27km 지점에 우뚝 솟은 무인군도, 상백도와 하백도로 나뉘어 있는 백도는 바람과 파도가 빚어낸 바위와 벼랑의 갖가지 기묘한 형상에 절로 탄성이 튀어나오는 남해의 소금강이다.

동양 최대, 국내 최초의 거문도등대는 서도 수월산(196m)에 위치한다. 이 등대는 1905년 4월 10일에 준공, 점등되었으며 프랑스에서 제작된 프리즘렌즈에 의해 적색과 백색의 섬광이 매 15초마다 교차

한다.

거문도등대까지 오르는 길은 산책로로도 손색이 없다. 길을 따라 늘어선 동백나무숲은 하늘이 보이지 않을 만큼 울창하고, 초입을 5분 정도 오르면 완만한 경사로 이어져 아이들과 함께 올라도 무리가 없다. 약 20분간 산을 타면 등대가 나타나는데 탁 트인 바다를 배경으로 잔디가 고운 별장 같은 관사를 만날 수 있다. 절벽 위 관백정에서 내려다보는 남해 바다가 진풍경을 연출한다.

편리하게 이용할 수 있는 유림해수욕장 거문리에서 삼호교를 건너 거문도등대로 가는 길 초입에 있다. 고운 모래가 깔린 데다 계단식 입구가 마련되어 있어 아이들이 안전하게 해수욕을 즐길 수 있다. 식수와 샤워장, 화장실 시설도 완비되어 있어 부담 없이 야영장으로도 활용된다.

거문도를 2년간 점령한 외세의 흔적은 영국군 묘지에서 찾아볼 수 있다. 1885년(고종 22년) 4월 군함 6척과 수송선 2척으로 구성된 영국 해군선단이 거문도를 점령하고 기지와 항구를 구축하면서 2년간 머물렀다. 우리나라의 주권을 무시하는 도발행위로 기록되어 있지만 당시 거문도 주민들과는 아주 우호적인 관계를 유지했다고 한다. 철수 당시 영국군 묘지는 7~9기가 있었다고 하지만 현재는 3기만이 확인될 뿐이다. 남아 있는 묘지 2기는 거문도 뒤편 산중턱에 자리 잡고 있다.

이곡명사해수욕장의 해빈은 잔자갈이 깔려 색다른 정취를 자아낸다. 이는 기반암이 풍화되어 공급된 물질이 외해로 열려 있는 해빈의 파랑작용으로 형성된 것이다. 화장실과 샤워장 등 편의시설도 구비되어 있어 편리하다.

귤은사당은 동도에, 만회 김양록 선생의 사당은 서도에 각각 보존되어 있다. 거문도를 침략한 러시아 함선에 올라 필담을 나눴던 두 명의 학자인 이 둘은 현재의 지명인 거문도(巨文島: 글을 잘 아는 사람이 사는 섬)라고 불리게 한 장본인으로 유명하다.

거문도와 백도의 중간 지점에 위치한 삼부도와 대삼부도는 낚시 마니아들에게 인기가 높다. 숙박 및 편의시설이 전혀 되어 있지 않은 무인도이지만 섬에 올라 다도해 해상국립공원의 절경을 감상할 수 있고, 참돔과 돌돔 등 대어를 낚기에 좋은 낚시 포인트다. 거문도에서 출발하는 일반 배편은 없으며, 거문도 내에 위치한 낚시 대여점에 문의하면 배편과 식사를 마련할 수 있다.

신선이 놀다간 섬, 백도

백도는 거문도에서 동쪽으로 28km 떨어진 곳에 위치한 39개의 무인도서로서 상백도와 하백도로 구분한다. 높고 얕은 기암괴석과 각자기 형상을 닮은 섬의 모습은 신이 만든 또 하나의 예술품이라 하지 않을 수 없다. 백도란 이름의 유래는 섬이 백 개 정도라 하여 백도라 하였는데 섬을 헤아려 본 결과 "일백 百"에서 한 一을 빼니 흰 白자가 되어 白島라 부르게 되었다는 설과 멀리서 보면 흰색을 띠고 있어 백도라 부르게 되었다는 설이 있다.

매바위, 서방바위, 각시바위, 형제바위, 석불바위 등 갖가지 전설을 담고 있으며 태초에 옥황상제 아들이 아버지의 노여움을 받아 귀향을 왔다가 용왕의 딸과 눈이 맞아 바다에서 풍류를 즐기고 있는 동안 옥황상제는 수년 후 아들이 몹시 보고 싶어서 백 명의 신하를 보냈으나, 신하들마저 돌아오지 않아 옥황상제는 화가 난 나머지 그

신이 내린 최고의 선물 백도

들을 징벌하여 돌로 변하게 했다는데 그들이 결국 지금의 백도가 되었다고 한다.

하지만 이러한 백도의 지형은 암석의 광물조성과 조직, 지질구조 및 해식작용이 다성인적 작용으로 만들어진 것이다. 백도를 구성하고 있는 미문상화강암의 풍화현상은 백도의 지형경관 형성에 큰 역할을 하였다. 풍화작용에 의하여 형성된 특징적인 지형경관은 상백도의 병풍섬, 곰보섬, 와도와 거북섬 정상부의 둥근 모양의 지표면, 본섬 남쪽의 개바위 일대의 둥근 표면을 가진 바위들, 그리고 미문상화강 내에 포획되어 있는 염기성암의 차별 풍화에 의해 형성된 벌집모양 풍화 등이다. 백도에는 우리나라 천연기념물인 흑비둘기를 비롯하여 30여 종 희귀 조류들과 풍란, 석곡, 눈향나무, 동백, 후박나무 등 353종의 아열대 식물들이 서식하는 한편 큰붉은산호, 꽃산호, 해면 등 170여 종의 해양생물이 서식하는 곳이기도 하다.

오늘날 남해안의 도서는 천혜의 관광자원과 아름다운 자연환경을 지닌 곳으로서, 교통 불편에 의한 낮은 접근성으로 오히려 환경이 매우 잘 보존된 곳이다. 이들 도서 지역은 해상 관광 투어를 통한 자연학습과 생태관광을 충분히 실시할 수 있는 무한한 잠재성을 가지고 있으며, 자연경관과 도서민(島嶼民)의 문화를 바탕으로 생태관광 모델지로도 각광을 받고 있는 곳이다.

특히, 남해안에 속한 여수지역은 2012여수해양엑스포나 미래 지구환경보전에 대한 핵심지역으로서, 연안 도서의 환경을 보전하고 오염된 지역을 시급히 회복해야 할 당면과제를 안고 있다. 미래에 물려줄 아름다운 자연유산으로서 인위적 개발보다는 환경보전을 우선 고려하며, 자연을 훼손하지 않는 범위 내에서 이를 국민 여가와 생태학습장으로 적절히 이용할 때, 연안 도서의 자연환경은 더 큰 의미가 있으리라 생각된다.

인류 미래의 마지막 보고(寶庫)는 이제 해양이다. 반도국인 우리나라는 해양국가로서 국제교역과 문명교류에 힘쓰며, 세계화 시대에 인류의 번영과 안정을 위한 공동 목표를 추구해야 할 시점에 와 있다.

금오도 비렁길
현장워크숍 결과 및 관리방안

김옥균(매영답사회 회장)

- 일시: 2011년 7월 4일(월) 12시~19시
- 장소: 금오도 비렁길 1구간 / 남면사무소 회의실 / 돋을볕펜션
- 참석인원: 30명
- 금오도 마을주민대표:
  (함구미, 두포, 직포, 심포, 장지, 안도, 송고 마을 각 이장)
- 국립공원관리공단 담당자, 전남도청 관광정책과 주무관
- 여수시 관광과 관광시설팀장 및 남면 관계공무원
- 전남발전연구원 남도 문화관광대표길 선정위원회 위원
- 여수지역사회연구소: 김병호, 이영일, 김진수, 조화익, 김옥균, 정태균
- 주관: 여수지역사회연구소
- 협조: 남면사무소
- 워크숍 진행
  1) 1부: 비렁길 함구미~두포 구간 현장탐방 및 심층 조사
  2) 2부: 관계주체 토론회
- 사회: 정태균. 여수지역사회연구소 연구부장
- 참석자 소개 및 취지 설명
- 발제1: 비렁길 현황, 문제점, 대안. 김옥균. 매영답사회장
- 발제2: 생태탐방로 조성의 국내외 사례. 윤정준. (사)길과 사람
- 토론: 각 마을대표 지정토론 후 주제별 상호 토론
- 주제: 시설관리, 교통체계, 대중음식점 및 숙박시설, 홍보 및 관
  광상품 개발 등

■ 현황 및 문제점과 개선방안

1) 탐방시설 및 자연생태 관리

현황	−탐방로 내 데크 시설, 전망시설, 조망망원경, 지도게시판 등 시설 설치 −이정표, 안내표지판, 설명판, 탐방객 에티켓 안내판 1구간 내 설치 −함구미, 두포, 직포 등 탐방객 이용가능 공중화장실 3곳
문제점	−선착장 및 경유 마을 화장실 절대 부족 −탐방안내소, 음수대, 간이휴게소 등 편의시설 전무 −응급상황 발생 시 조치 시설 전무 −전망대 안전시설 미흡 −어울리지 않은 조형물 설치로 경관 훼손 −탐방로 주변에 외래 식물 꽃밭 조성 −탐방객 설문조사 결과 경관은 매우만족, 시설은 불만
개선방향	−영화촬영지 등 구체적 의미를 담은 조망장소 안내판 설치 −응급상황 발생지점 표지판 설치 및 조난대처 매뉴얼 개발 −탐방로 길잡이(현지주민) 양성교육 실시
개선방향	−비렁길 안내 QR코드 인식판, 포토존 제작 −선착장 및 거점마을 비렁길 안내소와 화장실 설치 −이정표 정리, 추가 제작 및 거리 표시 −미역널방 조형물 방파제 이전 설치(예: 일본 나오시마) −국립공원관리공단 관리주체로 적극 참여 −노약자, 장애인 편의시설 설치 −국립공원 관리공단 연계 쓰레기 수거 포인트 제도 운영 −남면사무소 내 전담부서 설치 −체계적 운영·관리를 위한 운영위원회 설립

2) 교통시설

현황	−화신해운 여수↔함구미, 송고: 일 3회(성수기 4회) 　* 1시간 20분 소요, 7,900원 −한림해운 여수↔여천, 유송, 우학, 안도: 일 2회 　* 1시간 소요, 1인 8,650원~13,600원 −한림해운 신기↔여천: 일 7회(성수기 수시, 30분 소요, 1인 5,000원) −남면버스(25인승) 1대, 강병규(1인 2천원) −남면택시(11인승) 2대 − 콜택시, 강기천 −안도택시(11인승) 1대 − 콜택시, (1인 1만 원 ~ 2만5천 원)

문제점	−여객선 시설 노후화로 인해 여객, 차도선 불편 −선원 불친절, 승·하선 시 티켓팅 방식의 혼란 −돌산 신기선착장 주차시설 부족으로 주말 매우 혼잡 −여수여객선터미널 홈페이지 부재로 시간, 운임 등 정보제공 부족 −온라인상 개인 블로그 중심의 부정확한 정보 공유 −여수 출발 시간(9시 40분)이 늦어 탐방일정 촉박 −금오도 여천선착장 접안시설 노후로 인해 간조 시 불편 −금오도 내 대중교통수단 부족, 고비용 부담, 운전자 과속·위험운전 −남연버스시설 노후, 노선 운영 변동 심함. −주유소, 카센터가 없어 차량 도선 망설임. −차량 외 대체 이동 수단 없음.
개선방향	−관련 종사자 서비스 교육 −돌산 신기선착장 임시 주차장 부지 확보 −항만청, 해경, 여수시 해양항만과 협조 접안시설 정비 −한림해운, 화신해운 협조 운항 시간 조정 −범선, 유람선 이용 패키지 상품 개발하여 접근 경로 다양화 −시너버스 준공영제 개념의 공공지원(시, 도, 산단업체) 정기 순환버스 투입 −전기 자동차 순환 교통시설로 도입 −숙박 및 식당 자체차량운영 −무료이용 자전거 가능구간 비치 −여수↔금오도 간 쾌속선 투입, 남면 관내선 별도 운항 −여객선 운임 지원 확대 시행

3) 대중음식점

현황	−상설 및 비 상설 등 다수 −가격 백반기준 6천 원 ∼ 2만 원
문제점	−메뉴, 가격대 천차만별 −상설 대중음식점 부족으로 사전예약 필요
개선방향	−비렁길 표준식단제 운영, 메뉴판 설치 −섬 인심의 상징인 '덤 문화' 반영 식당 운영 −가격 정액제 도입(예: 백반 7천 원, 회정식 1만 원) −전통음식 메뉴개발(예: 따개비칼국수, 가사리국, 전복죽, 어죽, 성게비빔밥, 홍합밥, 빼 　갱이죽, 해초비빔밥) −마을주민 공동운영 식당 개설

4) 숙박시설

현황	-펜션 2(장지, 안도), 모텔 2(우학, 안도), 민박 다수(두포, 직포, 우학 등) -가격대 2만 원 ~ 6만 원
문제점	-차별되고 특색 있는 숙박시설 없음. -샤워시설, 화장실, 휴식시간 이용시설 부족 -숙박시설에 대한 정보 부족 -수련회, 워크숍 등 단체이용가능 시설이 없어 체류형 관광이 어려움.
개선방향	-마을회관, 노인회관을 임시 숙박지로 이용하여 마을 수입원 창출 -어촌마을 홈스테이 지정 등 숙박 형태 다양화 -마을주민을 위한 휴게시설 증설 후 공동 이용 -업소별 관광객 유치 보조금 지원 -폐가활용 민가체험 숙박시설 정비 -폐교활용 유스호스텔 건립

5) 관광정보 및 특산품

현황	-남면 홈페이지 소개자료, 탐방로 게시판, 탐방지도, 개인 블로그 등 -여수 탐방길 책자 제작 중(여수시 관광과) -멸치, 방풍나물, 돌미역을 현지주민이 노상이나 식당, 선착장에서 판매
문제점	-탐방 안내 책자 비치시설 및 홍보물 부족 -특산품 판매시설 전무 -개별적 판매에만 한정, 의존
대안	-'금오도 비렁길' 홈페이지 개설 -비렁길 가이드북, 여권, 구간별 스탬프 제작 -캐릭터 상품, 수건 등 기념품 개발 -특산품 공동판매주체(부녀회 등) 선정 -특산품 무인판매대 및 선착장, 마을회관 판매대 설치 -공동 브랜드, 판매제 체계 도입

6) 체험프로그램

현황	-어촌체험프로그램 운영: 안도어촌체험마을(예약제)
문제점	-금오도 내 상설 프로그램과 프로그램 운영주체 없음. -주민들의 체험 관광객 맞이 준비성 결여 -등산객, 낚시 객 중심의 섬 체험프로그램

개선방향	−4계절 낚시 투어, 선상투어, 스크린투어, 에코투어, 문라이트 투어 등 섬 체험 코스 및 프로그램 개발 −마을별 특화 프로그램(예: 불무골 목도소리, 송고 개맥이 등) 개발 및 시범운영 −섬마을 선생님(현지주민가이드) 양성 교육 −이벤트 개최: 산벚꽃 산악마라톤, MTB, 걷기대회, 철인3종경기 등 −지역축제와 연계(예: 거북선축제 '거북선 건조 조달길 탐방') −여남초중고 이용 방학 중 청소년 캠프

7) 종합적 문제점과 대안

현황	−2010년 12월 개설 이후 주말 최대 4천여명 방문, 전국적인 생태탐방로로 각광 −주갈에 만난 섬마을 체험프로그램 운영(여수지역사회연구소) −2구간(직포~장지) 개설 중 −행정안전부 찾아가고 싶은 섬 예산 확보(안도, 직포 등) −남도문화관광생태 대표길 후보지로 선정
문제점	−개발, 운영, 관리 주체의 일원화 요구 −생태보존과 관광상품성 상충 −초기에 비해 탐방객 만족도 저하 −종합적인 운영, 관리 계획 미흡
개선방향	−여수의 섬 종합안내 홈페이지 개설 −여수 섬 지역 관광자원 관리·활용 거점시설 확보 −비령길 브랜드, 로고 등 공통 이미지 제작 −생태탐방로의 지속적 관리·운영을 위한 정기적 심포지엄 개최 −보조금 및 후원금, 자체수익금으로 운영하는 기구 설립 [예. (사)제주올레, 금강소나무숲길, (사)한강길 등] −지역공동체 일자리 창출사업 활용 관리 인원 확보 −마을기업 또는 사회적 기업 형태의 마을자체 운영기구로 장기적 전환 −1사 1마을 또는 1사 1코스 후원협약 체결 −국토해양부 해안누리길(여천~송고−함구미) 사업 예산확보 추진 −문화체육관광부 생활문화공동체 사업 예산확보 추진 −남태안 관광활성화 사업 예산 확보 추진 −금으도 인근 섬들과 연계한 코스 개발 −연도, 소리도 등대길과 개도 해풍산행길 코스에 비령길 개설

여수시 금오도 비렁길 관광객 만족도 조사 결과

박강석(사회여론조사센터장)

제1장 연구 및 조사 개요

1. 연구개요

- 연 구 명: 여수시 금오도 비렁길 관광객 만족도 조사
- 연구목적: 여수 금오도 비렁길에 대한 관광객 만족도 및 이미지를 과학적으로 조사함으로써 비렁길 탐방의 문제점 및 관광행태를 파악하고 여수시 관광정책의 방향을 설정함에 있어서 필요한 기초 자료를 얻기 위함.
- 연구기간: 2012. 05. 21. ~ 2012. 06. 01. (12일간)
- 연구내용: 비렁길 만족도 조사 및 개선방향
- 금오도 비렁길 탐방객에 대한 만족도 조사 및 관광행태에 대한

기초조사

– 금오도 비렁길 탐방의 문제점과 개선방향 제시

▪ 연구과정

– 『여수시 금오도 비렁길 만족도 설문 조사』는 예비조사, 본조사, 사후 분석 순서로 진행하였음.

– 예비조사에서는 부분적으로 이루어졌던 관광객 이용행태 자료를 참고하여 진행하였음.

– 본 조사에서는 총 350명의 관광객을 대상으로 조사가 이루어졌으나 응답에 대한 누락비율이 많거나 불성실하게 응답한 설문지는 제외하고 최종적으로 326부가 분석되었음.

– 사후 분석에서는 본 조사에서 조사되었던 자료들을 분석하여 만족도와 문제점 그리고 개선방향을 제시하였음.

2. 설문조사

▪ 조사대상: 여수시 금오도 방문 관광객

▪ 조사시기: 2012. 5. 21. ~ 6. 1. 총 12일간

▪ 조사지역: 여수시 금오도 선착장(함구미, 여천, 우학, 기타)

▪ 조사방법: 무작위표본추출에 의한 설문조사

▪ 조사표본: 총 350표본(예비조사 제외)

▪ 의뢰기관: 전남발전연구원

▪ 조사기관: 여수지역사회연구소

▪ 조사내용: 관광발생정보, 관광이동정보, 관광방문정보, 관광이용정보 등

- 관광객 이용행태(방문횟수, 동반형태 및 동반자수, 교통수단, 체류 여부 및 체류일수, 숙박시설, 정보획득원천)
- 관광목적 및 활동(방문목적, 방문영향요인, 방문일정, 관광활동 종류)
- 만족도(방문지 별 시설·서비스·가격에 대한 전체만족도)
- 권유 및 재방문 의사(권유의사, 재방문의사)
- 불편사항 및 개선사항(불편사항, 개선사항)
- 이미지(금오도 이미지)

제2장 조사 및 분석 결과

1. 응답자의 인구 통계적 특성

• 여수시 금오도 비렁길 만족도 관광객 설문조사 응답자의 성별 비율은 남자가 59.2%, 여자가 40.8%로 나타났다.

성별

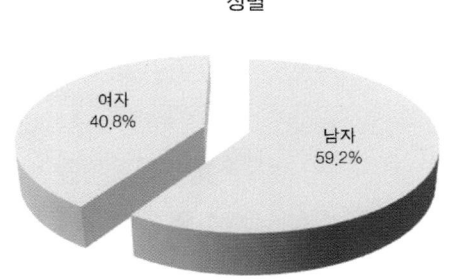

• 응답자의 연령은 50대 연령층이 37.7%로 가장 많고, 다음으로 40대 31.3%, 30대 17.8%, 60대 이상 7.1%, 20대와 10대가 각각 4.9%, 1.2%로 조사되었다. 한편, 본 조사가 관광객 전수조사가 아니고 미성년자와 고령자는 응답률이 떨어지는 경향이 있으므로 단정하기는 어렵지만, 금오도 비렁길 여행객은 주로 30~40대가 주를 이루고 있는 것으로 추정된다.

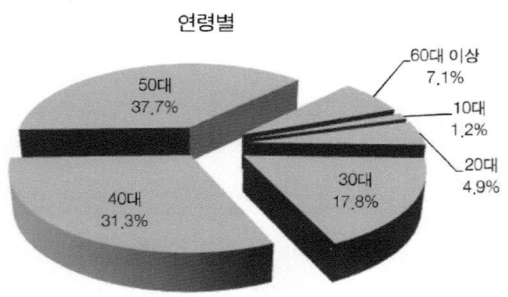

연령별

• 학력별로는 대졸 이상 61.7%로 가장 높고, 다음으로 고졸 30.1%, 중졸 6.7%, 국졸 1.5%로 조사되었다.

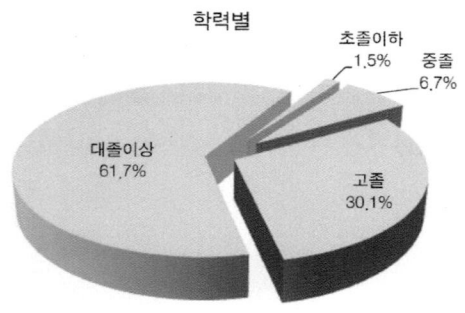

학력별

- 직업별로는 사무직 23.6%로 가장 많고, 다음으로 가정주부 15.3%, 행정직 15.0%, 전문 기술직 13.5%, 서비스업 8.0%, 판매직 7.1%, 기타 6.7%, 생산직 4.9%로 조사되었다.
- 월평균가계소득별로는 300~500만 원 48.8%로 가장 많고, 다음으로 500만 원 이상 25.2%, 300만 원 미만 26.1%로 조사되었다. 500만 원 이하가 74.9%를 차지하고 있고, 500만 원 이상이 25.2%를 차지하고 있다.

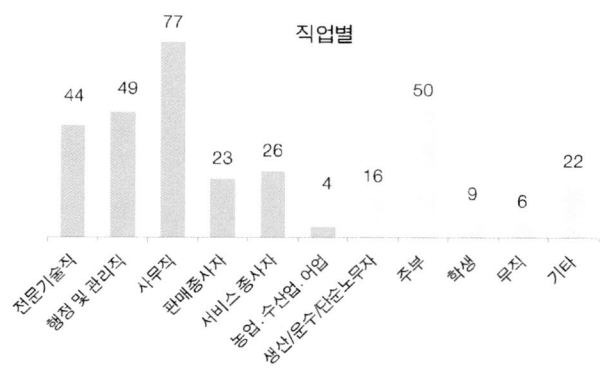

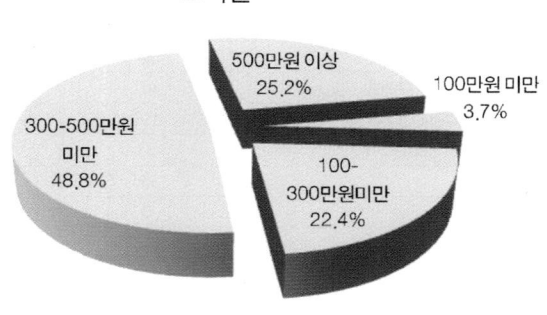

• 거주지별로는 광양만권(여수, 순천, 광양) 지역 주민이 34.6%로
  가장 많고, 광주 전남권 18.4%, 수도권(서울, 경기, 인천) 22.7%,
  경남권(부산, 경남, 울산) 12.3%, 전북 4.9%, 충청권(대전, 충남,
  충북) 5.8% 등으로 나타났다.

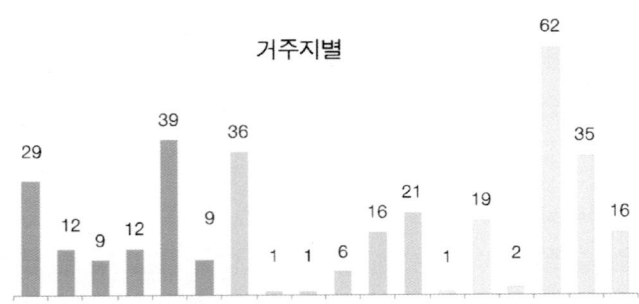

조사대상자의 인구학적 특성

구 분		계	
		인원(명)	비율(%)
성 별	남자	193	59.2
	여자	133	40.8
	계	326	100.0
연 령	10대	4	1.2
	20대	16	4.9
연 령	30대	58	17.8
	40대	102	31.3
	50대	123	37.7
	60대 이상	23	7.1
	계	326	100.0
학 력	국졸 이하	5	1.5
	중졸	22	6.7
	고졸	98	30.1
	대졸 이상	201	61.7
	계	326	100.0

직 업	전문기술직	44	13.5
	행정 및 관리직	49	15.0
	사무직	77	23.6
	판매종사자	23	7.1
	서비스 종사자	26	8.0
	농업·수산업·어업	4	1.2
	생산/운수/단순노무자	16	4.9
	주부	50	15.3
	학생	9	2.8
	무직	6	1.8
	기타	22	6.7
	계	326	100.0
소 득	100만 원 미만	12	3.7
	100~300만 원 미만	73	22.4
	300~500만 원 미만	159	48.8
	500만 원 이상	82	25.2
	계	326	100.0
거주지	서울	29	8.9
	부산	12	3.7
	인천	9	2.8
	대전	12	3.7
	광주	39	12.0
	울산	9	2.8
	경기	36	11.0
	강원	1	0.3
	충북	1	0.3
	충남	6	1.8
	전북	16	4.9
	전남	21	6.4
	경북	1	0.3
	경남	19	5.8
	해외	2	.6
	여수	62	19.0
	순천	35	10.7
	광양	16	4.9
	계	326	100.0

2. 내방객의 방문특성

1) 방문횟수

• 전반적으로 여수 금오도 비렁길 방문자는 2회 61명(18.7%)이고, 3회 이상이 115명(35.3%)으로 전체 조사대상자의 54%가 재방문자로 나타났다. 금오도 비렁길 관광 고정방문객으로 간주할 수 있는 3회 이상 방문자의 수가 약 1/3 이상이고, 신규방문자 비율이 46.0%로 나타나고 있다. 금오도 비렁길이 강한 유인력과 매력을 가진 관광자원으로 급부상하면서 신규방문을 이끌어 내고 있다는 점에 주목할 필요가 있다.

• 또한 성별로는 남자 방문객이 여자 방문객보다 재방문 비율이 약간 높고, 상대적으로 젊은 층 20대층과 60대 이상 노년층에서는 신규방문이, 30대 연령층이 재방문 비율이 가장 높고, 다음으로 40대, 50대 순으로 나타났다. 여가문화를 이끌어 가는 30~40대 연령층에서 재방문이 발생할 가능성이 높다는 조사결과를 바탕으로 볼 때, 금오도 비렁길 관광은 지속적으로 재방문 비율이 높을 것으로 전망된다.

방문회수

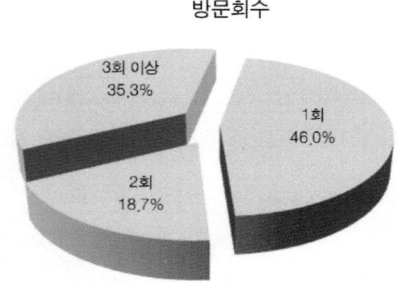

성별, 연령별 방문횟수

구 분			1회	2회	3회 이상	계
성별	남자	인원(명)	85	33	75	193
		비율(%)	44.0	17.1	38.9	100.0
	여자	인원(명)	65	28	40	133
		비율(%)	48.9	21.1	30.1	100.0
	계	인원(명)	150	61	115	326
		비율(%)	46.0	18.7	35.3	100.0
연령별	20대	인원(명)	13	1	6	20
		비율(%)	65.0	5.0	30.0	100.0
	30대	인원(명)	23	11	24	58
		비율(%)	39.7	19.0	41.4	100.0
	40대	인원(명)	46	17	39	102
		비율(%)	45.1	16.7	38.2	100.0
	50대	인원(명)	57	24	42	123
		비율(%)	46.3	19.5	34.1	100.0
	60대 이상	인원(명)	11	8	4	23
		비율(%)	47.8	34.8	17.4	100.0
	계	인원(명)	150	61	115	326
		비율(%)	46.0	18.7	35.3	100.0

2) 동반인 유형

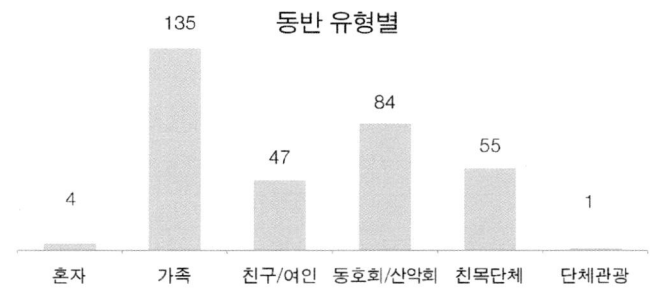

동반 유형별

135 47 84 55 4 1

혼자　가족　친구/여인　동호회/산악회　친목단체　단체관광

- 금오도 비렁길 관광을 누구와 함께 방문했는가를 묻는 질문에 대해서 전체응답자 중 41.4%가 '가족과 함께', 25.8%가 '동호회 및 산악회', 16.9%가 '친목단체', 14.4%가 '친구와 연인', 1.5% 가 '단체관광'이라고 대답하였다. 이것은 현재 금오도 비렁길 탐방이 주로 '가족단위'와 '동호회 및 산악회'와 같은 관광지로서의 여건이 갖추어져 있다는 사실을 의미한다고 볼 수 있다.

3) 동반인수

- 비렁길 방문 시 동반하는 인원을 확인한 결과, 평균 11.81명으로 대략 7~8명 정도의 동반인과 함께 방문하고 있으며, 남녀의 비율은 남자동반자가 평균 6.4명, 여자동반자가 평균 4.3명으로 상대적으로 남자동반자의 수가 더 많은 것으로 나타났다.
- 연간 평균 동반자의 수는 동반유형에 따라 달라지므로 큰 의미를 부여하기 어려우나, 남녀의 비율에서 남자동반자수가 많은 것은 비렁길 방문객이 여자보다는 남자가 더 많다는 사실을 의미한다고 볼 수 있다. 그러나 조사에 응답한 표본의 구성이 남자가 더 많이 표집된 사실을 감안하면, 동반자 수의 남녀비율은 그다지 차이가 나지 않는 것으로 보아야 할 것이다.

동반인 평균과 표준편차

구 분	인원(명)	평균	표준편차
동반인수	326	11.81	11.574
남 자	326	6.44	7.625
여 자	326	4.34	4.602

4) 교통수단

• 여수에 방문하기 위해 이용하는 교통수단으로는, 자가용이용객
이 65.6%로 가장 많고, 전세/관광버스 21.5%, 기타 5.5%, 고속/
시외버스 4.3%, 기차 2.5% 등의 순으로 나타나, 자가용, 전세/
관광버스, 고속/시외버스, 기차의 이용이 주를 이루는 것으로
확인되었다.

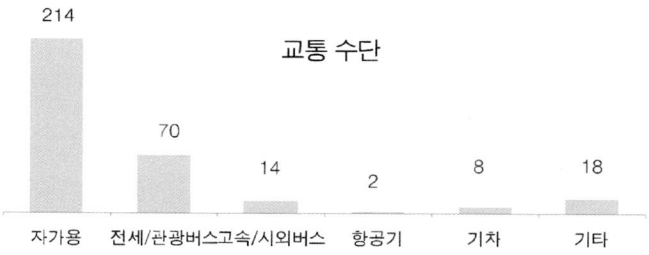

금오도 관광 이용 교통수단

구 분	자가용	전세/관광버스	고속/시외버스	항공기	기차	기타	계
인원(명)	214	70	14	2	8	18	326
비율(%)	65.6	21.5	4.3	0.6	2.5	5.5	100.0

5) 숙박 여부

• 전체적으로 숙박 여부를 분석하면, 당일이 65.0%, 숙박이 35.0%
로 당일 관광객이 상대적으로 높게 나타났다. 조사대상자 중에
서 여수, 순천, 광양 지역 관광객이 34.0%인 점을 감안하면 숙
박을 하는 관광객도 적지는 않은 편이라 추측된다.
• 성별로 보면, 그 차이가 크지는 않으나 남자는 숙박이, 여자는
당일이 상대적으로 높은 것으로 나타났다.

- 연령별로는 20대가 당일 비중이 가장 높고, 연령층이 높아질수록 숙박하는 관광객이 많은 것으로 조사되었다.
- 직업별로 보면, 전문기술 및 관리직, 사무 및 관리직, 판매직, 서비스직, 생산/운수/단순노무, 주부, 학생, 기타, 무직은 당일이, 행정 및 관리직, 농림/수산/어업은 숙박이 더 많은 것으로 조사되었다.
- 소득별로 보면, 모든 소득계층에서 숙박보다는 당일 여행을 계획한 것으로 나타났다.

숙박여부

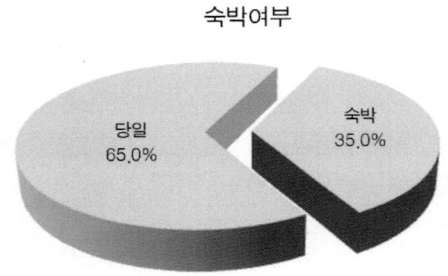

인구 통계적 요인별 숙박 여부

구 분		당 일		숙 박		계	
		인원(명)	비율(%)	인원(명)	비율(%)	인원(명)	비율(%)
성 별	남 자	121	62.7	72	37.3	193	100.0
	여자	91	68.4	42	31.6	133	100.0
	계	212	65.0	114	35.0	326	100.0
연령별	20대	18	90.0	2	10.0	20	100.0
	30대	41	70.7	17	29.3	58	100.0
	40대	76	74.5	26	25.5	102	100.0
	50대	65	52.8	58	47.2	123	100.0
	60대 이상	12	52.2	11	47.8	23	100.0
	계	212	65.0	114	35.0	326	100.0

직 업	전문기술 및 관리직	24	54.5	20	45.5	44	100.0
	행정 및 관리직	19	38.8	30	61.2	49	100.0
	사무 및 관리직	55	71.4	22	28.6	77	100.0
	판매직	18	78.3	5	21.7	23	100.0
	서비스직	19	73.1	7	26.9	26	100.0
	농림/수산/어업	-	-	4	100.0	4	100.0
	생산/운수/단순노무	14	87.5	2	12.5	16	100.0
	주부	34	68.0	16	32.0	50	100.0
	학생	9	100.0	-	-	9	100.0
	무직	5	83.3	1	16.7	6	100.0
	기타	15	68.2	7	31.8	22	100.0
	계	212	65.0	114	35.0	326	100.0
소 득	100만 원 미만	7	58.3	5	41.7	12	100.0
	100~299만 원	52	71.2	21	28.8	73	100.0
	300~499만 원	102	64.2	57	35.8	159	100.0
	500만 원 이상	51	62.2	31	37.8	82	100.0
	계	212	65.0	114	35.0	326	100.0

6) 숙박 장소

• 숙박 장소는 전체적으로 민박 60.5%로 가장 높고, 다음으로 펜션 25.2%, 친척 및 친구 집 9.2%, 여관/모텔이 3.4%, 야영장 1.7% 순으로 이용되는 것으로 조사되었다.

금오도의 특성상 숙박장소가 한정되어 있다는 점을 감안하면 다른 관광지역보다 민박의 비율이 높을 수밖에 없다.

• 성별로 보면, 전체적으로 민박과 펜션을 숙소로 이용하는 응답자가 많지만, 남자는 여자보다 민박을 더 이용하는 반면, 여자는 펜션을 더 많이 이용하는 것으로 조사되었다.

• 연령별로 보면, 전반적으로 민박과 펜션을 주로 이용하는데, 30대 이하와 40대는 친구/친척집을, 60대 이상에서는 모텔이나 여

관 이용률이 높고, 50대는 펜션 이용이 가장 높게 나타나고 있다.
• 즉 나이가 들수록 민박을 이용하는 비율이 높아지고, 나이가 젊을수록 친구/친척집이나 펜션을 이용하는 비율이 높아지는 것으로 드러났다. 또한 야영장은 40대에서 이용률이 높은 것으로 나타났지만, 근본적으로 이용하는 사람이 많지는 않은 것으로 확인되었다.

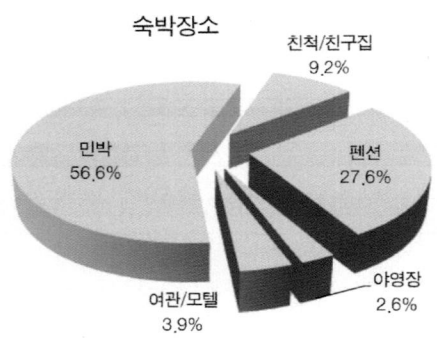

인구통계적 요인별 숙박장소

구 분		여관/모텔		민박		친척/친구집		펜션		야영장		계	
		인원(명)	비율(%)	인원(명)	비율(%)	인원(명)	비율(%)	인원(명)	비율(%)	인원(명)	비율(%)	인원(명)	비율(%)
성별	남자	3	3.9	43	56.6	7	9.2	21	27.6	2	2.6	76	100.0
	여자	1	2.3	29	67.4	4	9.3	9	20.9	-	-	43	100.0
	계	4	3.4	72	60.5	11	9.2	30	25.2	2	1.7	119	100.0
연령	20대	-	-	2	100.0	-	-	-	-	-	-	2	100.0
	30대	-	-	13	76.5	3	17.6	1	5.9	-	-	17	100.0
	40대	-	-	18	62.1	6	20.7	3	10.3	2	6.9	29	100.0
	50대	2	3.3	33	55.0	2	3.3	23	38.3	-	-	60	100.0
	60대	2	18.2	6	54.5	-	-	3	27.3	-	-	11	100.0
	계	4	3.4	72	60.5	11	9.2	30	25.2	2	1.7	119	100.0

7) 관광정보이용

• 여수 금오도 비렁길 방문에 필요한 정보를 얻기 위하여 이용한 정보매체에 대해서 조사한 결과, 대체적으로 지인을 통해서 **60.1%**로 가장 높고, 다음으로 인터넷(시 홈페이지 포함) **16.0%**, TV/라디오 **12.6%**, 안내책자 **4.3%**, 잡지 **1.5%** 순으로 확인되었다. 정보매체 활용이 지인을 통한 구전에 의존하는 경우가 절반을 넘고, 대중매체인 인터넷과 TV/라디오를 합하면 **29.6%**에 이르는 것으로 나타났다. 반면, 관광홍보의 주요 매체인 신문, 잡지, 팸플릿 등에 의한 정보 수집은 극히 미미한 것으로 확인되었다.

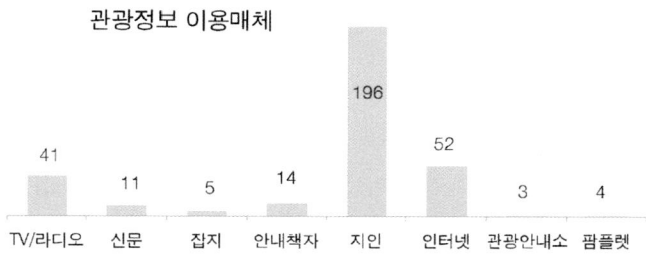

관광정보 이용매체

관광정보 이용방법

구 분	TV/ 라디오	신문	잡지	여행안내 책자	지인	인터넷 (시 홈피 포함)	관광 안내소	팸플릿	계
인원(명)	41	11	5	14	196	52	3	4	326
비율(%)	12.6	3.4	1.5	4.3	60.1	16.0	0.9	1.2	100.0

8) 방문유형

• 여수방문이 최종목적지인지 중간경유지인지의 여부를 알아보기 위한 질문 결과, 전체적으로 목적지라고 응답한 사람이 **82.2%**

이고, 경유지라고 응답한 사람이 17.8%로 대부분의 방문객이 여수를 최종목적지로 방문하고 있는 것으로 조사되었다.

방문유형별 분포

목적지		경유지		계	
인원(명)	비율(%)	인원(명)	비율(%)	인원(명)	비율(%)
268	82.2	58	17.8	326	100.0

3. 금오도 관광 목적

1) 관광 목적 총괄

• 여수시를 방문한 목적을 알아보기 위해 방문목적을 중요한 것부터 세 가지를 기입하도록 요구하였다. 그 결과 여수시를 방문한 첫 번째 목적은, 비렁길 탐방 67.7%로 가장 높고, 다음으로 섬 관광 11.4%, 휴식/휴양 5.5%, 일상 탈출 4.3%, 매봉산 산행 3.1%, 친목도모와 해양위락이 각각 2.8% 순으로 조사되었다.

• 금오도를 방문한 첫 번째 목적은 비렁길 탐방이 가장 높고, 다음으로 섬 관광을 응답하고 있지만, 그 외의 일반적으로 다른 목적으로의 관광 비율은 현저하게 떨어지는 것으로 나타났다. 즉, 금오도 관광은 비렁길 탐방이라는 특화된 관광지로써 인식하는 것으로 볼 수 있다.

• 그리고 여수시를 방문한 두 번째 목적은, 섬 관광이 39.3%, 일상탈출 18.4%, 휴식 및 휴양 10.3%, 친목도모 11.1%, 비렁길 탐방 8.5%, 매봉산 산행 7.3% 순으로 조사되었다.

- 여수시를 방문한 세 번째 목적은 휴식/휴양 24.2%, 일상탈출 20.1%, 친목도모 13.9%, 비렁길 탐방과 섬 관광이 각각 9.3% 순으로 나타났다.
- 여기에서 첫 번째 방문목적은 주된 방문목적으로 가장 중요한 것이지만 첫 번째 목적 하나만으로 방문객의 방문행동이 유발되었다고 볼 수는 없는 것이므로 두 번째 및 세 번째 방문목적 또한 실제 방문행동을 유발시키는 데 있어서 간과해서는 안 될 것이다. 따라서 세 가지 방문목적 모두를 통합하여 분석한 결과, 비렁길 탐방 34.3%, 섬 관광 19.5%, 일상탈출 12.7%, 휴식/휴양 111.8%, 친목도모 8.2%, 매봉산 산행 5.7%, 해양위락 2.7%, 식도락 1.3% 순으로 조사되었다.

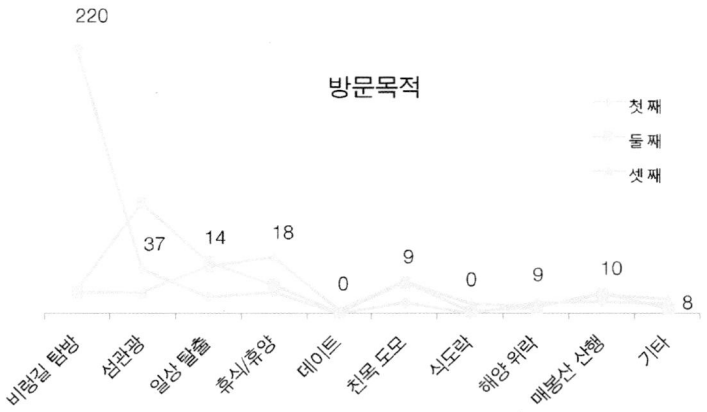

방문목적(총괄)

구 분	첫 째		둘 째		셋 째		계	
	인원(명)	비율(%)	인원(명)	비율(%)	인원(명)	비율(%)	인원(명)	비율(%)
비렁길 탐방	220	67.7	20	8.5	18	9.3	258	34.3
섬관광	37	11.4	92	39.3	18	9.3	147	19.5
일상 탈출	14	4.3	43	18.4	39	20.1	96	12.7
휴식/휴양	18	5.5	24	10.3	47	24.2	89	11.8
데이트	-	-	1	0.4	3	1.5	4	0.5
친목 도모	9	2.8	26	11.1	27	13.9	62	8.2
식도락	-	-	2	0.9	8	4.1	10	1.3
해양 위락	9	2.8	5	2.1	6	3.1	20	2.7
매봉산 산행	10	3.1	17	7.3	16	8.2	43	5.7
기타	8	2.5	4	1.7	12	6.2	24	3.2
계	325	100.0	234	100.0	194	100.0	753	100.0

4. 방문 만족도

1) 전반적 만족도

• 금오도 관광에 대한 방문객의 만족도를 알아보기 위하여 금오도 관광 만족 정도를 100점 만점으로 하여 평가하게 하였다. 그 결과 전체 만족도 평균은 65.66점으로 비교적 만족 수준이 높은 것으로 나타났지만, 2006년도 여수시 관광 진흥을 위한 관광객 설문조사 결과 74.86점에 비해서는 낮은 것으로 조사되었다.

전체 만족도

구 분	표본수	평 균	표준편차
전체 만족도(100점)	326	65.66	30.017

2) 부문별 만족도

① 부문별 전체 만족도

• 금오도 관광과 관련된 교통시설, 숙박시설, 편의시설, 정보 안내 시설 등 4개 영역에 대한 전체 만족도를 분석한 결과, 부문별 전체 만족도는 중수위 3.01점으로 보통 정도의 만족도를 보였다. 만족도가 중수위 3점 이상인 부문은 정보안내(3.18점)와 숙박시설(3.07점)로 나타났으며, 나머지 편의시설(2.87점), 교통시설(2.92점)은 만족도가 낮은 것으로 확인되었다.

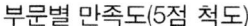

부문별 만족도(5점 척도)

부문별 만족도(종합)

구 분	교통시설	숙박시설	편의시설	정보안내	전체 만족도
사례 수	115	60	154	108	3.01(.62)
평 균	2.92	3.07	2.87	3.18	
표준편차	0.75	0.72	0.64	0.75	
긍정도	-.08	+.07	-.13	+.18	

② 교통부문 만족도

• 교통부문에 대한 방문객의 만족도를 알아보기 위하여 여객선 터미널, 여객선, 차량 승하선, 금오도 선착장, 마을버스, 택시, 주차장, 도로 상태, 도로표지판 기차역 등의 금오도 주요 교통 관련 요소들에 대한 시설, 서비스 및 가격을 종합한 전체 만족도를 조사하였다.

• 조사결과, 교통부문에 대한 만족도는 도로상태가 3.42점으로 가장 높고, 다음으로 주차장 3.37점, 금오도 선착장 및 여객선 이 각각 3.02점으로 나타났다. 만족도 점수가 중수위 3점 이하를 보이는 교통시설은 여객선 터미널, 차량승하선, 마을버스, 택시 등으로 확인되었다.

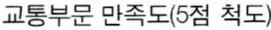

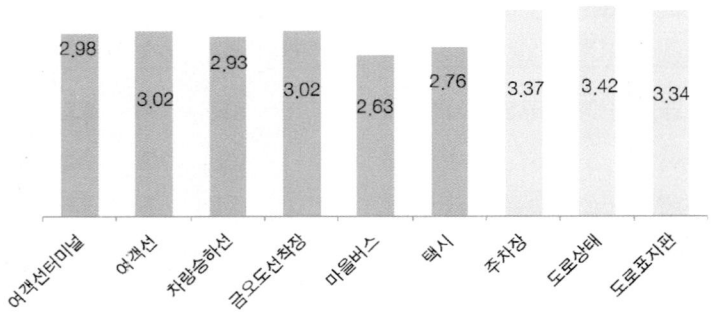

교통부문 만족도(5점 척도)

여객선터미널	여객선	차량승하선	금오도선착장	마을버스	택시	주차장	도로상태	도로표지판
2.98	3.02	2.93	3.02	2.63	2.76	3.37	3.42	3.34

교통부문 만족도

구 분	사례 수	평 균	표준편차	긍정도
여객선터미널	256	2.98	1.05	-.02
여객선	258	3.02	0.91	+.02
차량승하선	246	2.93	0.92	-.07

금오도선착장	261	3.02	0.96	+.02
마을버스	187	2.63	1.03	-.37
택시	190	2.76	1.02	-.24
주차장	222	3.37	0.88	+.37
도로상태	228	3.42	0.84	+.42
도로표지판	222	3.34	0.90	+.34

③ 숙박부문 만족도

• 숙박부문에 대한 방문객의 만족도를 알아보기 위하여 모텔, 펜션, 민박, 마을회관, 야영장 등 숙박시설들에 대한 만족도를 조사하였다.

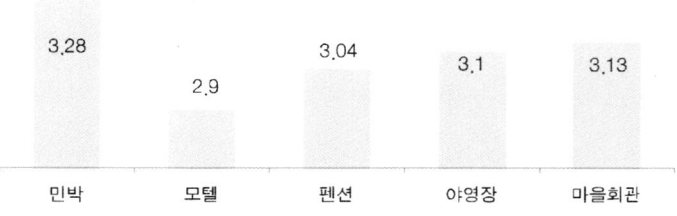

숙박부문 만족도(5점 척도)

• 조사결과, 여관과 마을회관에 대한 숙박시설이 각각 3.28점, 3.13점으로 다른 숙박 시설에 비해 약간 만족도가 높은 것으로 확인되었다. 모텔과 펜션은 만족도가 낮은 서비스 개선이 필요함을 보여 주고 있다.

숙박부문 만족도

구 분	사례 수	평 균	표준편차	긍정도
민 박	159	3.28	0.849	+.28
모 텔	91	2.90	0.857	-.10
펜 션	105	3.04	0.854	+.04
야영장	93	3.10	0.808	+.10
마을회관	90	3.13	0.824	+.13

④ 식당부문 만족도

• 식당부문에 대한 방문객의 만족도를 알아보기 위하여 일반식
  당, 횟집, 특산품점 등 시설, 서비스, 가격 면을 종합한 만족도
  를 조사하였다.

• 조사결과, 일반식당은 3.17점으로 시설, 서비스, 가격 등 종합적
  인 만족도가 어느 정도 긍정적으로 나타났지만, 횟집과 특산품
  점 같은 경우는 보통정도의 만족도를 보여 주고 있다.

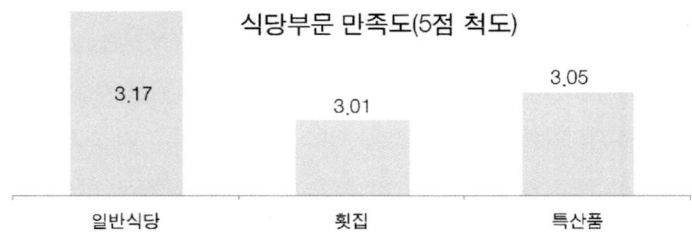

식당부문 만족도(5점 척도)

식당부문 만족도

구 분	사례 수	평 균	표준편차	긍정도
일반식당	207	3.17	1.07	+.17
횟 집	153	3.01	0.956	+.01
특산품	134	3.05	0.960	+.05

⑤ 휴게/편의부문 만족도

• 휴게/편의부문에 대한 방문객의 만족도를 알아보기 위하여 화장실, 휴식시설, 음수대, 주유충전소, 간이매점 등 금오도의 휴게/편의부문에 대한 시설, 서비스, 가격에 대한 종합 만족도를 조사하였다.

• 조사결과, 휴게/편의시설 중 화장실 만족도가 3.48점으로 가장 높고, 다음으로 휴식시설인 3.15점으로 나타났고, 음수대(2.93점), 주유충전(2.48점), 간이매점(2.84점) 등은 만족도가 낮게 조사되었다.

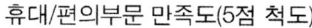

휴대/편의부문 만족도(5점 척도)

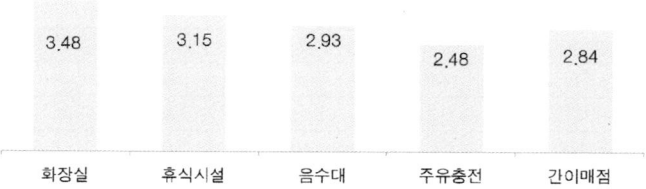

휴게/편의부문 만족도

구 분	사례 수	평 균	표준편차	긍정도
화장실	289	3.48	1.054	+.48
휴식시설	260	3.15	0.855	+.15
음수대	255	2.93	0.960	-.07
주유충전	171	2.48	0.923	-.52
간이매점	252	2.84	0.892	-.16

⑥ 정보안내부문 만족도

• 정보안내부문에 대한 방문객의 만족도를 알아보기 위하여 관광

안내소, 홈페이지, 안내책자, 안내표지판 등 금오도의 정보안내 부문에 대한 만족도를 조사하였다.

- 조사결과, 안내표지판(3.37점), 안내책자(3.24점), 홈페이지(3.12점), 관광 안내소(3.03점) 순으로 만족도를 보여 주고 있다.

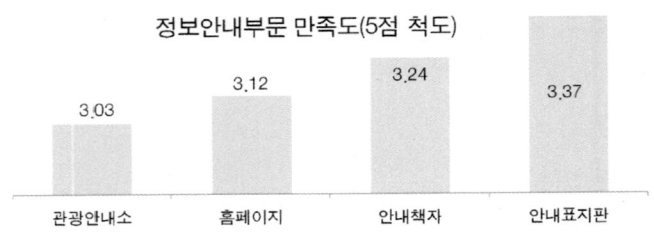

정보안내부문 만족도(5점 척도)

정보안내부문 만족도

구 분	사례 수	평 균	표준편차	긍정도
관광안내소	178	3.03	0.905	+.03
홈페이지	137	3.12	0.895	+.12
안내책자	158	3.24	0.920	+.24
안내표지판	145	3.37	0.881	+.37

5. 금오도 이미지

1) 전반적인 이미지

- 방문객들에게 지각된 금오도의 이미지를 알아보기 위해 금오도에 대한 이미지를 '깨끗하고 쾌적하다', '재미있고 즐겁다', '한가하고 여유롭다', '아름답고 매력적이다', '다정하고 포근하다' 등 다섯 가지 부류로 나누고 이에 대해 응답을 요구하였다.
- 그 결과 '아름답고 매력적이다'가 35.4%, '한가하고 여유롭다'

가 27.2%, '깨끗하고 쾌적하다'가 23.3%, '재미있고 즐겁다'가
9.5%, '그저 그렇다'가 4.3% 순으로 응답하였다.

- 이러한 결과로 볼 때, 금오도의 전반적 이미지는 '아름답고 매
  력적이다'는 느낌이 주를 이루고 '한가롭고 여유롭다'와 '깨끗
  하고 쾌적하다'는 부수적인 이미지로 부각되고 있음을 알 수
  있다.

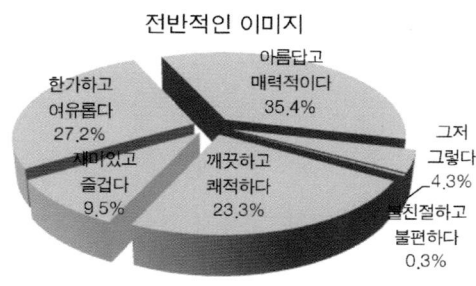

전반적 이미지

구 분	깨끗하고 쾌적하다	재미있고 즐겁다	한가하고 여유롭다	아름답고 매력적이다	그저 그렇다	불친절하고 불편하다	더럽고 시끄럽다	계
인원(명)	71	29	83	108	13	1	-	305
비율(%)	23.3	9.5	27.2	35.4	4.3	0.3	-	100.0

6. 불편사항과 개선과제

1) 불편사항 종합

- 금오도 방문객들이 느낀 불편사항을 알아보기 위해 일반적으로
  관광지에서 방문객들이 느낄 수 있는 불편사항을 교통시설, 편

의시설, 종사원 불친절, 숙박 및 대중음식점 부족, 쓰레기 문제, 바가지요금, 관광정보 부족, 안내시설 미비 등 8개 항목으로 분류하고 이에 대해 중요한 순서대로 복수 응답을 하도록 하였다.

- 조사결과 첫 번째 불편사항으로는 교통시설이 47.9%로 가장 많았고, 다음으로 편의시설 부족이 21.9%, 숙박 및 대중음식점 부족 8.0%, 관광정보 부족이 7.3%, 쓰레기 문제 5.9%, 안내시설 미비 4.5% 순으로 나타났다. 둘째 불편사항으로는 편의시설 부족이 36.2%, 숙박 및 대중음식점 부족 14.8%, 쓰레기 문제와 안내시설 미비가 각각 8.6% 순으로 지적되었다. 세 번째 불편사항으로는 관광정보 부족이 27.0%로 가장 높게 나타났다.

- 그리고 첫 번째, 두 번째, 세 번째 불편사항으로 지적한 항목들을 통합하여 분석한 결과, 교통시설이 25.6%로 가장 높고, 편의시설 부족 23.1%, 숙박 및 대중음식점 부족 12.6%, 관광정보 부족 12.2% 등이 주된 불편사항으로 지적된 것으로 확인되었다.

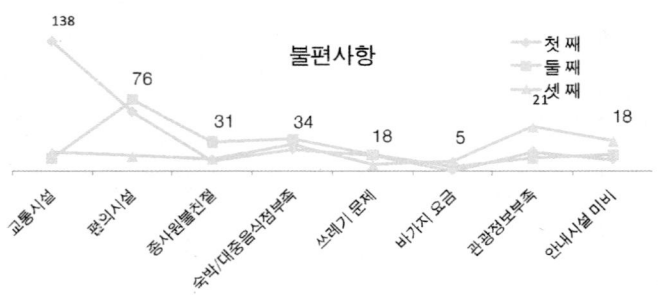

- 이러한 결과를 종합하여 볼 때, 금오도 방문객 불편사항으로는 교통시설, 편의시설 부족, 숙박 및 대중음식점 부족과 관광정보의

부족 문제가 시급하게 개선되어야 할 과제인 것으로 나타났다.

불편사항(종합)

구 분	첫 째		둘 째		셋 째		종 합	
	인원(명)	비율(%)	인원(명)	비율(%)	인원(명)	비율(%)	인원(명)	비율(%)
교통시설	138	47.9	14	6.7	20	11.5	172	25.6
편의시설	63	21.9	76	36.2	16	9.2	155	23.1
종사원불친절	12	4.2	31	14.8	13	7.5	56	8.3
숙박/ 대중음식점부족	23	8.0	34	16.2	28	16.1	85	12.6
쓰레기 문제	17	5.9	18	8.6	7	4.0	42	6.2
바가지요금	1	0.3	5	2.4	11	6.3	17	2.5
관광정보부족	21	7.3	14	6.7	47	27.0	82	12.2
안내시설 미비	13	4.5	18	8.6	32	18.4	63	9.4
계	288	100.0	210	100.0	174	100.0	672	100.0

2) 개선과제 종합

- 여수관광에 있어서 시급히 개선해야 할 사항을 알아보기 위하여 숙박시설, 유흥/위락시설, 쇼핑시설 및 품목, 관광코스, 먹을거리 및 식당시설, 볼거리 및 관람시설, 홍보활동, 주변경관 및 청결, 편의/휴게시설, 교통시설, 주민과 종사원의 태도, 관광정보 및 안내시설 등 12개 분야로 구분하여 우선 개선해야 할 필요성이 있다고 여겨지는 분야 세 가지를 선택하도록 하였다.

- 그 결과, 첫 번째 개선해야 할 사항으로 유람선과 같은 교통시설이 28.3%로 가장 많고, 다음으로 숙박시설 17.9%, 다양한 어촌체험 프로그램 11.4%, 탐방로 안내 및 표지판 시설 10.7%, 편의 및 휴게시설 5.9% 순으로 조사되었다. 두 번째 개선해야 할 사항으로는 먹을거리 및 식당시설 25.4%, 다양한 어촌체험

프로그램 14.6%, 관광정보 및 안내시설 11.7%, 교통시설 10.8%, 편의 및 휴게시설 10.4%로 확인되었다. 세 번째 개선해야 할 사항으로는 편의/휴게시설 20.5%, 관광정보 및 안내시설 13.5%, 먹을거리 및 식당시설이 12.1% 등을 꼽았다.

- 순서에 관계없이 개선사항으로 꼽은 분야를 종합적으로 놓고 분석한 결과, 교통시설(17.8%), 먹을거리 및 식당시설(16.7%), 숙박시설(12.2%), 편의휴게시설(11.9%), 다양한 어촌체험활동 (11.7%) 등에 대한 개선을 필요로 한 것으로 지적되었다.

- 이상과 같은 결과를 바탕으로 할 때, 금오도 관광을 활성화하기 위해서는 교통시설 확충, 먹을거리 및 식당시설, 숙박시설, 편의/휴게시설과 다양한 어촌체험 프로그램에 대한 개선이 시급히 필요한 것으로 나타났다.

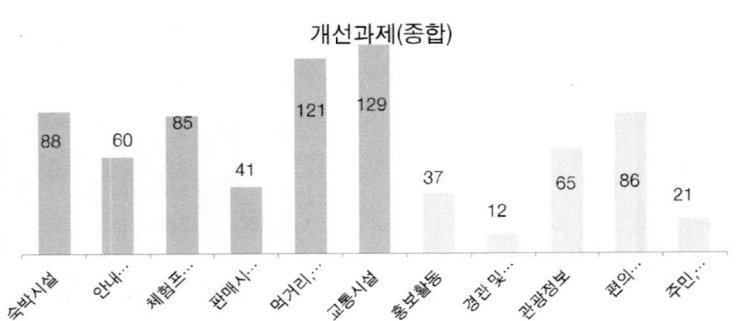

개선과제(종합)

개선과제(종합)

구 분	첫 째		둘 째		셋 째		종 합	
	인원 (명)	비율 (%)	인원 (명)	비율 (%)	인원 (명)	비율 (%)	인원 (명)	비율 (%)
숙박시설	52	17.9	15	6.2	21	9.8	88	11.8
탐방로안내 및 표지판 시설	31	10.7	20	8.3	9	4.2	60	8.1
다양한 어촌체험 프로그램	33	11.4	35	14.6	17	7.9	85	11.4
판매시설 및 품목	15	5.2	12	5.0	14	6.5	41	5.5
먹을거리 및 식당시설	34	11.7	61	25.4	26	12.1	121	16.2
도로/터미널/유람선 등 교통시설	82	28.3	26	10.8	21	9.8	129	17.3
홍보활동	11	3.8	11	4.6	15	7.0	37	5.0
주변경관 및 청결	5	1.7	3	1.2	4	1.9	12	1.6
관광정보 및 안내시설	8	2.8	28	11.7	29	13.5	65	8.7
편의/휴게시설	17	5.9	25	10.4	44	20.5	86	11.6
주민과 종사원들의 태도	2	0.7	4	1.7	15	7.0	21	2.8
계	290	100.0	240	100.0	215	100.0	745	100

7. 금오도 관광 권유 및 재방문 의사

1) 금오도 관광 권유의사

• 금오도 방문을 주위 사람들에게 권유할 생각이 있는지를 확인한 결과, 84.7%가 '있다'라고 응답하였으며, 15.3%는 '없다'라고 응답하여 대부분의 관광객이 금오도 관광을 권유할 의사가 있는 것으로 나타났다.

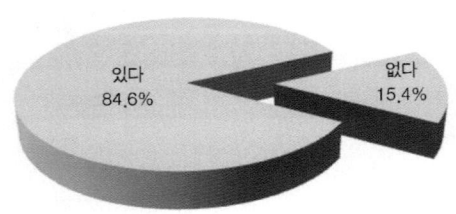

권유 의사

있다
84.6%

없다
15.4%

권유의사 응답률

구 분	권유 의사		
	있다	없다	계
인원(명)	276	50	326
비율(%)	84.7	15.3	100.0

2) 재방문 의사

• 금오도 관광을 다시 하고 싶은 생각이 있는지를 확인한 결과, '꼭 다시 오고 싶다' 30.7%, '다시 오고 싶다' 52.8%로 재방문 의사를 가지고 있는 응답자는 전체 응답자 중에서 83.5%로 확인되었다. '다시 오고 싶지 않다 2.5%, '절대로 오지 않겠다 1.8%로 금오도 재방문에 부정적으로 응답한 비율은 3.3%로 조사되었다. 재방문에 대한 의사를 분명하게 표시하지 않은 응답자는 12.3%로 나타났다.

• 분석결과, 금오도 관광을 다시 오겠다는 응답자가 많은 것으로 확인되어, 관광객에게 아름답고 매력적인 관광지 이미지를 심어 줄 수 있도록 불편한 점과 개선해야 할 사항을 면밀하게 검토하여 금오도 관광에 대한 다양한 관광정책들이 뒷받침되어야 할 것으로 보인다.

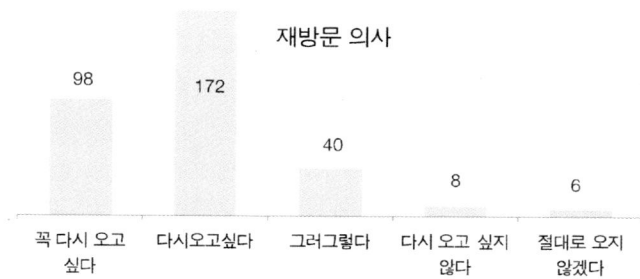

재방문 의사

	98	172	40	8	6
	꼭 다시 오고 싶다	다시오고싶다	그러그렇다	다시 오고 싶지 않다	절대로 오지 않겠다

재방문 의사 응답률

구 분	재방문 의사					계
	꼭 다시 오고 싶다	다시 오고 싶다	그저 그렇다	다시 오고 싶지 않다	절대로 오지 않겠다	
인원(명)	100	172	40	8	6	326
비율(%)	30.7	52.8	12.3	2.5	1.8	100.0

설 문 지

안녕하십니까?
본 조사는 여수시 금오도 비렁길 생태탐방로의 여건을 향상시키기 위하여
이용객 여러분의 의견을 수렴하고자 하는 데 그 목적이 있습니다. 귀하의
고견은 오직 여수시 금오도 비렁길의 탐방여건을 개선하기 위한 소중한 자
료로 사용될 뿐 일체의 다른 용도로 사용되지 않을 것이오니 번거로우시더
라도 가능한 한 모든 문항에 빠짐없이 응답해 주시기를 간절히 부탁드립니
다. 감사합니다.

2012. 5.
전남발전연구원
여수지역사회연구소

조사장소 _____	조사일시 _____	조사 시기 ① 주중 ② 주말

Ⅰ. 금오도 관광객 이용행태에 관한 질문입니다.

1. 이번 금오도를 포함하여 지난 3년간 여수 도서(돌산, 거문도, 사
   도 등) 지역을 몇 번째 방문하셨습니까?

   ① 처음   ② 2번   ③ 3번 이상

2. 귀하는 이번 금오도 관광은 누구와 함께 오셨습니까?

   ① 혼자   ② 가족   ③ 친구/연인

   ④ 동호회 및 산악회   ⑤ 친목단체

   ⑥ 단체관광(여행사 주관 포함)

3. 본인을 포함하여 모두 몇 분이 함께 오셨습니까?

   ☞ 총 _____ 명 (남: ___ 명, 여: ___ 명)

4. 귀댁에서 여수까지 주로 이용하신 교통수단은 무엇입니까?

　① 자가용　　　② 전세/관광버스　③ 고속/시외버스

　④ 항공기　　⑤ 기차　　　　⑥ 기타 (　　　　　　　)

5. 이번 여행 중 금오도에서 며칠정도 체류할 예정입니까?

　① 오늘 하루(6번 문항으로)

　② 숙박(＿ 박 ＿ 일)(5-1번 문항으로)

5-1. 금오도에서 숙박하실(한) 경우 숙박시설은?

　① 여관/모텔　② 민박　　　　③ 친척/친구 집

　④ 펜션　　　⑤ 야영장　　　⑥ 기타

6. 이번 금오도에 대한 정보를 어떻게 알게 되셨습니까?

　① TV/라디오　　　　② 신문　　　　③ 잡지

　④ 여행안내 책자　　⑤ 친구/친척/주변사람

　⑥ 인터넷(여수시 홈페이지 포함)

　⑦ 관광안내소(고속도로 휴게소 포함)

　⑧ 팸플릿

Ⅱ. 금오도의 방문의 목적·동기에 관한 질문입니다.

7. 이번 여수 금오도 방문의 주된 목적은 무엇입니까?

　첫째(　), 둘째(　), 셋째(　)

　① 비렁길 탐방　　　② 섬 관광　　　③ 일상탈출·기분전환

　④ 휴식·휴양　　　⑤ 데이트　　　⑥ 친목도모

　⑦ 식도락　　　　⑧ 우학리교회 답사

　⑨ 해양위락(낚시, 스킨스쿠버 등)　　⑩ 매봉산 산행 등

⑪ 기타

8. 금오도를 몇 번이나 방문하셨습니까?

   ① 이번이 처음   ② 2번

   ③ 3번   ④ 4번 이상

9. 이번 여행에서 금오도 방문은 다음 중 어디에 해당됩니까?

   ① 목적지   ② 경유지

Ⅲ. 금오도 관광의 만족에 관한 질문입니다.

   이용하신 곳에만 ☑ 해 주십시오.

---

10. 금오도 관광에서 이용하신 편의시설, 교통, 식당, 숙박 및 정보 부문의 시설, 서비스, 가격에 대한 만족도는?

구 분		시설 및 상품, 서비스, 가격				
		매우 나쁨	나쁨	보통	좋음	매우 좋음
편의시설	화장실					
	휴식시설					
	음수대					
	주유·충전소					
	간이매점					
교 통	여객선터미널					
	여객선					
	차량승하선					
	금오도선착장					
	마을버스					
	택시					
	주차장					
	도로상태					
	도로표지판					

식 사	일반식당					
	횟집					
	특산품					
숙 박	민박					
	모텔					
	펜션					
숙 박	야영장					
	마을회관					
안내 · 정보	관광안내소					
	홈페이지					
	안내책자					
	안내표지판					

11. 귀하께서 금오도를 방문하여 얻은 전체적인 만족감을 100점 만
    점의 점수로 표현한다면 몇 점 정도를 주시겠습니까? (점)

Ⅳ. 금오도 비렁길의 이미지에 관한 질문입니다.

12. 이번 금오도 비렁길 방문을 통해서 본 금오도의 전반적인 이미지는?
    ① 깨끗하고 쾌적하다   ② 재미있고 즐겁다
    ③ 한가하고 여유롭다   ④ 아름답고 매력적이다
    ⑤ 그저 그렇다   ⑥ 불친절하고 불편하다
    ⑦ 지저분하고 시끄럽다

13. 금오도 비렁길 여행에서 가장 불편했던 사항은?
    첫째(   ), 둘째(   ), 셋째(   )
    ① 교통 시설(여객선, 유람선, 대중교통, 주차장 등) 불편
    ② 편의시설(화장실, 간이 휴게소, 음수대 등) 불편

③ 교통 및 음식시설 등의 종사원 불친절

④ 숙박 및 대중음식점의 부족

⑤ 쓰레기 문제   ⑥ 바가지요금   ⑦ 관광정보 부족

⑧ 안내시설(탐방로 안내 및 표지판 등) 미비

14. 금오도 비렁길을 활성화하기 위해 우선 개선해야 할 것은?

첫째(   ), 둘째(   ), 셋째(   )

① 숙박시설   ② 탐방로 안내 및 표지판 시설

③ 다양한 어촌체험 프로그램   ④ 판매시설 및 품목

⑤ 먹을거리 및 식당시설   ⑥ 도로/터미널/유람선 등 교통시설

⑦ 홍보활동   ⑧ 주변경관 및 청결

⑨ 관광정보 및 안내시설(서비스) ⑩ 편의/휴게시설

⑪ 주민과 종사원들의 태도

15. 주변 분들에게 금오도 비렁길 탐방을 권유하실 의향이 있으십니까?

① 있다   ② 없다   ③ 잘 모르겠다

16. 기회가 되신다면 금오도 비렁길을 다시 방문하고 싶습니까?

① 꼭 다시 오고 싶다   ② 다시 오고 싶다

③ 그저 그렇다   ④ 다시 오고 싶지 않다

⑤ 절대로 다시 오고 싶지 않다

Ⅴ. 일반사항입니다.

17. 귀하의 성별은?

① 남자   ② 여자

18. 귀하의 연령은?

　　① 10대　　　② 20대　　　③ 30대

　　④ 40대　　　⑤ 50대　　　⑥ 60대 이상

19. 귀하의 학력은?

　　① 국졸 이하　　② 중졸　　　③ 고졸　　　　④ 대졸 이상

20. 귀하의 월 평균 가계 총소득은?

　　① 100만 원 미만　　　　　② 100~299만 원

　　③ 300~499만 원　　　　　④ 500만 원 이상

21. 귀하의 직업은 무엇입니까?

　　① 전문직(변호사, 예술가, 교수, 학자, 교사, 의사, 회계사 등)

　　② 행정직(공무원, 관련 행정관리자 등)

　　③ 사무직(기업체와 법인의 임원 및 사무직 등)

　　④ 판매종사자(도・소매업자, 보험부동산거래인, 외판원, 점원 등)

　　⑤ 서비스업(음식, 판매, 숙박업관련종사자, 이발사, 미용사 등)

　　⑥ 농림, 수산 및 어업종사자

　　⑦ 생산직(운수장비 및 단순노무자 등)

　　⑧ 가정주부

　　⑨ 학생

　　⑩ 무직

　　⑪ 기타(적을 것:　　　　　　　)

22. 귀하의 거주지는 어디입니까?

　　(　　　　　　특별시/광역시/도　　　　　구/시/군)

즐거운 여행이 되십시오.

평화와 인권

광주 5·18과 인권, 그리고 여순항쟁

이영일(여수지역사회연구소 소장)[1]

1. 머리말

고난의 민족사를 돌이켜 보면, 지난 110여 년간 우리 역사는 참으로 혹독한 시련을 겪어 왔다. 1894년 동학농민혁명, 구한말 항일의병, 일제 식민지하의 항일독립운동, 3.1운동, 6.10만세운동, 광주학생운동, 해방 후 대구 10월항쟁, 제주 4·3항쟁, 여순항쟁, 6.25 한국전쟁, 4.19혁명, 광주 5·18민중항쟁, 87년 6월항쟁과 그해 여름을 뜨겁게 달궜던 7~8월 노동자 대투쟁 등 엄청난 민족사적 사건들이 바로 그것이다. 이는 대체적으로 2~30년을 주기로 숨 가쁘게 일어났다. 이때마다 말로 다 표현할 수 없는 엄청난 인권유린과 인권침해가 뒤따랐다.

---

1) 글쓴이 이영일은 여순항쟁사업을 주도하고 있는 여수지역사회연구소(www.yosuicc.com) 소장으로, 국가폭력을 주 의제로 설정하고 있는 '동아시아인권과평화국제회의한국위원회'에서는 사무국장으로 활동하였으며, '진실·화해를위한과거사정리위원회(www.jinsil.go.kr)'에서 조사국장으로 재직하였고, 전국민주연구단체협의회 상임공동대표이기도 하다.

그렇지만 한국의 민중은 지난 110여 년간 격동의 역사를 겪는 동안 격렬하고 끊임없는 저항운동을 지속적으로 전개해 왔다. 우리 역사의 맥락에서 본다면, 국가폭력에 의한 '대량의 중대한 인권침해'에서의 인간의 회복을 외치는 끈질긴 투쟁이 있어 온 것이다. 이러한 역동적인 한국의 역사를 빗대어 아시아에서는 '아시아의 라틴계'로 불리기도 한다. 20세기 내내 식민지 지배에 대항한 민족해방운동과 외세에 의해 분단된 조국의 통일을 위한 통일운동 및 군사독재정권의 통치를 반대하는 민주화운동 등을 치열하게 전개하였던 것이다. 사실상 20세기 한국사의 가장 큰 특징은 이러한 저항운동들에서 찾아야 할 것이다. 결국 우리는 세계사에 자랑할 만한 민주화를 쟁취했다. 최근의 미얀마의 민주화운동이나 중동의 민주화운동을 보면서 새삼 민주화가 얼마나 고난의 여정인가를 확인할 수 있다. 억압으로부터의 해방, 정말 힘든 일이다. 그래서 더욱 자랑스러운 것이다.

2. 반독재와 민주화운동

그 후로도 1960년 이승만 정권을 전복시킨 4월의 학생봉기와 박정희 군부독재정권에 항거한 1979년 부마민중항쟁 및 전두환 일파의 쿠데타에 저항하기 위한 1980년 광주민중의 봉기 중에 수백 명의 시민 학생들이 경찰과 군대에 의해 학살되었다. 이 외에도 7~80년대의 민주화운동의 과정에서 수많은 민주화 운동 인사들이 군사정권과의 싸움에서 고문 투옥되고 때로는 사형이나 암살을 당하였다.

이렇게 역사가 파행적으로 전개되는 과정에서 많은 부정적 유산들이 축적되고 형성되었다. 말하자면 친일했던 자들이 해방된 나라에서 미군정에 힘입어 친미로 둔갑하고 미국이 주장하는 반공을 내세워 애국자가 된 것이다. 그렇기 때문에 일제의 식민지 지배나 남한 정권의 권위주의 통치에 협력하거나, 수행한 사람들 그리고 그런 통치를 위해 만들어진 제도와 사용된 수단들은 역사가 바뀌어도 만족스럽게 극복되지 않았고 한국사회의 민주적 발전을 방해하는 장애물로 작용했다. 따라서 이들 잘못들이 새로운 민주사회에서 더 이상 부정적인 영향을 끼치지 못하도록 그 잘못을 비판하고 제거하려는 사회적 요구에서 민주화와 과거청산 문제가 제기되었던 것이다.

우리 현대사에서 민주화와 과거청산은 민족통일과 함께 반드시 해결해야 할 과제의 하나인 것이다. 통일 없이 한국사회의 발전적인 미래를 기약하기 어려운 것처럼, 우리 사회의 완전한 민주화와 과거청산 없이는 민족사의 정상적인 발전을 기대할 수 없기 때문이다.

그동안 우리를 그토록 옥죄어 왔던 빨갱이 마녀사냥은 국방경비법과 국가보안법, 계엄법 등을 통하여 수많은 불특정 다수의 국민들과 민주화운동 인사들을 걸핏하면 월북 친척 간첩조작사건, 납북어부 간첩조작사건, 재일동포 간첩조작사건, 반국가단체 공안사건, 각종 의문사 사건으로 엮여 온 것이 대표적인 예이다. 우리 지역에서도 거문도의 김성학, 이청일과 백야도의 김익환 일가, 여수시의 김양기 간첩조작사건이 그것이다. 남의 일이 아닌 바로 우리 주변과 이웃의 이야기였던 것이다. 따라서 한국 현대사에서 가장 주목받을 성과는 치열한 투쟁의 결과가 이루어 낸 민주화이다. 30여 년간의 혹독한 군사정권에 대항하는 과정에서 민주화운동 인사들은 견디기 어려운 고통과 매우 엄청난 희생을 치러야 했다. 지난 30여 년간 800여 명이 민주화 운동으로 인해 사망했다. 희생자는 1960년 4.19

와 1980년 광주항쟁에서 사망한 자를 비롯해 민주화 운동으로 인해 사형 암살 고문당한 자, 그리고 분신 투신 등으로 저항하다 사망한 자 등이다.

이 많은 인사들이 전쟁도 아닌 상황에서 잘못된 정치, 폭력적인 권력으로 인해 희생된 것이다. 문명사회의 일이라고는 도저히 생각할 수 없다. 이런 일이 가능했던 것은 살인 폭력 기구로서의 군대와 경찰조직 그리고 이를 뒷받침하는 정보 사찰기관의 조직적인 관여가 있었기 때문이다. 민주화운동은 이러한 희생을 무릅쓴 투쟁의 결과로 마침내 군사정권을 축출하고 민간인 정부를 성립시켰다.

그러나 정권교체로 민주화가 완성되는 것은 아니다. 이는 시작에 불과하고 처리해야 할 많은 과제들을 남겼다. 실제로 우리는 우리 사회의 허약한 민주주의 토대를 이명박 정부에서 실감하고 있는바, 2009년 2월 2일 천주교정의구현사제단은 용산참사 청계광장 촛불미사에서 시국선언문을 통해 이명박 정권을 독재정권으로 규정하면서 '국민분열의 죄, 역사왜곡과 폄하의 죄, 민족분열의 죄, 민주주의 파탄의 죄'를 짓고 있다고 절망적인 선언을 하였던 것이다.

1993년 민간인 정부가 구성된 후부터 전두환 노태우 두 군 출신 전직 대통령에 대한 사법심판운동이 전개되었다. 지난 1979년 12월의 군사쿠데타와 1980년 5월 광주시민 학살의 책임을 묻고자 한 것이다. 마침내 1997년에는 이른바 '역사 바로 세우기'라는 표방 하에 그들 두 전직대통령을 사법적으로 처벌하였다. 그들을 포함한 관련 인사들을 구속하여 재판정에 세우고 사형선고까지 내릴 수 있었다. 이는 판결문을 통해서나마 학살만행을 저지른 행위에 대해 뒤늦게 사법 판결의 형식을 빌려 심판한 것이었다. 군사독재, 권위주의 통치에 대한 청산과 역사적 단죄들은 시민봉기 과정의 사회격동기 속에서나 가능한 일이었다. 하지만 이 경우는 예외적으로 사법적 심판을 통해 역사적 단죄를 행한 셈이다. 잘못된 과거를 청산하는 일이 기존의 법질서를 준수하는 가운데 재판을 통해 이루어진 것이다. 이는 역사적으로 드문 예이다.

3. 광주 5·18민중항쟁이 제기한 과제

그렇다면 광주 5·18민중항쟁이 우리 역사에 제기한 과제는 무엇인가? 당시 광주 5·18민중항쟁은 일시적인 패배였으나, 이후 아래로부터의 민주화운동을 추동하는 강력한 추동력이 되었다. 즉 광주 5·18민중항쟁은 5공의 권위주의 정권에 대한 반체제 민주화운동의 중심으로 민주대 반민주 권위주의의 대립축을 형성하였던 것이다. 1980년 이후 오늘의 시점까지 광주 5·18민중항쟁은 한국의 민족운동, 민중운동의 원천이며 정점이다. 그동안의 반독재운동과 과거청산운동, 통일운동 등은 바로 이 원천에서 비롯되었으며, 우리 역사에서 광주 5·18민중항쟁은 민족민중운동의 연장선상에서 파악되어야 한다. 그것은 광주 5·18민중항쟁을 우리 민족의 당면한 역사적 과제와의 관련 속에서 역사적으로 본다는 것을 의미한다.

80년대 민족민중운동에서 광주 5·18민중항쟁이 갖는 의의와 역할은 지극히 크다. 그것은 우리 역사에서 그리고 민족민중운동에서 새로운 장을 연 획기적인 계기이다. 우리 사회의 부문운동과 계급운동으로의 확대 재생산과 함께 시민사회의 급격한 성장 및 시민운동의 분출에 결정적 계기가 된 87년의 민주화운동도 실제에 있어서 광주 5·18민중항쟁이 그 정점인 것이다. 그 후과의 하나로 정치적 민주주의인 지방자치제의 부활과 시행도 이에 해당할 것이다.

그럼에도 불구하고 광주 5·18민중항쟁이 지역화·국지화되어 가는 양상에 대한 비판이 크다. 즉 민주대 반민주의 구도가 투표에 의한 민주적 경쟁의 장에서 호남대 비호남이라는 이미지와 이데올로기로 변용되었는데, 이른바 광주문제를 지역문제로 왜소화하려는 견해가 그것이다. 광주문제는 이 땅의 민중의 문제이다. 광주 문제를 민중의 문제와 결합시키고 민중적 외연을 더욱 확대할 때 광주문제가 의도하는 역사적 과제는 실현될 것이고 역사 앞에 좌절 속에서 주어지는 새로운 시대, 새로운 천지는 열릴 것이다. 이러한 변용의 원인은 한국의 정당체제가 진보적 개혁을 수용할 수 있는 제도화가 전혀 이루어지지 않음에서 찾아보아야 한다.

그렇다면 이제 우리는 광주5·18민중항쟁으로부터 무엇을 얻어야 하는가? 80년 광주는 절대적인 인권의 사각지대와 죽음의 공포에서 이른바 주먹밥, 대동세상, 해방된 공간에서 시민들이 결사적으로 저항한 절대공동체의 경험을 하였다. 국가권력이 무너진 상태에서 시민들은 혼란 대신 연대와 결속을 통하여 시민적 질서를 자율적으로 유지하였다. 시민들 스스로 주체적인 대중 집회와 토론을 통해 운동의 목표와 방법을 세워 다양한 형태로 투쟁하는 노력을 하였으며, 놀라울 정도의 문제 해결의 능력을 갖고 차분한 자치의 국민주권을 발휘하였던 것이다. 그들의 주먹밥, 대동세상, 절대공동체의 경험과 철학을 오늘의 시민사회에 정착시켜야 하는 이유가 바로 여기에 있다.

또한 광주5·18민중항쟁은 우리에게 무엇을 남겼는가? 광주5·18민중항쟁은 군사권위주의 통치의 야만성을 밝혀냈으며, 이를 통해

역설적이게도 민주화운동세력들의 조직과 이념이 정비되는 계기가 되었고, 해방 이후 30여 년 동안 반공 이데올로기에 갇혀 있던 한국사회의 인식의 지평이 비로소 확대되게 되었다. 광주5·18민중항쟁은 세계인권운동사의 맥락에서 보면 냉전시대라는 20세기 후반을 지배해 온 세계패권시대의 구조에 대한 항거이자, 서구 중심의 인권의 축을 아시아로 끌어당기는 커다란 구실을 했다고 할 수 있으며, 세계적인 패권에 의한 지역질서의 파괴와 21세기의 참된 자유와 평등의 지평을 열 수 있는 가능성을 제시한 인권운동으로 자리 매김할 수 있을 것이다.

그렇다면 이제 광주5·18민중항쟁을 통해 60여 년 전 비슷한 역사 경험을 한 우리 여수는 이른바 여순항쟁을 통해 무엇이 얻어졌으며, 무엇이 남겨졌는가를 반문해 보도록 하자. 여순항쟁은 광주5·18민중항쟁과는 달리 대다수의 역사적 사건과 같이 실패한 역사로 기록되고 있다. 그렇지만 여순항쟁 진상규명의 현주소와 과제, 이는 우리가 풀어야 할 또 하나의 명제인 것이다. 여순항쟁은 과연 실패한 역사였을까를 반문해 보면서 여순항쟁의 발발과 여순항쟁의 정치적·사회적 영향을 고찰해 보도록 하자.

4. 여순항쟁의 발발과 정치·사회적 영향

가. 여순항쟁의 발발

1948년 10월 19일 저녁, 전라남도 여수에 주둔하고 있던 국방경비대 제14연대가 제주도 봉기를 진압하라는 명령을 거부하고 봉기를 일으켰다. 제14연대 하사관 그룹은 제주도로 파병되어 동족을 죽일 수는 없다며 총구를 이승만 정권으로 돌렸다. 여순항쟁이 발발하였던 것이다. 이승만을 대통령으로 하는 신생 대한민국 정부가 세워진 지 두 달이 지났을 때였다. 14연대 하사관들이 주도한 봉기는 곧바로 일반 장병들의 동의를 얻으며, 다음 날 여수와 순천을 점령했고 곧이어 전남 동부지역 수개 군으로 번져 나갔다. 여수와 순천에서는 봉기군의 엄호 아래 인민위원회가 재건되었고 기초적인 '인민행정'이 실시되었지만, 진압군이 즉각 투입되어 23일은 순천이, 27일은 여수가 완전히 진압되었다. 하지만 여수와 순천이 진압되었다고 해서, 봉기군이 완전히 전멸한 것은 아니었다. 14연대 봉기군과 남조선노동당 등의 지방 좌익 세력 등은 부근의 산악지대인 지리산에 입산하여 빨치산 투쟁을 계속했다.

나. 여순항쟁의 정치·사회적 영향

대한민국 정부가 한반도 남쪽에 세워진 뒤 2개월 만에 일어난 여순항쟁은 1946년 미군정 하에서 일어났던 '대구10월항쟁'이나 1948년의'제주4·3항쟁'보다 훨씬 더 큰 정치·사회적 영향을 남한 사회에 미쳤다. 특히 반이승만 정치세력에 대한 지배정권의 공세는 여순항쟁을 계기로 급속하게 강화되었고, 한반도 남쪽을 지배했던 미군의 철군정책도 변화되었다. 이러한 여순항쟁의 결과는 남한 사회의 민주주의 이행 과정에서 다음과 같은 이승만 장기 독재와 군부 독재정권의 창출이라는 정치·사회적 영향을 미쳤다.

첫째, 미군의 적극적인 개입과 영향력의 확대이다. 미군은 14연대 군인 봉기를 진압하는 데 적극적으로 개입했다. 1948년 10월 20일 국방부장관과 군 수뇌부와 함께 긴급회의를 가진 미군은 광주에 토벌사령부(Task Force)를 설치하기로 결정하고, 봉기 진압을 위해 최신 군사 장비를 지원하는 한편 군사고문단원으로 하여금 작전과 정보 분야에서 국군을 '지휘'했다. 미군 철수를 주장하는 봉기에 맞서 미군은 진압에 적극적으로 개입하였고, 그 덕분에 여순탈환작전은 빠른 시간에 이루어질 수 있었다.[2] 14연대 봉기와 뒤이은 빨치산투쟁으로 이승만 정권의 위기가 눈앞에 펼쳐지자 미군 철수는 1949년 6월 말에야 비로소 이루어졌다. 미군의 군사적 도움과 정치적 후원 없이는 이승만 정권의 불안정성이 해소될 수 없다는 것이 너무도 분명했기 때문이다.

둘째, 국방경비법을 기초로 하여 현재까지 우리 사회의 대표적인 악법인 국가보안법이 제정되었다. 국회는 반대파를 관제 공산당으로 몰아 처벌할 수 있다는 소장파의 우려와 강력한 반대를 뿌리치고 여순항쟁 뒤 한 달 보름 만에 국가보안법을 통과시켰다. 1949년 1월부터 9월 말까지 형무소에 수감된 사람들 중 80% 이상이 국가보안법 위반 혐의로 수감되어 있었다.[3] 국가보안법은 현재까지도 남아 있는 반공국가 유지의 가장 중요한 법적 제도이다.

셋째, 군대의 사회적 영향력은 이전보다 훨씬 더 강해져 정치적 영역에까지 확대 강화되기에 이르게 되었다.

  1) 여순항쟁 진압에는 대북경계와 제주도 진압병력을 제외한 전 군대가 작전에 투입되었다. 이를 통해 대한민국 정부 수립이후

---

2) 여순봉기에 대한 논문을 최초로 발표했던 桶口雄一은 여순봉기가 미군에 반대했던 봉기임을 상기시키며, 여순봉기가 국민당을 지원했던 미국과 싸운 중국 인민의 투쟁 그리고 프랑스 제국주의와 싸운 베트남 독립해방투쟁과 공통의 과제를 가진 투쟁이었다고 평가했다(桶口雄一, 1967, 「麗水・順天蜂起」, 『朝鮮硏究』62, 37~38쪽).

3) 『한성일보』 1949.12.4.; 『국도신문』 1949.12.24.

최초로 당시 전 병력의 1/5인 5,000여 병력이 투입된 군사합동 작전을 전개하였으며, 이를 통해 연합작전의 경험을 익힌 국군은 국방경비대 시절 경찰에 억눌려 지내던 것에서 완전히 벗어나, 경찰뿐만 아니라 전 사회에 압도적인 규정력을 갖게 되었다.[4]

2) 반공 이데올로기 형성을 위한 대대적인 군대 내의 숙군(肅軍) 작업과 이를 통한 반공 군대의 조직이다. 군인들이 반역적 봉기를 일으켰다는 사실은 이승만 정부가 즉각적으로 좌익 혐의 군인들을 숙청하고 군대를 반공 이데올로기로 무장시키는 데 좋은 구실로 이용됐다. 숙군으로 처벌된 장병 숫자는 당시 전체 군 병력의 5%나 되었고,[5] 이 공백은 해방 후 난립했던 청년 테러 단체의 젊은 조직원들이 대거 군에 들어옴으로써 메워졌다. 이들은 1946년부터 반공투쟁의 최전선에서 활약하던 반공주의자들이었다. 이러한 인적 기반을 기초로 한국군은 한국전쟁을 거친 뒤에는 가장 강력한 반공조직으로 자리 잡을 수 있었다.

3) 여순항쟁을 진압한 계엄군의 복장은 이후에도 그들의 계엄군 복장의 전통과 정형이 되었다. 여순항쟁 당시에는 같은 군인으

---

4) 여순항쟁을 진압한 군 장교들-송요찬, 함병선, 백선엽, 김점곤, 박정희 등은 이후 주요 요직을 거치며 한국사회의 중심인물로 활동했다(桶口雄一, 1976,「麗水・順天における軍隊蜂起と民衆」,『海峽』4, 社會評論社, 74쪽).

5) 1961년 5.16쿠데타로 권력을 장악한 박정희는 여순항쟁 진압을 위한 토벌사령부의 일원으로 광주에서 활동했지만, 봉기가 진압된 직후에는 좌익혐의로 체포되어 사형을 언도받았다. 그러나 군부 내 좌익조직 명단을 제공한 것과 만주군 출신의 군 지도부와 제임스 하우스만(James Hausman)이라는 미 군사고문단원의 구명운동으로 생명을 건지게 되었다.

로서 피아를 구분하기 위해 철모에 흰 띠를 둘렀던 것인데, 그로부터 30여 년 후인 1980년 5월 광주항쟁에 투입된 계엄군의 복장도 예외 없이 여순항쟁에 투입된 계엄군의 복장 그대로인 채 계엄군의 전통 복장이 되었던 것이다.

4) 여순항쟁을 성공적으로 진압한 군대의 사회적 영향력은 곧바로 정치적 영향력으로 확대 재생산되어 이로 인해 이후 30여 년간 지속된 군부 독재정권의 토대를 구축하게 되었다. 박정희, 전두환, 노태우 등 정치 군인들의 쿠데타에 의한 군부 독재 정권이 그것이다.

넷째, 전 국민을 대상으로 하는 주민통제체제를 구축하였다. 여순항쟁을 철저하게 진압한 이승만 정권은 국제공산주의세력과 북한의 침략성을 전면에 내세우면서 11월 초에 극우인사들을 포함한 반이승만 세력을 대대적으로 검거하는 한편 반공이데올로기를 중심으로 한 주민통제체제를 하나씩 만들어 가기 시작했다.

1) 1949년에는 가구 구성원 외에 다른 사람이 집에 머물면 경찰서에 반드시 신고하도록 하는 유숙계(留宿屆)제도를 실시했고,

2) 좌익들을 선도하고 회개시킨다는 명목으로 국민보도연맹(國民保導聯盟)을 조직했다.

3) 1949년 1월에는 청년들을 중심으로 호국군을 편성하여 4개 여단을 창설하였다. 각 학교에는 군 장교가 파견되어 준군사조직인 학도호국단을 만들었다.

이승만 정권은 여순항쟁 이후 학계, 교육계, 언론, 공무원, 사법계 등에 대한 대대적인 좌익색출작업을 계속 벌여 혐의자들을 쫓아냈다. 이 같은 좌익색출과 치밀한 주민통제체제의 확립은 정권 존립의

위험에 처했던 이승만정권이 여순항쟁을 성공적으로 진압함으로써 위기를 기회로 반전시킨 자신감의 결과일 뿐만 아니라, 언제 솟구칠지 모르는 봉기에 대한 사전예방책이었다.

다섯째, 여순항쟁의 성공적인 진압과 토벌은 이후 2년 뒤에 발발한 한국전쟁에서 자행된 민간인 집단학살의 시작과 서곡이 되었다. 우리 현대사의 최대 비극인 민간인 집단학살이 여순항쟁에서부터 본격적으로 시작되어 제주도로 이어져, 여순항쟁과 제주 4·3의 진압과 토벌과정은 그야말로 진압군의 전과물로 획득되어 주민학살이 경쟁적으로 악용되었던 것이다. 이로 인해 여순항쟁에서 나타난 유혈적 갈등과 민간인 학살의 양상은 2년 뒤 한국전쟁에서 그대로 전면화되었다.

여섯째, 여순항쟁은 지역사회에도 큰 영향을 미쳤는데 지역공동체의 파괴가 그것이다. 14연대 봉기군이 들어왔을 때에는 우익 인사와 경찰들에 대한 처형이 이루어졌고, 진압작전 때에는 협력자를 색출하는 과정에서 개인적인 원한으로 협력자를 지목하여 처형하는 바람에 지역사회는 완전히 산산조각이 났다. 나서면 다친다(=생명을 잃는다)는 인식이 팽배해지면서 진보적 사회운동의 싹은 잘려 버리고 이데올로기에 일부러 냉담한 태도가 번졌다. 이는 지역사회뿐만 아니라 여순항쟁에 대한 신문 보도 등을 통해 한국 사회 전체가 유혈적인 좌우갈등을 간접 경험하였다. 해방직후 나타났던 좌우 대립은 이제 일방적인 좌익세력 척결로 바뀌었고, 공산주의자들에 대한 공포심과 적대감도 또한 높아져 갔다.

이승만 정부는 여수와 순천이 진압된 직후부터 반공체제의 확립을 더욱 더 적극적으로 진행시켰는데, 다음 해에 발생한 김구 암살과 국회프락치 사건으로 가장 강력했던 반이승만 세력이 완전히 숙청되면서 이승만 반공체제는 안정화의 길로 들어섰다. 여기에서 주의할 점은 이승만 정권이 공산주의자 척결을 자신들의 목표로 내세웠지만 실제로는 공산주의자들뿐만 아니라 이승만 정권에 반대하는 세력 일체를 척결의 대상으로 삼았다는 점이다. 그리고 이런 입장은 여순항쟁 초기부터 적용되었다. 봉기에 협력했다는 혐의를 받은 관련자들이 모두 공산주의 이데올로기를 갖고 있던 것은 아니었다.

여순항쟁 진압 과정에서 수많은 민간인이 아무런 재판도 없이 단지 14연대 봉기에 협력했다는 혐의만으로 국민학교 운동장이나 해안 절벽, 산기슭에서 죽어 갔다. 누가 죽었는지, 누가 죽였는지, 왜 죽어야만 하는지도 분명히 밝히지 못한 채 60여 년 동안이나 이 사실이 침묵 속에 묻혀 왔다는 사실은 민간인학살이 하나의 사건이 아니라 한국 사회와 현대사 속에 깊이 각인된 구조라는 점을 일깨워 준다. 아무리 죽은 사람들이 죄 없이 죽어 갔다고 해도 '빨갱이'라는 죄로 죽어 갔다면 어느 누구도 더 이상 입 밖에 낼 수 없는 얘기가 되었던 것이다. 심지어는 여수, 순천 지역 출신이라는 단 한 가지 이유만으로도 사상이 의심스럽다는 얘기를 들을 수밖에 없었다. 이런 점에서 여순항쟁은 봉기의 측면뿐만 아니라 이제까지 밝혀지지 않았던 학살의 측면에도 주의를 기울여야 한다. 이 두 가지는 동전의 양면이라 할 수 있는데, 학살은 봉기 실패에 따른 결과였다.

결론적으로 여순항쟁은 이승만 정권의 반공국가 형성에 중요한 계기가 되었고, 남한의 반공국가는 한국전쟁을 거치면서 더욱 고정화되고 강화되었다. 여순항쟁과 이후의 한국전쟁은 남한사회가 작동하는 원형을 만들었던 것이다.

5. 여순항쟁 진상규명의 현주소와 향후 과제

　한국전쟁 전 대표적인 학살극 중 하나였던 여순항쟁은 제주4·3 항쟁과 함께 진압과 토벌과정에서 이뤄졌다. 여순항쟁은 4.3항쟁의 연장선에서 발생했다. 4.3항쟁에 대한 진압출동 명령을 받은 여수 주둔 국군 제14연대가 1948년 10월 19일 명령을 거부하고 봉기를 일으켰다. 14연대 병력의 대다수인 2천여 명의 군인이 참여한 봉기는 이 지역 좌익세력들이 가세하면서 순식간에 민군봉기로 발전했다.

　그러나 여순항쟁 진압과 대량 학살을 겪으면서 봉기에 참여한 주력군과 좌익진영은 지리산 등으로 들어가 본격적인 유격투쟁을 전개한다. 이에 따라 전남 동부지역 일대 8개시·군 가운데 5개 군에서 유격전이 벌어졌고, 군·경은 남로당 게릴라 공비 토벌을 명분으로 49년 말부터 50년 초까지 무고한 민간인을 대량 학살했다.

　여순항쟁은 기존의 정치 사회적 지형을 변화·강화시키면서 남한 사회의 기본질서가 잡히는 중요한 계기로 작용했다. 그러나 여순항쟁이 일어난 지 63년이 지났지만, 이 사건의 사실과 실체에 대한 규명은 2010년 말로 활동이 종료된 진실화해위원회(이하 위원회)의 구례와 순천, 보성·고흥, 광양과 여수 및 기타지역과 이른바 적대세력사건 조사결과와 종합보고서가 작성 발표되면서 이제 어느 정도 사건의 실체에 대한 윤곽이 잡혀 가고 있다.

　위원회에서 여순사건으로 진실규명된 사건은 신청사건의 100%가 완료되어 여수 126건, 순천 258건, 광양 64건, 구례 186건, 고흥 43건, 보성 49건, 기타 지역 141건, 적대세력사건 235건으로 총 1,102건에 이르고 있는데, 이는 사건 직후 정부가 5차례에 걸쳐 조사한 피해 규모의 9.9~19.7%에 불과하다. 이는 피해 추정 인원의 1/5~1/10 이하 수준의 제1차 조사 결과에 불과하여 실질적인 사건의 진실규명과는 아직 요원하다고 할 것이다.

그러나 보다 본질적인 문제는 여순항쟁을 직권조사를 제대로 활용하여 진압군에 의한 민간인집단희생사건과 함께 본 사건과 밀접하게 관련된 해당 지역의 국민보도연맹사건, 형무소재소자희생사건, 부역혐의사건 및 14연대 반군과 지방좌익에 의한 적대세력사건도 포괄하여 총체적인 진실규명을 해야 하며, 이는 60여 년간 지속된 지역사회 내의 갈등을 풀고 화해를 이끌어 내기 위해서도 지역별·사건 유형별의 개별 보고서가 아닌 반드시 여순항쟁의 해당 전 지역과 사건의 유형을 포괄하는 총체적인 기술로 재구성하는 종합적인 보고서가 필요하다고 할 것이다.

위원회가 결정한 지역별·사건 유형별 결정보고서라는 개별보고서는 실제에 있어서 여순항쟁 발생 지역과 피해 유족들을 지역과 유형별 사건으로 분리시키고 있어 이로 인해 유족회 공동체가 파괴됨은 물론, 여순항쟁이라는 역사 공동체 또한 파괴되고 있는 것이 현실이다. 위원회가 조사의 성과주의에 매몰되어 미처 예기치 못한 공동체 파괴로 나타나고 있는 것이다. 60년간 지속된 지역사회 내의 갈등을 풀고 화해를 이끌어 내기 위해서도 반드시 통사적인 기술이 필요하다.

그러나 지금처럼 여수, 순천, 광양, 구례, 보성, 고흥 지역 등을 구분하여 독립적인 사건으로 개별보고서가 발표되어 여순항쟁이라는 단일한 사건의 전모가 밝혀지지도 않을뿐더러, 사건시기도 지역마다 달라져 역사적 사건을 심각하게 왜곡하는 우려스러운 보고서가 되고 말았다. 조사업무의 편의와 기능상, 조사를 지역별과 사건 유형별로 진행한다 할지라도, 결정보고서를 이러한 방식으로 기술한다는 것은 상식 밖의 일인 것이다.

이러한 문제점들은 이미 여수지역사회연구소와 여순사건유족회가 3차례에 걸쳐 동일한 주제로 이 문제를 계속하여 위원회에 제기하였음에도 불구하고, 전혀 시정되지 않았으며, 위원회의 성과주의로 인해 여순항쟁과 같은 역사적으로 단일한 사건을 지역과 유형별로 분리하여 조사결과보고서를 작성함으로 인해 여순항쟁이라는 단일 사건은 지역과 유형으로 파편화되어 그 형체를 분간할 수 없게 되고 말았다.

그동안 지역의 시민사회와 유족회의 노력으로 여순항쟁 사건을 포함한 포괄적인 과거사정리 특별법이 제정되고, 이 특별법을 토대로 위원회가 발족되어 한국전쟁전후 민간인집단학살사건과 함께 여순항쟁 사건도 어느 정도 조사를 하였으나, 당시 피해 추정인원의 10~20% 수준의 여전히 극히 소수의 신청인 중심에 그치고 말았으며, 그나마도 여순사건이라는 역사적으로 단일한 사건을 지역별, 유형별 사건으로 분리하여 개별보고서를 작성함으로 인해 유족회 공동체가 파괴됨은 물론, 여순사건이라는 역사 공동체 또한 파괴되어 버린 것이 여순항쟁 진상규명의 현주소이다.

따라서 향후 여순항쟁은 사실에 대한 보다 광범위한 규명작업을 위해 위원회에서 진실불능으로 처리된 군법회의 관련 신청자들에 대한 재조사와 함께 대다수의 미신청자들에 대한 추가조사가 전면적으로 필요하며, 이를 위해 여순사건만의 개별적인 특별법이 제정되어야 할 것이다. 다행히도 이를 위해 지난 2011년 1월 31일에 김충조 의원을 비롯한 18명의 여야의원들이 공동발의로 여순사건 특별법을 단독으로 상정하여, 2011년 5월 현재 국회 해당 상임위에서 계속 심의 중이어서 향후 법 제정 여하에 따라 여순사건은 진상규명과 명예회복의 새로운 이정의 가능성이 매우 높다 할 것이다. 관련 유족회는 물론 시민사회와 지역 공동체 모두가 단순한 과거사로만 인식할 것이 아닌 소중한 역사적 유산과 정신으로 계승하는 문제의식을 가져야만 할 때이다.

6. 맺음말

광주 5·18민중항쟁은 살인적인 국가폭력 앞에서도 절대 굴복을 거부하는 '주먹밥'이라는 공동체 정신과 철학으로 우리에게 많은 것을 선구적으로 함의하고 있다. 그들의 고귀한 희생과 정신과 철학으로 인해 우리 사회는 현재의 민주사회를 역사적 유산으로 물려받은 것이다. 그들의 항쟁은 분명 한국사회뿐 아니라 우리 모두에게 인류의 존엄과 자유를 위한 투쟁을 분명한 감정으로 계속 불어넣어 주고 있다.

여순항쟁 또한 민간인학살 문제 중심의 단순한 한풀이 역사로만 노정이 되어서는 곤란하다. 광주 5·18민중항쟁과 같이 사실규명을 위해 당시의 중요한 한 흐름이었던 변혁적 이데올로기와 그것을 위해 싸웠던 운동가들의 모습을 찾을 필요가 있는 것이다. 왜, 여순항쟁이 발생했는가와 여순항쟁의 진정한 해결은 무엇인가에 대한 답을 찾아야만 하는 이유가 여기에 있는 셈이다. 또한 현재의 광주 5·18민중항쟁이 전국적인 행사가 되지 못하고 지역에 국한하는 행사가 진행되고 있음을 살펴보아야 한다. 광주 5·18민중항쟁과 함께 여순항쟁에 대한 현재의 운동성과가 모든 사람에게 돌아가는 방식을 진지하게 고민할 때이다. 이를 위해 여순항쟁의 역사적 재조명 및 재해석과 더불어 여순사건의 성격 규정과 정명 작업도 아울러 이루어져야 한다. 사실규명과 운동의 성과로의 이행을 이름이다.

　돌이켜 보면 우리의 현대사에서 국가폭력은 끊임없이 재생산되어 왔고 재현되어 왔었다. 제주 4·3에서 여순항쟁, 한국전쟁, 베트남 양민학살, 광주 5·18민중항쟁, 민주화운동과정에서의 숱한 의문사, 그리고 최근의 노동운동과 촛불집회, 용산참사의 강경 진압사례는 가공스런 국가폭력이 강도와 정도의 차이만 있을 뿐이지 끊임없이 길들여지고 맛 들여짐을 알 수 있었다. 한반도 남한 사회의 민주주의와 인권의 올바른 신장을 위해, 국가 도덕성의 회복을 위해, 국가폭력은 이제 더 이상 있어서도 용납되어서도 안 된다. 다시는 이 땅에 광주 5·18민중항쟁과 여순항쟁과 같은 엄청난 불행과 죽음으로부터 이 민족을 해방시켜야 한다. 민주주의와 인권의 전 사회적인 확산과 정착을 위해서도 국가폭력의 사슬을 반드시 끊어야만 한다. 이는 한반도 남한 사회의 민주화와 인권문제의 척도인 것이다.

여순사건 진실규명 보고서에 대한 분석과 평가

허상수(성공회대 교수)

> 국가는 집중되고 조직된 형태의 폭력을 대변한다.
> − 마하트마 간디 −

1. 왜 여순사건인가

러시아의 문호 톨스토이는 군대야말로 국가의 가장 사악한 면을 잘 보여 준다고 봤다. "모든 정부와 통치 계급은 기존의 제도를 유지하기 위해 군대를 필요로 한다"(하느님의 나라는 너희 가운데에 있다)라든가 "세금을 성공적으로 거두어들이기 위해 정부는 상비군을 유지한다"(애국심과 정부)라고 썼다. 한마디로 톨스토이는 '국가는 폭력이다'라고 보고 있는 것이다. 그는 이들 국가가 다음 네 가지 폭력의 사슬을 구성한다고 주장한다: 테러리즘, 강탈, 세뇌, 강력한 정신적 마비와 야수화과정.[1] 1948년은 국내외적으로 새로운 인권체

---

1) 레프 톨스토이 지음. 조윤정 옮김. 2008. 국가는 폭력이다 − 평화와 비폭력에 관한 성찰 − 달팽이출판.

제(regime)가 정립된 매우 의미심장한 한 해였다.

첫째, 오늘날 세계인권규범의 모체를 구성하는 세계인권선언은 1948년 12월, 국제연합(UN) 총회에서 채택, 발표되었다. 이 인권선언은 인간의 권리 주장과 확보가 천부적 인권에 기초한 인류 보편성의 원칙이라고 천명하였다.

둘째, 그다음 중요한 진전은 새로운 국제인권규범으로서 집단살해범죄의 방지와 처벌에 관한 협약이 마련되었다는 데 있다. 여순사건 와중인 1948년 12월 9일, 프랑스 파리에서 개최된 제3차 국제연합(UN)총회는 '집단살해(제노사이드) 범죄의 방지와 처벌에 관한 협약'(19개 조항)을 세계 92개국의 찬성으로 채택하였다.[2] 이때 집단살해 금지 협약(Convention on the Prevention and Punishment of the Crime of Genocide)의 체약국(締約國)은 평화 시기와 전쟁 시기를 가리지 않고 집단학살을 방지하고 처벌하도록 하고 있다. 우리나라는 한국전쟁기인 1950년 10월 14일, 이 조약에 가입하여 1951년 12월 12일부터 국내법과 동일한 효력을 발생하며 오늘에 이르고 있다.[3] 집단살해는 "집단성원들에 대한 집단 학살과 같은 물리적 파괴만을 지시하는 것이 아니라 삶의 방식과 사회적 연결망, 제도, 공

---

2) 폴란드 법률학자 라파엘 렘킨은 1944년, 국제법에서 집단학살을 범죄로 다스려야 할 것을 제안하면서 제노사이드라는 용어를 처음 사용했다. 1946년 12월 11일 유엔총회는 뉘른베르크 전범재판 규정에서 수립한 국제법 원칙을 확인하는 결의안을 채택했다. 여기에서 전쟁범죄와 반인륜범죄에 대한 개인책임의 원칙이 확립되었다고 볼 수 있다.

3) 집단살해 금지협약 제5조는, 조약국은 각국의 헌법에 따라서 이 협약의 규정을 실시하기 위하여 특히 집단학살 또는 제3조(집단학살의 처벌대상으로 집단살해의 정범, 공모자, 교사범, 미수범과 공범을 규정)에 열거한 기타 행위의 어떤 것에 대하여 죄가 있는 자에 대한 유효한 형법을 규정하기 위하여 필요한 입법을 제정할 것을 약속한다고 규정하였다. 그러나 우리나라는 이 협약 가입 61년이 경과하였음에도 제5조에서 약속한 국내입법 이행의무를 이행하지 않은 중대한 입법부작위(立法不作爲)상태이다.

동체의 가치에 대한 절멸을 목적으로 한다"라고 규정한다.4) 집단학
살은 단지 많은 사람만의 몰살을 의미하는 데 그치지 않는다. 이 연
장선상에서 1949년 체결된 제4차 제네바협정은 전시의 민간인보호
에 관한 것으로서 말하자면 전쟁 시에도 민간인에 대한 고의적 살
인, 고문 등 비인간적 행위, 고의적 괴롭힘이나 신체 상해, 군사적
목적으로 정당화될 수 없는 대량 파괴와 약탈 등을 금지하고 있다.
그리고 국제인권규범은 모든 재판상의 보장을 부여하여 재판에 의
하지 않은 판결 및 형의 집행을 인정할 수 없다고 명시했다.

셋째, 가장 중요한 인권체제는 대한민국 정부가 수립되면서 대한
민국 헌법이 제정, 시행되었던 것이다. 대한민국 제헌헌법은 그 내
용상 당시 신생국가가운데에서는 세계적 수준의 인권 보호를 보장
하는 법률규정들로 가득 차 있었다.5)

이와 같은 국내외 세 가지 인권 체제의 정비라는 정세의 진전은
1948년 10월 19일, 전라남도 여수읍 신월리에서 일어난 육군 제14
연대의 군사반란에 이은 전라도와 경상도민 피학살사건에 대한 대
한민국 정부의 공식적 진상 조사보고서를 평가하는 데 중요한 시점
(視點)을 제공해 준다. 정부의 공식 조사보고서의 채택은 사건의 실
체 파악에 대한 공식적 인정(acknowledgement)을 의미하며 이에 따
라 피해 회복, 또는 이를 위한 재심 청구의 법률적 근거의 하나로서
기능을 하게 된다.6)

---

4) 강성현 2008. 제노사이드와 한국현대사-제노사이드의 정의와 적용을 중심으로 - 역
사연구 18호. 96쪽.
5) 허상수 2009 진실과 기억 혹은 미래: 학살사건진상규명운동의 비교연구 4・3과 역
사 제주4・3연구소.
6) 프리실라 B. 헤이너 지음 주혜경 옮김 2008. 국가폭력과 세계의 진실위원회. 역사비평사.

국제인권규범과 대한민국 헌법 정신, 특히 1948년 제헌헌법은 이 사건 진상조사보고서를 들여다보는 돋보기 또는 현미경의 역할을 해야 할 것이다. 왜냐하면 이 사건은 '상당히 중대한 인권침해'에 해당한다고 볼 수 있기 때문이다. 특히 이 사건과 관련하여 반인륜범죄를 저지른 자에 대해서 "국적과 공소시효에 관계없이 처벌해야 한다"는 보편적 사법권(universal jurisdiction)의 법리가 적용되어야 한다는 주장은 매우 큰 설득력을 쥐게 된다.

참여정부는 노무현 대통령의 8·15광복절 경축사를 통해 밝힌 대로 국가 공권력의 불미스런 사안에 대한 포괄적 과거청산을 위하여 진실·화해를위한과거사정리기본법 등을 제정, 시행함으로써 대한민국을 진일보한 인권국가로 탄생하는 데 일조하였다.

이 글에서 다룰 분석 방향과 평가 원칙은 기본적으로 이 사건 조사계획서에 기준한 전수조사와 통사적 보고서 작성이 이루어졌는가? 아니면 조사 시간에 쫓긴 상태에서 처리 건수만 채우려고 했던 일종의 성과주의에 급급하여 사건을 지역별, 유형별로 분리하여 보고서를 작성한 것에 그치고 말았는가? 만약 전수조사를 하지 아니한 점들을 중심으로 분석하고 평가해 볼 때 이후의 과제는 무엇인가에 초점을 맞춰 보려는 것이다.

진상조사는 크게 피해 진상과 가해 진상으로 구별해 볼 수 있다. 피해 진상은 주로 피학살 주민들이 제기하는 것으로써 대부분 유가족들에 의해 제기된다. 가해 진상은 피해 진상과 함께 사건 전모를 규명하는 데 가장 중요한 부분을 이룬다. 그러나 기간의 경과, 자료의 부실, 시차의 혼선, 당사자 부재 등 여러 가지 이유로 인하여 잘 조사되지 못하는 한계가 있다. 따라서 가해 진상은 조각난 사실들의 조합과 분석, 재해석을 통해 범행의 특별한 의도(specific intent), 범행 동기와 배경, 범행 이후의 정치적 이해관계 등을 종합하여 판단해야 한다.

2. 여순사건 진실규명 보고서 분석

진실·화해를위한과거사정리기본법 시행에 따른 여수·순천사건 신청서 접수현황은 신청인 수로는 강태용(사건번호:17) 외 777명, 신청사건 수로는 김화자(사건 번호:354) 외 832건에 이르렀다.

진실·화해를위한과거사정리위원회의 조사개시 결정과정을 보면 위원회에 접수된 진실규명 신청사건 중 여순사건으로 분류되어 조사개시가 결정된 사건은 총 832건이었다.

제14차 집단희생규명위원회(2006.7.25.)는 구례 봉성산 여순사건 9건을 조사개시 결정하였다. 그리고 2개월 후 제17차 집단희생규명위원회(2006.9.29.)는 구례 봉성산 여순사건 3건을 병합·조사 개시하기로 결정하였다. 드다시 1개월 후 제20차 집단희생규명위원회(2006.10.31.)는 여순사건 288건을 조사개시하기로 결정하였고, 그다음 달인 2006년 11월 10일, '구례 봉성산 여순사건'을 여순사건으로 병합·사건 명칭 변경을 결정하였다(조사1팀-1373).

2개월 후 제26차 집단희생규명위원회(2007.1.30.)는 414건을 병합·조사개시하기로 결정하였고, 제28차 집단희생규명위원회(2007.2.13.)는 63건을 병합·조사개시하기로 결정하였고, 제30차 집단희생규명위원회(2007.2.28.)는 7건을 병합·조사개시하기로 결정하였다. 이리하여 여순사건 관련 신청 사건들은 여러 개로 분산 조사하기로 결정되고 말았다. 그 결과들을 예시해 보면 다음과 같다.

가. 진실・화해를위한과거사정리위원회 광주・목포・순천・전주
・군산형무소 재소자 희생사건 조사보고서

나. 대구・경북지역 형무소 재소자희생사건 조사보고서

다. 전남 동부지역(구례・광양・여수・보성・고흥・곡성・순천) 민
간인 희생사건(1) 조사보고서(가해자: 국군, 경찰, 경찰토벌대)

라. 전남 동부지역(순천・승주・광양・여천・고흥・곡성・담양) 민
간인 희생사건(2) 조사보고서(가해자: 국군, 경찰, 경찰토벌대)

마. 광양지역 군경에 의한 민간인 희생사건 조사보고서

바. 전남국민보도연맹사건(1) 조사보고서

사. 보성・고흥지역 여순사건 조사보고서[가해자: 보성・고흥 경
찰서, 제8관구 경찰청 경찰, 국군 4(이후 20)연대, 15연대]

아. 구례지역 여순사건 조사보고서[가해자: 국군 3연대(1, 2대대),
12연대(1, 2, 3대대), 구례경찰서 경찰

자. 순천지역 여순사건 조사보고서[가해자: 국군 2연대(1, 2대대),
제3연대(1, 2대대), 제4(20)연대(1, 2대대), 12연대(1, 2, 3대
대), 15연대(1, 2대대), 순천경찰서 경찰]

차. 여수지역 여순사건 조사보고서[가해자: 국군 3연대(1, 2대대),
제4(20) 연대(1, 2, 3대대), 5연대(1, 2대대), 12연대(1, 2, 3대
대), 15연대(1, 2, 3대대), 수도경찰대, 여수경찰서 경찰

카. 화순・나주지역 민간인 희생사건 조사보고서[가해자: 국군
4(20)연대, 11사단 20연대, 8사단, 화순・나주경찰서 경찰, 경
찰토벌대]

타. 전남 담양 등 11개 지역 군경에 의한 민간인 희생사건 조사보
고서

파. 순천・여수・보성・고흥・광양・곡성・구례・담양지역　적
　　대세력에 의한 피해사건 등

1) 직권조사 결정

대한민국 진실・화해를위한과거사정리위원회 제39차 전원위원회
(2007.3.6.)는 기 조사개시되었던 784건과 미조사개시되었던 48건을
포함한 832건을 직권조사 형태로 전환할 것을 의결하였다. 상기 위
원회가 행한 직권조사 결정의 근거는

첫째, 여순사건이 제주4・3사건과 함께 대한민국 정부수립 전・후
시기에 불법적으로 이루어진 대표적인 민간인 희생사건이라는 점을
들었다.

둘째, 여순사건은 계엄령 실시, 국가보안법 제정(1948.12.1.) 등
한국사회의 분단체제 공고화에 큰 영향을 끼친 역사적으로 중요한
사건이라고 적시하였다.

셋째, 여순사건은 한국전쟁 발발 이후 국군과 경찰 등 국가권력에
의해 지속적으로 이루어진 제2전선지역에서의 민간인 집단희생의
발단이 되었다는 점이다.

넷째, 여순사건은 국민보도연맹사건, 형무소재소자희생사건, 부역
혐의사건과도 밀접하게 관련된 사건이라는 것이다.

다섯째, 여순사건은 지역적으로, 사건 당시 전라 남・북도, 경남
일부 지역까지 '반란지구'로 분류되고 지역민들은 '반란 동조세력'
으로 규정되었는데, 현재까지도 여수, 순천 등 전남 동부 지역은 주
민들의 피해의식이 깊고 지역사회 내에서 갈등의 근본원인으로 작
동하여 심각하게 분열되어 있다는 것이다.

여섯째, 국가적 차원에서 사건의 진실을 밝혀내고 지역사회의 화해를 이끌어 내는 것이 중요하다고 본다는 것이다.

따라서 진실화해를위한과거사정리기본법 제22조 제3항에 의하여 위원회는 여순사건이 "역사적으로 중요한 사건으로서 진실규명에 해당한다고 인정할 만한 상당한 근거가 있고 진실규명이 중대하다고 판단되어 직권조사로의 전환을 의결하였다"라고 밝히고 있다. 이에 따라 조사관들은 기획조사에 착수할 수 있는 법적 근거를 확보할 수 있었다. 기획조사는 당시 조사관들의 엄청난 헌신적 노력과 작업의 결과라고 말할 수 있다. 직권조사 결정 직후 위원회 산하 집단희생조사기획관실 조사1팀 조사관에 의해 작성된 여순사건 조사계획서는 105쪽에 이른다. 그 주요 골자는 기존 연구 및 조사 현황을 파악하여 주요 쟁점으로서 크게 희생 이유와 규모, 처형·집행과정, 지휘·명령 계통, 법적·절차적 정당성 여부 등 네 가지를 들고 있다.

이상의 문제들을 해결하기 위한 세부 조사계획으로서 관련 기관 자료조사, 일반 문헌자료 조사, 참고인 조사, 신청인 조사, 현장 조사를 하고, 조사 일정 및 주요 참고자료 및 조사 대상 등을 열거하고 있다. 그래서 직권조사 결정 이후 3년 9개월간 진실·화해를위한과거사정리위원회 소속 7명의 조사관이 당시까지 이미 832건을 처리하는 데 무려 7,369일이나 소요될 것이라고 산정하고 있는 나름대로 방대하고 의욕에 찬 조사계획을 세웠다. 그러나 조사관들이 세운 이런 시도에도 불구하고 직권조사는 제대로 진행되지 못하였고, 진상조사보고서는 많은 조사와 진실규명 결정이라는 나름대로의 성과 수립에도 불구하고 중대한 하자를 안게 되었다. 이리하여 여순사건의 전체적 조망의 역사적 기회는 사라지거나 멀어지고 말았다.

2) 정부 진실규명 작업의 성과

진실·화해를위한과거사정리위원회는 2010년 6월 30일, 명목상 형식적으로는 유족들의 한과 눈물과 땀에 찌든 진상규명 신청 사건의 전부(100%)를 진실규명했다고 결정했다. 그리하여 여수 126건(2010.6.29. 결정), 순천 258건(2009.1.5. 결정), 광양 64건(2010.5.11. 결정), 구례 186건(2008.7.8. 결정), 고흥 43건(2009.11.10. 결정), 보성 49건(2009.11.10. 결정), 기타 지역 141건(2010.5.18. 결정-최종), 적대세력사건 235건(2010.4.27. 결정)으로 총 1,102건의 여순사건에 직접·간접으로 관련된 신청사건에 대한 진실규명 결정이 모두 이루어졌다. 그 피해 인원과 추정 인원을 살펴보면 다음과 같다.

여순사건 추정 대비 희생자 피해 현황

(단위: 명, %)

	추 정	신 청		확 인		비 고
여 수	1,300명	111명	8.5%	126명	9.7%	
순 천	2,060명	205명	9.9%	258명	12.5%	
광 양	563명	43명	7.6%	64명	11.4%	
구 례	1,318명	154명	11.7%	186명	14.1%	
고 흥	150명	41명	27.3%	43명	28.7%	
보 성	200명	44명	22.0%	49명	24.5%	
기타 지역		91명		141명		
적대세력사건		174명		235명		
계	1) 5,591명	863명 (대표신청 포함)	15.4%	1,102명	19.7%	설명 추정1)
	2) 11,131명		7.8%		9.9%	설명 추정2)

※ 1. 추정 1) 5,591명은 1948년 11월 1일 현재, 전라남도 보건후생국 통계 자료와 2008년, 2009년도 진실·화해를위한과거사정리위원회 연구 용역 피해자 현황조사 최종결과보고서를 참조한 최소 기준임.
2. 추정 2) 11,131명은 여순사건 발발 1년 후 전남도가 1949년 11월 11일에 조사한 인명피해 자료임.
3. 기타 지역: 화순, 나주, 곡성, 담양, 목포, 신안, 영암, 장성, 장흥 지역 등
4. 적대세력사건: 여순사건 당시 인민군과 지방좌익 및 빨치산에 의한 피해 사건으로 여수, 순천, 광양, 곡성, 구례, 담양 지역 등은 여순사건 관련 해당지역의 국민보도연맹, 형무소재소자, 부역혐의사건 피해자 360여 명은 누락된 자료임.

3) 정부 진상조사 보고서의 문제점

정부 위원회의 이 조사결과를 보면, 사건 발생 당시 집계되었던 1만 명 정도가 되었던 사망 피해 규모, 2008년과 2009년 진실·화해를위한과거사정리위원회의 연구용역 피해자 현황조사에서 추정하였던 피해 규모의 1/5 또는 1/10 정도에 그치는 사망 피해 사실만이 규명되었다는 점을 확인할 수 있다.

첫째, 전수조사의 미진으로 사건 희생자를 전체 규모조차 제대로 확인하지 못하였다. 위의 <표>에서 살펴본 바와 같이, 여순사건 진상조사는 신청사건의 100%를 완료했지만, 피해 추정인원 대비 신청인원은 7.8~15.4%에 지나지 않은 것이며, 이를 토대로 조사 확인된 피해 인원은 9.9~19.7%에 불과했다는 지적이 끊임없이 제기되고 있다. 이것은 한마디로 전체 피해 추정 인원의 1/5 ~ 1/10 이하 수준이다. 이런 조사결과에 대한 해석은 진실·화해를위한과거사정리위원회가 행한 조사결과가 실질적인 사건의 진실규명과는 요원한 "진실규명 아닌 진실규명"으로 이루어진 것이라는 비판을 면할 수 없다는 점이다. 진실·화해를위한과거사정리위원회는 여순사건을 '역사적인 중요한 사건'으로 규정하여 직권조사로 전환 의결했음에도 불구하고, 여전히 극히 소수의 신청인 중심의 개별지역 사건 수준의 조사에 머물고 말았다라는 지적을 받고 있다.

더욱이 이 사건과 관련하여 논란이 될 수 있는 '여수 만성리(17명)와 형무소 재소자 중 군법회의에 의한 사형판결 피해사건'은 '진실·화해를위한과거사정리기본법 제2조 제2항에 의거하여 의당 재심사유에 해당하여 인권침해사건으로 이관 분류하여 조사를 계속 수행하여야 함에도 불구하고 이를 각하했다. 이런 처리 결과는 일정한 성과를 거두었다고 자평하고 있는 진실·화해를위한과거사정리위원회의 이런저런 업적에도 불구하고 치유될 수 없는 엄연한 직무유기일 가능성을 전혀 배제할 수 없다라고 지적되고 있다. 여기서 직무유기란 업무 태만, 업무지연행위, 직무이탈행위, 무사안일주의와 보신주의적 행위 등 의무불이행을 뜻한다.

보다 본질적인 문제는 ① 여순사건을 진실·화해를위한과거사정리위원회가 전원위원회(2007.3.6.)에서 '역사적으로 중요한 사건'으로 규정하여 직권조사 사건으로 의결했음에도 불구하고 신청인 중심으로 조사했다는 것이다.

둘째, 직권조사를 제대로 활용하여 미군을 포함하여 진압군에 의한 민간인집단희생사건과 함께 이 사건과 밀접하게 관련된 해당 지역의 국민보도연맹사건, 형무소재소자희생사건, 부역혐의사건 및 제14연대 반란군과 지방좌익에 의한 적대세력사건도 모두 포괄하여 총체적인 진실규명을 하지 않음으로 인해 유족뿐만 아니라 인권과 평화를 중시하는 많은 국민들의 역사적 상처를 건드려만 놓고, 전혀 치유책을 제공해 주지 않은, 너무나 어처구니가 없고, 역설적이며 황당한 상황이 발생했다.

셋째, 지난 60여 년간 계속된 지역사회 내의 갈등과 대립과 반목을 풀고 화해와 상생과 공존을 이끌어 내기 위해서도 지역별·사건유형별의 개별 조사보고서가 아닌 여순사건의 해당 전 지역과 사건의 유형을 포괄하는 총체적이며 자세한 기술(記述)로 재구성하는 종합적인 조사보고서가 반드시 필요한 일이었음에도 불구하고, 이에 대해서는 아무런 사후대책이 없는 상태로 진실·화해를위한과거사정리위원회가 임무 종료됨으로 인해 사회통합이나 인권보장, 민주주의 발전과는 거리가 먼 활동을 하고 말았던 것이다.

진실·화해를위한과거사정리위원회가 결정한 지역별·사건 유형별 결정보고서라는 개별조사보고서는 실제에 있어서 여순사건 발생 지역과 피해 유족들을 지역과 사건 유형별로 분리시키고 있어 이로 인해 유족회 공동체의 유대와 화목한 관계가 파괴됨은 물론, 여순사건이라는 역사 공동체 또한 파괴되고 있는 것이 현실이다. 진실·화해를위한과거사정리위원회가 조사의 성과주의의 매몰되어 미처 예기치 못한 공동체 파괴로 나타나고 있는 것이다.

지난 60년간 계속된 지역사회 내의 갈등과 반목과 대립을 풀고 화해와 상생과 공존을 이끌어 내기 위해서도 반드시 통사적인 구체적 기술이 필요하다. 지금처럼 여수, 순천, 광양, 구례, 보성, 고흥 지역 등을 구분하여 독립적인 사건으로 개별 조사보고서가 발표되어 여순사건이라는 단일한 사건의 전모가 밝혀지지도 않을뿐더러, 사건 시기도 지역마다 달라져 역사적 사건을 심각하게 왜곡하는 우려스러운 보고서가 되고 말았다. 조사업무의 편의와 기능상, 조사를 지역별과 사건 유형별로 진행한다 할지라도, 결정보고서를 이러한 방식으로 기술한다는 것은 상식 밖의 일인 것이라는 비판이 주류를 이루고 있다. 따라서 반드시 추가 진상조사가 요구되고 있는 것이다.

그리고 일부 사건들은 직권조사 대상에서 조차 제외됨으로써 진상조사의 파편화가 되고 말았다. 직권조사 대상으로 분류된 신청사건 이외에도 여순사건과 밀접하게 관련 있는 해당 지역의 국민보도연맹사건, 형무소재소자희생사건, 부역혐의사건 등 360여 건이 있으나, 직권조사의 대상에서 제외되었다.

4) 지역정치와 군사행동의 편재성에 대한 관심 부족

여수·순천에서만 군인반란이 발생하였는가? 아니다. 1948년 당시 한반도에서의 소요와 무장봉기는 전국적 양상으로 번지고 있었다. 이미 전국적 차원에서 1948년 소위 2·7구국투쟁이 일어났었고, 뒤이어 절해고도에서 제주 4·3무장봉기가 일어났었다. 그리고 여타 지역에서도 군대 내 하극상 또는 조직적 반발이 일어나고 있었다.

전남 동부지방(여수·순천·광양·구례·곡성)은 1946년 '추수폭동' 기간 동안 외딴 섬을 제외한 거의 대부분의 전남서부지방에서 전개된 경찰·지방관리·지주에 대한 습격이 거의 나타나지 않았다.[7] 왜 그랬을까? 황남준은 지역정치의 특수성에서 그 이유를 찾고 있다. 그 주된 이유 중의 하나는 좌익세력과 우익세력이 긴장·대립 관계 속에서도 공존할 수 있었던 지방정치의 특수성에 기인한다고 판단할 수 있다고 보고 있다.[8]

이 지역정치의 특수성은 지방 건국준비위원회의 성격, 1945년 말부터 46년 전반기까지 약 6개월 동안 이 지역의 점령정책을 실시했

---

7) 1946년 10월부터 12월까지 당시의 미군정보고서, 국내신문의 기록을 검토해 본 결과 보성을 경계선으로 전남 동부지방은 서부지방과는 달리 소요사건이 거의 나타나지 않았다고 황남준은 평가하고 있다(황남준, 여순항쟁).

8) 황남준은 '추수폭동'이 동부지방에서 나타나지 않았던 또 다른 중요한 이유로 지리적 조건을 들 수 있다고 본다. 왜냐하면 당시의 폭동에 사용할 수 있는 통신수단은 구전(口傳), 봉화 등의 원시적인 것이었기 때문에, 인접지방에서 봉기가 일어났을 경우 경찰과 관리는 발달된 통신수단을 이용해 사전에 방비할 태세를 갖추거나, 무마할 수 있는 시간적 여유를 가질 수 있기 때문이다. 서쪽(순천)으로는 조계산 줄기가, 동쪽(광양)으로는 백운산이 막고 있으며, 북쪽(구례·곡성)으로는 지리산으로 막혀 있어서 전남 서부지방, 전북 동남지방, 전북 동남지방, 경남 서남지방으로부터 상대적으로 고립되어 여수·순천을 중심으로 독자적인 경제·문화권이 형성되어 있었다고 볼 수 있다. 여수는 해방 전 중요한 미곡·수산물 수출항이었으며, 동시에 일본인들이 토지와 소비재산업에 투기한 교역·산업금융의 중심지였다. 여수·여천향토지 편찬위원회, 1982. 여수·여천향토지. 동광인쇄공사, 437~529쪽. 재인용.

던 제69군정단의 활동과 밀접한 인과관계를 지니고 있다. 다른 군정단과는 달리 비교적 많은 해군장교로 구성되어 있었던 제69군정단은 요원의 잦은 본국귀환으로 일관되고 강력한 정책을 수행하는 데 일정한 한계를 지니고 있었다.[9]

5) 미군의 행적 조사

진상조사보고서는 왜 미합중국 육군과 해군의 동태는 추적하지 않았는가? 보고서는 미군의 군사적 개입을 지적하고 있으나 민간인 희생과정엔 아무런 직접적 언급조차 하지 않고 있다. 예를 들면 보고서 6권 여수지역 여순사건 부분에서 제14연대 반란과 정부의 진압작전을 살피면서 미군의 직접적 개입 부문을 미합중국 임시군사고문단의 작전통제권을 가지고 행사하였다고 기재하고 있으나 실제 민간인 희생 기술부분에서는 모두 빠지고 있다(진실·화해를위한과거사정리위원회 보고서. 2010. 6권, 434~438쪽).

그렇다면 도대체 집단살해범죄에 대한 책임 추궁과 관련하여 명령권자와 상급자의 책임을 어떻게 따질 것인가? 르완다 제노사이드 범죄를 추궁하기 위한 국제연합 르완다 국제형사재판소의 재판관 의견을 경청해 보자.[10] 상급자의 책임과 관련하여 "……언급한 행위(제노사이드범죄행위-인용자)가 전부 하위직에 의해 저질러졌다 해도, 하급자가 그런 행위를 하려 하거나 이미 저질렀음을 상급자가 알 만한 이유가 있었으며 상급자가 그 행위를 사전에 막거나 범죄자

---

9) G. Meade, 1951. 『American Military Government In Korea』. King's Brown Press, Columbia University. 183쪽.

10) 박선기 2009. 9. 르완다 제노사이드, 유엔 르완다 국제형사재판소, 그리고 르완다와 아프리카의 교훈. http://rwanda-embassy.or.kr/img/file001_kor.doc(2011. 9. 30. 검색).

를 처벌하기 휘해 필요하고 합리적인 조치를 취하지 않았다면 상급자의 범죄 책임은 덮어질 수 없다."

그리고 직급상 상하관계의 존재는 상하관계가 공식·비공식적 위계관계를 보임으로써 성립된다. 문제는 상급자가 하급자가 저지르는 위법행위를 사전에 막거나 처벌할 수 있는 권력이나 권위의 유무이다. 범법행위 시 상급자는 하급자에 대해 실효적 통제권을 지니고 있어야 한다. 나아가 하급자의 범죄에 대한 상급자의 인지 또는 인지할 만한 동기에 관한 것이다. 이때 주목할 만한 12가지 변수를 제시하고 있다.

가. 불법행위의 횟수
나. 불법행위의 유형
다. 불법행위의 범위
라. 불법행위가 벌어지는 데 소요된 시간
마. 동원된 부대의 수와 유형
바. (만약 있다면) 동원된 군수품
사. 그 행위가 일어난 지리적 위치
아. 그 행위가 만연된 정도
자. 작전의 전술적 속도
차. 비슷한 불법행위들의 수법
카. 연루된 장교와 참모들
타. 사건 발생 시점에 상급자의 소재지

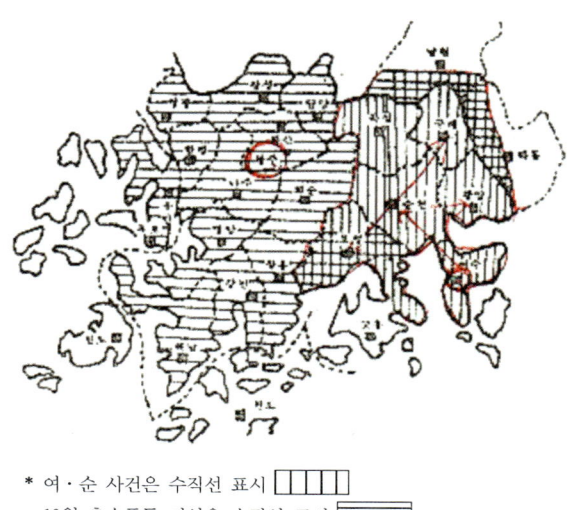

여순사건 확대지역도

이 사건 당시 미합중국 육군과 해군은 대한민국 영토 내에서 대한민국 군대를 창설하고, 그들에 대하여 사실상 감독(direction)과 지휘(order)를 했다고 말할 수 있다. 즉 현대전의 요체인 3C1I인 명령(command), 통제(control), 통신(communication), 정보(intelligence)뿐만 아니라 조정(coordination)과 병참(supply and quartermaster)까지 담당하고 있었다. 심지어 대한민국 대통령에게 한국군경의 군사적 행동에 대하여 인사(personnel)권 행사와 보상(reward)을 요청하는 일까지 있었다. 어떻게 주권국가에서 이런 일이 가능한 일이었는가? 다음은 기존 연구로부터 발췌해 본 미군의 사건 개입 전모의 일단이다.

대한민국 대통령과 당시 '구세주'로 알려졌던 미 극동군 사령관

맥아더 원수 휘하의 주한미군사령관은 점령군으로서의 임무교대 이후 시점인 1948년 8월 24일, 한미군사잠정협정을 체결하였다. 이 협정의 공식명칭은 "대한민국 대통령과 주한미군사령관 간에 체결된 과도기에 시행될 잠정적 군사안전에 관한 행정협정"이었다.11) 이 협정의 목적은 "한국 방위력의 지배권과 명령권을 가능한 한 빨리 한국군과 주한미군의 동의하에 한국정부로 넘겨주는 것을 진전시킬 목적"12)이었다. 이때까지 대한민국은 국방경비대 창설 이후 모든 군사력 또는 방위력을 미합중국, 주한미군에 의존하고 있었고, 남한 단독정부 때까지도 방위력의 독자적 주체성을 확보하지 못했던 상태였다. 왜 이런 굴욕적 불평등 협정이 필요한 것이었을까? 이 행정협정은 한국의 방위력을 계속 증강시키는 데에 주한미군이 어느 정도 책임을 분담하지 않을 수 없었고, 그 책임을 수행하기 위해서는 한국군에 대한 지휘권이 필요했기 때문이었다.

이 협정의 골자는 한반도에서 점령군이었던 미군이 철수할 때까지 한국의 안전을 유지하기 위하여(전문) "주한미군사령관은 본국 정부의 지시에 따라 또는 자기의 직권 내에서 현존하는 대한민국 국방군(국방경비대, 해안경비대 및 비상지역에 주둔하는 국립경찰 파견대를 포함)을 계속하여 조직·훈련·무장하며(제1조), 전면적인 작전상의 통제(over-all operational control)를 행사하는 권한을 보유(제2조)"하는 것이었다.13) 이 협정은 철군을 전제로 한 한시적 성격

---

11) 국방군사연구소, 1990, 『국방조약집 1집』, 238쪽.

12) Jacobs to Secretary of State(Aug 24, 1948), FRUS 1948, 1287~1288쪽.

13) 1948. 8. 26일, 2일 전 체결된 군사협정에 따라 주한미군고문사절단을 설치하고, 그 산하에 임시군사고문단(PMAGiK; Provisional Military Adwisory Group in Korea)을 두고, 사절단장에 무초 대통령 특사, 고문단장에 로버츠 준장이 임명되고 248명

을 띠고 있었으나, 군사력 증강을 미군의 자의에 맡김으로써 "한국
군에 대한 미군의 우위성과 미군주둔의 법적 근거만을 마련"14)한
것으로 평가되었다. 특히 미군의 작전통제권 보유 명시는 신생 한국
정부의 국방 주권을 심각하게 훼손하는 것이었다라고 안정애는 지
적하고 있다.15)

미합중국 임시군사고문단에 소속된 고문관들은 당시 남한 각지에
서 일어났던 사건들을 통해 전술적 훈련을 할 수 있는 좋은 기회를
제공받았다고도 한다. 미합중국 육군 중령 데루스(Clarence C. DeReus)
의 경우 "공산주의가 조직한 시민폭동과 게릴라 활동이 전술적 훈련
을 할 수 있는 기회를 주었다"16)고 기록하였다. 일련의 사건들을 진
압하는 일에 투입된 국방경비대는 미합중국 임시군사고문단의 통제
아래 군사작전에서 지휘의 필요성과 부락전투의 이론을 포함한 많
은 교훈을 배울 수 있었다.17)

나아가 사건발생 직후 한미합동 진압작전을 총괄했던 고문단장
로버츠는 정치적, 전략적 중요성을 강조하면서 조속한 진압을 촉구
하였다고 한다. 정치적, 전략적 중요성 때문에 순천과 여수를 조속
탈환하는 것이 중요하며, 반란세력으로부터 이곳을 해방시키는 것은

의 고문단원이 배치되었다.

14) 서울신문사(편), 1979, 『주한미군 30년사』, 103쪽.

15) 안정애. 2009. 여순사건의 진압과정에서의 주한미군의 역할, 여순사건 61주기 학술
심포지엄 자료집, 여순사건과 한국군.

16) DeReus가 Sawyer에게 보낸 서한(1953.8.28.), R. K. Sawyer, 1962. 「Military Advisors
In Korea: KMAG in Peace and War」. Offices of the Chief of Military History,
Department of the Army, Washington, D.C. 25쪽에서 재인용.

17) 안정애. 2009. 여순사건의 진압과정에서의 주한미군의 역할, 여순사건 61주기 학술
심포지엄 자료집, 여순사건과 한국군.

선전상 중대한 가치를 갖는 도덕적, 정치적 승리가 될 것이다.[18]

이런 멘션(mentions)은 주한미사절단의 외교적 견해, 즉 "남한의 장래가 이승만과 그의 협력자들이 불만세력을 조속히, 그리고 확실히 통제하는 것에 달려 있다"[19]는 것과 같은 것으로서 미국 중앙정부의 공식적인 견해를 대변하는 것이었다.

이런 정세 인식 하에서 무초 주한미합중국 대사와 로버츠 임시군사고문단장은 "이제 막 출범한 이승만 정권이 군대반란으로 상처를 입어서는 안 된다는 전제 아래 '속히 평정하라'는 불같은 명령을 계속 내렸다"고 한다.[20]

여수에서 제주4·3 무장봉기진압 출병거부사건이 발생하자 미군은 초기에 군인반란의 발생원인과 규모에 대해 정확한 상황 파악을 하지 못했던 것으로 보인다. 로버츠 단장은 사건발생 이유로 첫째, 전 연대장의 음모에 의해 일어났을 가능성과 둘째, 제주파견 반대 불만자에 의해 일어났을 가능성 등 두 가지를 염두에 두었고, 봉기군 규모도 40명, 400명, 700명[21] 등 최대 17배 이상의 차이를 보이고 있었다.

그러나 이들 미군들은 "최대한 신속한 반란봉쇄와 진압계획"(Plan to contain and suppress rebels at earliest moment)[22]을 수립하였다

---

18) Bruce Cummings, 1990, The Origins of the Korean War Vol. 2, Princeton University Press, p. 262.

19) Dispatch 90, American Mission in Korea, 16 Nov 1948, sub: Political Summary for October 1948, G-2 Doc Lib, DA, ID 0509409, Sawyer, 1962, 39쪽에서 재인용.

20) 짐 하우스만·정일화 역, 1995, 『한국 대통령을 움직인 미군대위』, 한국문원. 179쪽.

21) Roberts to CG USAFIK(1948.10.20.).

22) 앞 문서.

는 점이 기록상 분명하게 확인할 수 있다.

점령군 사령관 하지 장군에 이어 주한미군사령관으로 부임한 쿨터는, "이번 반란은 반란을 구실로 제주도에 출전했던 경비대원 중 사상을 달리하는 자들에 의한 것이고, 그 혼란을 신속히 이용하는 민간 공산주의자들의 가담에 의한 것"23)이라고 하면서 반란의 주모자를 일부 군인들로 국한시키고 있었다. 이승만 정권의 단정했던 사건성격규정과 매우 대조되는 대목이다. 이러한 견해는 여순사건의 계획성 유무와 남로당 개입 유무를 기준으로 분류하여 볼 때 계획적으로 치밀하게 의도된 '계획설'과 단순하게 우발적으로 일어난 것이라는 '우발설'의 두 가지 견해가 존재하였는데, 사건 진압에 참여했던 대부분의 미합중국 임시군사고문관들은 후자의 입장을 취하고 있었다고 볼 수 있다.

로버츠 단장은 전체 작전의 진압책임을 맡았으며, 당시까지 존속하고 있던 미24군단의 탄약고를 비롯하여 모든 장비를 지원하고, 모든 기능을 총동원하여 전방위적인 진압작전을 시도하였다. 그는 "우세한 군사력을 이용하여 전 지역에서 봉기군을 강력하게 깨부술 것"24)을 송호성 사령관에게 말하였다. 이 작전은 보병뿐만 아니라 해경 함정, 수송기, 경비행기 등이 총망라된 육·해·공 입체작전이었다.25)

---

23) 『세계일보』, 1948. 10. 24. 김득중 앞 논문, 204쪽에서 재인용.

24) DF from Chief PMAG to CG USAFIK(21 Oct 1948).

25) 임시군사고문단의 보고체계는 각 지역 고문관 → 로버츠 → 주한미군사령관으로 이어졌으며, 이 보고는 통상 기존의 체계, 즉 미극동군사령관 → 미합참으로 이어져 본국에 전달되었을 것으로 추측되고 있다. 그러나, 현재까지 사건과 관련하여 본국이나 미극동군사령관으로부터의 명령이나 지시는 확인되지 않고 있다. 그리고 미6사단 G-2가 미24군단 G-2에 보고를 했던 것으로 보아 적어도 정보체계는 계속 존속하고 있었음이 밝혀지고 있다. 안정애. 2009. 앞 논문.

10월 20일 새벽, 주한미군임시고문단장 로버츠 준장은 여·순사건에 대한 대책을 강구하기 위해서 비상회의를 요청하고, 자신의 사무실에서 회의를 열었다. 이날 회의에 국방장관 이범석, 총사령관 송호성, 수명의 미군사고문관 및 한국인 장교가 참석했다. 이 회의에서 작전을 지도할 특수부대를 광주에 파견키로 결정했다.[26] 전반적인 작전계획은 이 특수부대가 20일 오후 광주에 도착한 직후 수립되었다.[27] 당시 경비대 총사령관 송호성 준장을 미군임시군사고문관 하우스만 대위와 그 외의 2명의 미고문관의 작전보조를 받았으며, 그 후 5명의 고문관이 보강되었다.[28]

군사반란 진압작전을 전반적으로 살펴볼 때 미합중국 임시군사고문관들의 군사적 원조와 조정, 통제가 결정적인 역할을 행사했다고 볼 수 있다.[29] 하우스만 대위와 몇몇 고문관들은 경비대의 취약성, 즉 부대전투능력의 부족, 유능한 지휘관의 부재, 인접부대 간의 상호 협동작전의 부재, 광범위한 포위망 형성에 따라 통신두절, 부대에의 좌익의 침투, 장교와 사병 간의 일체감 부족 등에도 불구하고 전반적인 작전계획수립, 병력집결지 선정, 작전지원 등을 통해 진압작전이 그나다 신속하게 종결될 수 있게끔 했다. 이러한 경비대의 취약성과 제1공화국의 정치적 취약성은 미군의 작전과 장비를 통한 진압작전 원조에도 불구하고 결국 반군들이 지리산을 도주, 유격전구를 마련할 수 있게 해 주었다(황남준).

26) J. R. Merril, 1982. 『Internal Warfare in Korea, 1948-1950』, University. of Delaware, PH, D. Dissertation, p. 224.

27) J. Merrill, 1982, 225쪽.

28) R. K. Sawyer, 1962, 39쪽.

29) R. K. Sawyer, 1962, 40쪽.

나아가 로버츠 준장은 하우스만 대위에게 공식 명령 네 가지를 주지시켰다고 하는데, 그 내용은 다음과 같다.

> 첫째, 한국군사령부가 사태진압에 적절한 대처를 하지 못하면 즉각 작전통제권을 관장할 것. 둘째, 기동작전사령부를 구성하고 적절한 감독행위를 할 것. 셋째, 결과를 신속히 고문단 본부에 보고할 것. 넷째, 면밀한 작전계획을 세워 이를 성공적으로 이행할 것.30)

임시군사고문단의 작전에 따라 박기병 소령이 이끄는 4연대가 순천 북방 학구에 투입되었는데 가장 먼저 순천에 들어간 부대는 4연대 1개 대대였다. 미고문관 켈소 중위가 이 부대를 따라 순천에 들어갔다.

이 학구전투는 봉기군이 정면충돌을 피하려는 전술의 일환인 후퇴작전이기도 했지만, 하우스만이 자평하듯이 이 기선제압작전은 봉기군으로 하여금 "두려움을 갖게 하는 데 성공"31)하였다.

이 기선제압작전으로 인해 결과적으로 봉기군의 북상은 저지되었고, 이후 진압군의 병력이 증강됨에 따라 봉기군이 목표로 했던 북상은 완전히 차단당했다.32) 결과적으로 임시군사고문단의 작전이 주효했던 것으로 판단된다.

그리고 이 군사작전이 나름대로 성공적이었다고 판단한 임시군사고문단은 순천탈환이 이루어지자 4F(Finding-Fixing-Fighting-Finishing)

---

30) 짐 하우스만 정일화, 앞의 책, 172쪽. 김득중 2001. 여순사건과 제임스 하우스만, 여순사건 53주년 기념 학술세미나. 여순사건의 진상과 국가 테러리즘. 재인용.
31) 하우스만·정일화, 앞의 책. 177쪽.
32) 이 전투에서 패한 봉기군 일부는 투항했고, 일부는 순천과 광양 백운산 방면으로 후퇴하였다.

전술33)을 한국군에 제시했다. 이 전술은 흩어진 '반란군을 찾아서 — 고 정시킨 후 — 싸워서 — 끝낸다'는 것으로, 끝까지 봉기군을 추적, 그 뿌리를 뽑겠다는 의지를 보인 것이다. 이 전술은 국방경비대 시절 소요 진압과 게릴라 토벌의 경험을 살린 것이었으며, 만주군 출신의 진압군 주도세력의 전술과도 일치하는 것이었는데, 이후 계속된 봉기 진압 작전 전술의 지침이 되었다. 임시군사고문단 풀러 대령이 현장에 도착한 이후 여수, 순천 지역으로의 진격작전 명령이 다음과 같이 구체적인 내용으로 하달되었다.

가. 5연대 1대대 부산으로부터 여수로 상륙할 것
나. 대전 소재 2여단 병원, 대전에서 광주로 이동할 것
다. 2연대 3대대, 대전에서 남원으로 이동할 것
라. 1병참부대, 서울에서 남원으로 이동할 것
마. 6연대 1대대, 대구에서 남원으로 이동할 것
바. 5여단, 4연대 사령부 학구리로 이동할 것
사. 해안경비함 8척, 여수-제주 간 배치·순시할 것34)

안정애의 연구에 의하면 사건 당시 고문단 자료 및 하우스만 회고록 등을 중심으로 현재까지 확인 가능한 반란의 진압작전에 동원된 미군의 명단과 계급, 소속, 임무 등은 다음과 같다고 보고하고 있다.35)

---

33) 하우스만·정일화, 앞의 책. 184쪽.
34) "History of Rebellion," 5~6쪽.
35) 진압에 동원된 부대는 주지하다시피 2여단의 4개 연대(2, 12, 6, 15)와 5여단의 3 개 연대(3, 4, 14), 그리고 서울에서 파견된 수색대와 항공대, 해안봉쇄와 상륙작전 을 담당한 해안경비대와 5연대 등이다.

반란 진압작전 관련 미군의 현황

이름	직책	계급	임무	비고
MacArthur	미극동군사령관	원수	주한미군 등 최고 책임자	인용자 추가
John B. Coulter	주한미군사령관	중장	주한미군 총책임	John R. Hodge 후임
W. L. Roberts	임시군사고문단장	준장	진압작전 총괄	
Hurley Fuller	임시군사고문단원	대령	현지 진압작전 총괄	
West	G-3 고문관		작전계획 담당	
James Hausman	임시군사고문단원	대위	현지작전계획(G-3)담당	
John P. Reed	임시군사고문단원	대위	현지 정보(G-2) 담당	
Marvin G. Wilson	임시군사고문단원	중위	현지 군수(G-4) 담당	
Arthur G. Griffith			연락항공기 조종, 정찰	
Joe W. Finley	14연대 선임고문관	중위	14연대의 반정부 흐름 의심	인용자 추가
Mohr	14연대 고문관	중위	정보수집 및 동향파악	봉기군에 의해 잠시 억류 후 진압사령부에 합류
Greenbaum	14연대 고문관	중위	정보수집 및 동향 파악	위와 같음.
Minor L. Kelso	4연대 고문관	중위	작전수행	진압군의 순천진입 시 4연대 1대대와 동행
F. Foster Cowey	12연대 고문관	중위	작전수행	백인엽과 동행
Howard. W. Darrow	5연대 고문관	대위	여수상륙작전 수행	김종원과 동승, 보고서 작성
R. T. Moore	5연대 고문관	중위	여수상륙작전 수행	김종원과 동승
Symmonds	3여단 고문관	대위	여수상륙작전 지원	식량 및 수송수단 준비
Rose	3여단 고문관	중위	여수상륙작전 지원	식량 및 수송수단 준비
Reenstadna	미 6사단	대위	정보(G-2) 수집 및 분석	
Grant				진압사령부에 소속되어 정보를 수집했던 것으로 추정
Howard	민간인		정찰보고	미 CIC 요원으로 추정
Treadwell	광주 5여단 고문관	대위	정찰보고	순천상공 시찰(2명의 미고문관 생존과 10/23자 순천 상황보고서 작성

Laubac		대위	작전담당	김포에서 정찰관련 업무를 수행한 것으로 추정
Baker		중위		보고서
Mowitz		소령		보고서
Yates		대위		
Simmons	5여단 고문관	대위		
Burgess	9연대 고문관	대위	정보수집 및 보고	제주에서의 빨치산 동향 보고
Sutherland				미확인 B-25 항공기의 여수 상공 비행 보고
Fowzer		대위	정찰보고	진압군의 보성 공격 보고
Raynold	20연대 통신대	소령	통신장비와 운영요원 지원	최신 무전기 M208 지원

사건발생 직후 외신 기자들까지 파견되어 사건을 취재[36]하였는데, 임시군사고문단은 이들의 안전을 책임지는 역할을 맡았다. 국제신문은 진압이 거의 끝난 뒤 12장의 사진을 포함한 현지보도 특집을 부록으로 발행하였는데 이 신문 보도는 일반 국민들이 여순사건을 '공산주의자들의 반란'으로 인식하는 데 중요한 역할을 한 것으로 평가되고 있다.[37]

3. 여순사건 진실규명 작업의 평가

1) 민간인 진실규명 작업의 성과

1995년부터 여수지역사회연구소(이하 연구소) 등의 시민사회단체

---

36) 생명(Life)지 Mydans 기자 이외에도 Beech, Raymond, Lambert 등 4명의 언론인 명단이 확인된다고 한다. Roberts to Hausman(23 October 11:30). 당시 뉴욕타임즈 기사 제목은 다음과 같다. Revolt in Korea: A New Communist Uprising Men into Butchers(한국에서의 반란: 새로운 공산주의자들의 봉기는 남자들을 도살자로 바뀌고 있다).

37) 김득중, 2009. '빨갱이'의 탄생: 여순사건과 반공국가의 형성. 선인. 15쪽.

와 전국의 유족회가 나름대로 진실규명작업을 벌여 왔고 2000년부터는 진상규명을 위한 특별법 제정 운동을 전국적으로 전개해 왔다. 진상규명운동을 시작한 지 10여 년 만에 진실화해를위한과거사정리기본법이 제정, 시행되었다.

2) 정부 진실규명 작업의 한계와 문제점의 치유

상기한 문제점들을 해결하기 위하여 그동안 여수지역사회연구소와 여순사건 유족회, 전문가들과 사회단체 등은 다음과 같은 노력과 여러 가지 활동을 시도했다고 한다.[38]

① 2008년 10월 22일, 김동춘 상임위원(성공회대 교수)이 진실·화해를위한과거사정리위원회 재직할 당시에, 여순사건 조사 담당자들과 간담회(장소: 여수지역사회연구소)에서 현행 진행되고 있는 여순사건 조사의 문제점을 지적하고 시정을 요청했다.

② 2008년 11월 6일 진실·화해를위한과거사정리위원회가 주최한 '민간인 집단희생사건 학술심포지엄'(장소: 국립중앙박물관)에서도 많은 발표자들이 이에 대한 문제제기를 하고 개선을 기대했다.

③ 2008년 12월 18일, 여수지역사회연구소와 유족회는 당시 안병욱 진실·화해를위한과거사정리위원회 위원장(가톨릭대 교수)과의 간담회(장소: 진실·화해를위한과거사정리위원회)에서도 동일한 주제로 이 문제를 제기하고 제대로 된 조사를 주문했다. 이후에도 이 문제들을 진실·화해를위한과거사정리위원회 내에

---

38) 모임 자료 참조.

서 해소하고자 계속적으로 다양한 노력을 펼쳤으나, 전혀 시정되지 않았다고 한다. 그리고 그간의 노력은 진실·화해를위한과거사정리위원회의 종료와 더불어 물거품이 되어 사라지고 말았다. 더욱이 진실·화해를위한과거사정리위원회는 해당사건의 추모제에 몇 번 관련자를 참석시킨 것 이외에, 사실상 아무런 치유사업도 전개하지 않고, 5년에 걸친 활동을 정리했다.

이제 대안은 이미 진행된 민간인 집단희생 사건들에 준하는 진상규명과 피해회복을 요구하고 관철해 내는 일이다.

결국 여순사건에 관련된 지역들과 관련자들 그리고 미신청자들을 비롯해 수많은 사람들은 여순사건이 여전히 제대로 해결되지 못하고 있다는 데 의견을 모우고 특별법 제정운동에 돌입하였다. 시민들과 피해자 유가족들이 최소한 납득할 수준에 이르지 못하면, 진상규명과 치유를 위한 현실성 있는 대안을 요구하는 활동을 계속해야 할 것이다. 현재의 상황은 점점 더 활동이 활발해지고, 거세어질 것으로 보인다.

이미 국가의 유사하게 전개되었던 민간인 집단희생 사건들(거창사건, 제주4·3사건, 노근리사건 등)에 대해서는 피해자들과 시민들이 납득할 만한 진상규명과 피해회복을 실시한 적이 있다. 이러한 사실과 현실들은 계속적으로 정부와 국회를 압박하고, 정치적 상황으로 발전하고, 현안이 될 가능성이 매우 높다.

진실·화해를위한과거사정리위원회는 1948년 여수·순천지역에서 발생한 국방경비대 제14연대의 반란사건과 관련하여 억울하게 희생된 주민들의 피해를 어느 정도 규명하였으나, 여수·순천10·19사건과 관련하여 진실화해위원회에 접수된 진실규명의 신청이 모두 조사되지 못한 채 과거사정리위원회의 활동이 끝났기 때문에 이에 대하여 추가적으로 조사할 필요가 있다는 것이다.

진실·화해를위한과거사정리위원회는 1948년 여수·순천지역에서 발생한 국방경비대 제14연대의 반란사건과 관련하여 억울하게 희생된 주민들의 피해를 어느 정도 규명하였으나, 여수·순천10·19사건과 관련하여 진실화해위원회에 접수된 진실규명의 신청이 모두 조사되지 못한 채 과거사정리위원회의 활동이 끝났기 때문에 이에 대하여 추가적으로 조사할 필요가 있다는 것이다. 따라서 여수·순천10·19사건의 진상을 추가적으로 조사하여 여수·순천사건과 관련된 희생자와 그 유족들의 명예를 회복시켜 줌으로써 국민화합과 인권신장에 이바지하려는 것을 목적으로 하는 특별법의 제정은 필수사항이다(김충조 의원 외 18인 법률 제정안 참조).

2011년 2월 1일자 발의한 이 법률안의 주요 골자는 제주4·3진상규명및명회복특별법의 내용을 중심으로 하고 있다. 그 내용은 진상규명위원회를 국무총리 산하 기구로 두고, 기존 진실·화해를위한과거사정리위원회에 신청하지 못한 사건의 추가조사, 이 위원회에서 조사를 하였으나 미진한 사건에 대한 재조사 등을 실시할 수 있도록 제안하고 있다. 특히 기존 신청사건의 조사 결과의 미진에 대한 재조사가 필요한 이유는 무엇보다도 위원회 말기였던 3기 위원장과 보수우익성향 위원들의 정치이념과잉의 역사 해석과 편파적 운영의 결과라는 지적이 많았기 때문이다. 이 법안은 이미 조사가 완료된 사건들의 유족들을 위한 위령사업과 사료관 조성, 이를 위한 인권평화재단의 설립 필요성을 반영하고 있다. 2011. 10월 현재, 국회 행정안전위원회 법안심사소위원회의에 2001. 4. 12일부터 계류 중인 상태이다. 국회의 적극적 입법노력이 필요하다.

이런 입법운동의 연장선에서 지난 2011년 10월 11일, 민주당 김충조 의원은 대정부질의를 통해 국무총리에게 '여순사건 진상규명 및 희생자 명예회복위원회'를 설치해야 한다고 주장하였다

다시 말하자면 새로운 입법운동의 필요성을 든다면

첫째, 진실·화해를위한과거사정리위원회가 여순사건을 직권조사 방식으로 의결함에도 불구하고, 조사결과는 정작 신청인조사에 국한하여 피해추정 최대인원 대비 1/10의 진실규명에 불과하였다.

둘째, 사건 피해자 9/10가 아직 미신청된 상태이며, 피해 신청자마저도 진실화해위원회 3기 위원들의 역사적 편향으로 인해 진실규명 불능자가 다수를 이루고 있기에 추가조사와 재조사가 반드시 필요하다는 점이다.

셋째, 이미 정부가 여러 가지 진실규명 기구를 통해 조사를 마치고도 계속 추가 조사하였던 사례로 의문사진상규명위원회와 제주4·3사건 관련 위원회가 있었음을 상기해야 한다는 점이다.

정부가 진실규명을 위한 조사를 마치고 계속 추가 조사를 한 타기관의 사례를 든다면 첫째, 의문사진상규명위원회를 찾아볼 수 있다. 의문사진상규명위원회는 국회가 의문사진상규명특별법을 2000년 1월 15일 제정하여 조사를 하였으나, 상당수의 미해결사건이 남아 이를 위해 2002년 11월 법을 다시 개정하였고, 그럼에도 조사를 마치지 못하자 진실·화해를위한과거사정리기본법의 부칙 제3조(군의문사를 포함한 의문사 진상규명에 관한 경과조치)에 의해 진실·화해를위한과거사정리위원회가 이를 다시 조사를 실시한 전례가 이미 존재하고 있다.

둘째, 제주4·3사건 진상규명 및 희생자 명예회복 위원회는 국회

가 제주4·3사건진상규명및희생자명예회복에관한특별법을 2000년 1월 12일 제정하여 6년 동안 6차에 걸쳐 조사를 마쳤으나, 추가 조사를 위해 2007년 1월 24일 법을 개정하여 추가 신고접수를 하여 조사를 계속해 왔다. 이런 전례에 비추어 여순사건에 대하여도 법률 적용의 형평성 차원에서 추가조사와 재조사가 시행될 수 있는 법적 구제수단을 강구해야 마땅할 것이다.

4. 진실규명 작업과 사건 성격 규정은 불가분

다시 톨스토이로 돌아가 보자. "정부 폭력을 없애 버리는 길은 단 한 가지이다. 사람들이 거기에 참여하지 않는 것이다"(우리 시대의 노예제). 한마디로 비폭력과 무저항이다. 이런 생각들은 인도에서 영국 제국주의에 맞선 간디의 직접행동으로 표출되었다.

1948년 10월, 남한에서는 일부 군인들이 동족에 대한 강경토벌작전의 출병을 거부하면서 우발적으로 신생 독립국가, 이승만 정권에 대해 최고 수준의 물리적 저항형태인 무장봉기로 대항하였고, 한미혼성군경의 가공할 만한 화력 앞에서 굴복할 수밖에 없었다.

한미혼성군경의 비인도적 개입은 민간인학살의 발생을 차단하거나 중단함으로써 재발방지에 기여하는 게 아니라 그 반대의 행로를 가게 만들었다.[39] 이 와중에 무수한 전라·경상도민들은 한미혼성 군대와 경찰이 옥석을 전혀 구별하지 못한 무차별 학살의 제물이 되

---

39) 미국의 정부 관련 인사들조차 집단학살을 예방, 저지, 차단하기 위해 인도주의적 개입을 강조한다. 하이덴리히, 장원석·강병철 공역. 2008. 제노사이드 예방학. 온누리. Heidenrich, John G. 2001. How to Prevent Genocide. Praeger.

고 말았다. 그 이후 반세기 동안 사건의 진실과 실체는 독재권력에 의해 거론조차 금기시되었고, 사실 은폐·호도·왜곡되었을 뿐만 아니라 심지어 민간인들까지 추잡한 공산주의자의 비어로 낙인을 찍기 위하여 엄청난 사실 날조와 역사 변조까지 이루어졌다. 따라서 10·19 '국방경비대/육군 제14연대반란'과 '전라·경상도민 피학살' 사건 진상조사의 의미를 중심으로 그 사건 성격을 검토해 보지 않을 수 없다.

1) 사건 성격 규정

여순사건은 무엇인가? 첫째, 봉기설이다. '여순봉기'에 대한 논문을 최초로 발표했던 일본인 학자 히구찌 유우이찌(樋口雄一)는 '여순봉기'가 미군에 반대했던 봉기임을 상기시키며, 여순봉기가 국민당을 지원했던 미국과 싸운 중국 인민의 투쟁 그리고 프랑스 제국주의와 싸운 베트남 독립해방투쟁과 공통의 과제를 가진 투쟁이었다고 평가했다.[40]

나아가 그는, '송요찬, 함병선, 백선엽, 김점곤, 박정희 등, 여순사건을 진압한 군 장교들은 이후 군대 안의 주요 요직을 거치며 한국 사회의 중심인물로 활동했다'고 지적하고 있다.[41] 이승만과 더불어 가장 큰 은혜를 입은 군인들이다.

둘째, 폭동설이다. 브루스 커밍스는 여순사건을 하나의 운동이라기보다는 폭동으로 바라보고 있다. 커밍스는 여순사건을 해방 후의 '좌

---

40) 樋口雄一, 1967, 「麗水·順天蜂起」, 『朝鮮硏究』62, 37~38쪽. 김득중 여순사건과 민간인학살. 재인용.
41) 樋口雄一, 1976, 「麗水·順天における軍隊蜂起と民衆」, 『海峽』 4, 社會評論社, 74쪽. 김득중 여순사건과 민간인학살. 재인용.

절된 정치'에서 기인하는 '막판의 저항'으로 보고 있다. 그리고 이 사건의 진행은 한낱 '찻주전자 속의 태풍'에 불과했다고 평가하고 있다.[42] 이 같은 관점은 봉기의 직접적인 원인과 하사관 세력이 주체가 된 초기 상황에는 주목하지만, 군인 '봉기'가 대중들이 합류하면서 '항쟁'으로 성격이 변화하는 점과 이에 따른 민간인학살에 대해서는 상대적으로 덜 주의를 기울인다고 김득중은 평가하고 있다.[43]

그렇다면 사건 발생 당시 이승만 정권의 사건성격 규정은 어떠했는가? 첫째, 여순사건 발생 직후 이승만 정권은 이 사건을 극우정객과 극좌세력이 연합하여 일으킨 반란이라고 발표했다.[44] 즉 이승만 정권에게 가장 위협적인 정적이었던 김구 세력을 반란의 진원지로 지목하여 공격하고자 했다.

즉각 김구는 이런 관련설을 부정하였고, 일반 여론도 동조하지 않게 되자 이승만 정권의 이런 의도는 큰 정치적 효과를 발휘하지 못했다.[45]

둘째, 이승만 정권은 이 봉기를 지역의 민간 공산주의자들이 일으켰다고 바꾸어 설명했다. 정부의 입장변화는 여수에 대한 초기 진압작전이 실패하고, 지방좌익세력과 대중들이 대거 가담하면서 불안감이 정권을 위협할 정도로 커지자 취해졌다. 반체제세력에 대한 적극적인 대응을 통하여 위기를 돌파하려는 이승만정권의 책략은 곧이어 여순봉기의 주체를 소련과 북한을 포함하는 외부의 좌익 반체제

---

42) Bruce Cumings, 1990, The Origins of the Korean War Vol. 2, Princeton University. Press, pp. 259~267.

43) 김득중 여순사건과 민간인학살

44) 극우와 극좌세력이 연합해 '혁명의용군'을 조직하고, 정부 전복 음모를 꾸몄다는 발표는 이런 가운데 나온 것이었다. 그러나 혁명의용군은 '실체가 없는 허상의 군대'였다고 한다.

45) 김득중 여순사건과 민간인학살

세력으로 설정하게 했다.[46)]

결국 이들의 시각에서 본 여순사건의 성격은 공산당 책동으로 단정하고, 국민들을 양분하며 정치적으로 차별하면서 대량학살하고 이에 대한 반대급부로서 반공국가체제를 완성하려는 데 초점을 둔 것이었다. 이런 입장에서 절대권력은 절대범죄를 합리화하고 정당화하고자 했다.

집단살해(제노사이드)라는 용어를 제안했던 럼멜은 '정부에 의한 죽음'을 데모사이드(Democide)라고 부르고 있다[47)](Rummel, 1997). 여기에서 데모사이드란 이념이나 인종적 편견에 사로잡힌 국가권력의 민간인 대량학살을 의미한다.

1948년 전라·경상도민 피학살사건의 희생자들은 대부분 데모사이드 또는 정치학살(politicide)에 의한 것이라고 부를 수 있다. 따라서 국가권력의 무분별한 잔혹 살인행위에 대한 징치가 필요하다. '범죄자를 처벌하는 것이야말로 불처벌 관행과 싸우는 확실하고도 실현가능한 메커니즘'이다. 진실규명과 이행기 정의의 실현을 양립하지 못한다면 굳이 엄청난 비용과 인력, 시간을 들이면서 과거청산을 추진할 실익은 무엇인지 뒤돌아보아야 한다. 이행기 정의 실현은 과거청산과 함께 잔인무도한 범죄의 재발을 예방하고 인권과 평화

---

46) 진압군이 순천과 여수를 완전히 점령한 뒤인 11월 3일 국방부는 '전국 동포에게 고함'이라는 벽보에서 여순사건을 '민족적 양심을 몰각한 공산도당의 조직과 명령을 통하여…… 대한민국 정부를 파괴'하는 것이라 비난하는 한편 '소련제국주의의 태평양 진출정책을 대행하려는 공산당 괴뢰정권의 음모'라고 규정했다. 이제 여순사건은 반도 남쪽의 한 지방에서 이승만의 실정에 반항하여 일어난 사건이 아니라 한반도에서 소련 지배권을 확대하려는 국제 공산주의운동의 한 부분으로 인식되었던 것이다(『평화일보』, 1948.11.5.).

47) Rummel, Rudolph, 1997 Death by Government. Transaction Publishers.

보장을 위한 새로운 사회형성의 가교를 마련하는 데 있다.

2) 1948년체제의 청산

1948년체제는 1948년 제헌헌법체제이자 반공국가체제이다. 이 1948년 반공국가체제는 여순사건이 일단락된 시점에서 1948년 12월 1일, 국가보안법 제정을 통하여 확립, 완성되었다. 국가보안법은 여순사건 처리과정에서 이승만정권이 무리하게 강행함으로써 제정되었고, 이후 지금까지 지배적 국가운영원리를 제공하는 법률기반이 되었다. 따라서 1948년체제의 청산은 반공보수우익체제의 해체로부터 시작되어야 한다.

박찬표는 한국의 냉전 자유주의와 보수적 자유주의의 기원을 군사적 점령통치와 반공체제의 형성, 반공체제의 강화와 자유민주주의의 제도화에서 찾고 있다.[48] 이혜숙은 미군정기 지배구조를 8·15 이후 국가-시민사회의 역사적 구조화에서 접근하면서 한국은 내생권력이라기보다는 외삽권력에 의한 외삽국가(外揷國家)라고 해석하고 있다.[49]

미군정 2년 11개월의 역사적 결과는 한국 민주주의뿐만 아니라 한민족과 국민들의 운명을 갈라 왔다. 그런 낡은 체제를 해체, 청산하지 않은 민주주의 발전은 불가능하거나 요원한 일이 아닐 수 없다.

3) 반공보수우익체제의 해체

1948년체제의 청산은 완고한 반공보수우익체제의 해체를 통해야

---

48) 박찬표, 2007. 한국의 국가형성과 민주주의 후마니타스.
49) 이혜숙, 2008. 미군정기 지배구조와 한국사회: 해방 이후 국가 - 시민사회 관계의 역사적 구조화. 선인.

한다. 반공을 국시로 하는 체제의 해체는 무엇을 의미하는가? 용공을 무조건 허용하자는 것인가? 아니다. 공산주의 반대만이 국가운영의 기조라는 협소한 국가관에서 탈피해야 한다는 의미이다.

한마디로 냉전체제의 해체, 냉전의식의 극복, 반공체제 유지만이 자신들의 생명줄이라는 기득권의 포기, 양보, 퇴장을 의미한다. 그것은 말뿐인 자유민주주의에서 벗어나는 일이다. 그래야만 본래의 자유주의가 설 땅이 있다. 지켜야 할 가치를 지키려고 할 때에만 보수주의도 의미를 지닌다. 그 길 위에서만 민주주의는 만개할 수 있다.

4) 공소시효 배제의 특별입법의 제정

대한민국은 한꺼번에 대통령을 역임했던 두 명의 전두환·노태우 군사반란범을 단죄하기 위해 1995년, "헌정질서 파괴범죄의 공소시효 등에 관한 특례법"을 제정, 시행하였던 나라이다. 이 법률 제3조 제2호는 "형법 제250조의 죄(살인죄)로서 집단살해죄의 방지와 처벌에 관한 협약에 규정된 집단살해에 해당하는 범죄"만을 공소시효 대상에서 제외하였다. 그래서 과거 1980년 5월, 광주·전남도민 피학살사건에 대하여 형사소추함으로써 단죄할 수 있었다.

이제 인권국가로서 대한민국에서도 진실과 정의 모형이 실현될 때이다. 진실을 규명하고 피해회복을 이행할 뿐만 아니라 법적 정의, 사법적 정의를 실현해야 할 때이다.

한국 현대사의 정치공안 조작사건

이영일(여수지역사회연구소 소장)

Ⅰ. 머리말

한국 현대사에 있어서 민주화운동사는 불행하게도 정치공안사건과 그 맥락을 같이하고 있다. 이는 지난 60여 년간 한국의 민주화를 위해 고귀한 자기 생명까지 내던진 수많은 민주 열사들이 있었으며, 오늘날 우리가 이 정도의 민주화를 누리고 있는 것은 그들 선진들이 목숨을 담보로 쟁취하여 남겨 준 민주화라는 유산이 있기 때문이다. 따라서 민주화운동 과정에서 정치공안사건으로 희생된 그들을 기억하면서 그들의 영전에 머리 숙여 경건하게 감사의 뜻을 표하지 않을 수 없다.

오늘날 민주화를 위해 목숨을 내던졌던 선진들의 그 위대한 용기와 희생은 이명박 정권하에서 아무런 의식 없이 살아가고 있는 우리들을 심히 부끄럽게 하고 있다. 민주화를 역행하면서도 민주주의를 실천하는 것처럼 위장하고 강변하는 이명박 정권과 이러한 비민주화에 타협과 비겁으로 살아가고 있기 때문이다. 당시 민주화를 위해 희생되었던 그들 선진들은 타협과 변명으로 묵종하는 이 시대 사람들의 역사의 무임승차에 치열한 침묵으로 분노하고 있을 것 같다.

한국의 민주화운동은 우리 역사에서 아주 독특한 위치에 있다. 우리 역사의 맥락에서 본다면, 국가폭력에 의한 '대량의 중대한 인권침해'에서의 인간의 회복을 외치는 끈질긴 투쟁이 있어 온 것이다. 이때마다 말로 다 표현할 수 없는 엄청난 인권유린과 인권침해가 뒤따랐다. 이러한 역동적인 한국의 역사를 빗대어 아시아에서는 '아시아의 라틴계'로 불리기도 한다. 사실상 한국 현대사의 가장 큰 특징은 이러한 저항운동들에서 찾아야 할 것이다. 결국 우리는 세계사에 자랑할 만한 민주화를 쟁취했다. 최근의 미얀마나 중동의 민주화운동을 보면서 새삼 민주화가 얼마나 험난한 고난의 여정인가를 확인할 수 있다.

1960년 이승만 정권을 전복시킨 4월혁명과 박정희 군부독재정권에 항거한 1979년 부마민중항쟁 및 전두환 일파의 쿠데타에 저항하기 위한 1980년 5.18광주민중항쟁 중에 수백 명의 시민 학생들이 경찰과 군대에 의해 학살되었다. 이 외에도 7~80년대의 민주화운동의 과정에서 수많은 민주화 운동 인사들이 군사정권과의 싸움에서 고문 투옥되고 때로는 사형이나 암살을 당하였다.

30여 년간의 혹독한 군사정권에 대항하는 과정에서 민주화운동 인사들은 매우 견디기 어려운 고통과 엄청난 희생을 치러야 했다. 지난 30여 년간 800여 명이 민주화 운동으로 인해 사망했다. 희생자는 1960년 4.19와 1980년 광주항쟁에서 사망한 자를 비롯해 민주화운동으로 인해 사형 암살 고문당한 자, 그리고 분신 투신 등으로 저항하다 사망한 자 등이다.

이 많은 인사들이 전쟁도 아닌 상황에서 잘못된 정치, 폭력적인 권력으로 인해 희생된 것이다. 문명사회의 일이라고는 도저히 생각할 수 없는 이런 일이 가능했던 것은 살인 폭력 기구로서의 군대와 경찰조직 그리고 이를 뒷받침하는 정보 사찰기관의 조직적인 관여가 있었기 때문이다. 민주화운동은 이러한 희생을 무릅쓴 투쟁의 결과로 마침내 군사정권을 축출하고 민간인 정부를 성립시켰다. 우리 현대사에서 민주화운동은 정치공안사건과 맞물려 있었던 것이다.

그동안 우리를 그토록 옥죄어 왔던 빨갱이 마녀사냥은 국방경비법과 국가보안법, 계엄법 등을 통하여 수많은 불특정 다수의 국민들과 민주화운동 인사들을 걸핏하면 월북 친척 간첩조작사건, 납북어부 간첩조작사건, 재일동포 간첩조작사건, 반국가단체 공안사건, 각종 의문사 사건으로 엮여 온 것이 대표적인 예이다. 이렇게 방대한 분야의 정치공안사건들을 정리하고 체계화한다 함은 그동안의 여러 과거사정리위원회들과 민주화운동기념사업회의 자료 정리와 조사결과가 아니었으면 거의 불가능한 일이었을 것이다. 따라서 이 글은 이제 시작에 불과할 뿐이며 분야별로 보다 심층적인 연구들이 나오기를 기대해 본다.

Ⅱ. 한국 현대사의 정치공안사건

공안이란 '공공의 안녕과 질서'를 뜻하는 말로, 공안검사는 원래 공공의 안녕과 질서를 유지할 목적으로 탄생하였다. 그러나 1948년 8월 검찰청법 제정에 따라 검찰청 안에 공안검사가 생긴 이래, 공안검사는 국가의 안위나 공공의 안녕보다는 정권 수호의 앞잡이 역할을 해 왔다는 비판을 끊임없이 받아 왔다.

1963년까지 공안 업무는 대검찰청 중앙수사국에서 담당하였다. 그러나 이후 대검찰청에 공안부가 생긴 뒤, 제5공화국 때인 1986년에는 대검찰청에 4개의 공안과가 생기고, 서울지방검찰청 공안부도 1·2부로 확대 개편되는 한편, 전국 검찰청에도 잇따라 공안부가 설치되는 등 많을 때는 전국 검사의 10% 이상을 공안검사가 차지한 경우도 있었다.

이들의 주요 업무는 정치·학원·노동·재야·선거·대공·외사 사건 등이며, 대검찰청 공안부가 지휘·총괄한다. 이에 따라 대검찰청 공안부는 전국 상황을 수시로 보고받고, 중요 사안인 경우에는 처리방침도 지시하는데, 각 과에서는 사안에 따라 업무를 분담해 처리한다. 그러나 이른바 공안검사는 1972년 제4공화국(유신체제) 이후 줄곧 학원·노동사건이 많은 지역에서 공안 경력을 쌓은 검사들이 주로 임경됨으로써 검찰에서 가장 각광받는 최고의 엘리트 보직으로 평가받았다.

대표적인 공안 조작사건으로는 1967년 7월 200여 명을 무더기로 검거해 6명에게 사형, 4명에게 무기징역을 구형했다가 모두 석방된 동베를린 공작단사건, 1971년의 재일동포 모국 유학생 간첩단 사건

등을 들 수 있다. 이러한 문제점 때문에 1993년 출범한 김영삼 정부
와 1998년 출범한 김대중 정부 때에는 인권을 중시하는 공안정책을
펴는 등 공안 기능을 축소하였으나, 실효를 거두지는 못하였다. 따
라서 2003년 2월 출범한 노무현 정부에서는 1980년대 운동권 학생
들 사이에서 공안검사로 이름을 떨치던 검사들을 보직 해임 또는 보
직 변경하는 한편, 공안부의 기능을 축소하는 등 여러 개혁 정책을
펴 왔으며, 일부에서는 공안부 폐지론까지도 일고 있다.

한국 현대사에 있어서 정치공안사건은 정치, 사법, 언론, 노동, 학원,
간첩 분야의 6개 유형별로 분류할 수 있는데, 한국 현대사는 곧 중앙
정보부를 비롯해 안전기획부로 이어지는 정보기관의 역사라 해도 과
언이 아닐 정도로 국가 정보기관의 정치개입 역사가 오래되었다.

1. 정치분야

국가정보기관이 정치적으로 중립을 유지해야 함에도 불구하고, 가
장 금기시해야 할 정치적 개입을 오랫동안 관행처럼 저질러 왔다. 특
히 집권당과 야당의원, 반정부 인사 등에 대한 사찰, 일부 정치인의
출마 포기 압력과 낙선운동에서부터 선거시기 조정, 선거의 총괄지휘
에 이른 선거개입, 관제 야당 창당으로 최고 권력자를 위한 집권여당
에 대한 개입 등 정당 및 국회에 대한 개입, 여야의 정치자금에 대한
통제 등 국가정보기관의 다양한 정치개입의 유형들이 그것이다.

정치 분야 공안사건은 4개의 유형으로 정치인 사찰, 반정부인사
사찰, 선거 개입, 정당·국회활동 개입, 정치자금 통제유형으로 구분
할 수 있다.

1) 정치인 사찰 유형에는 삼선개헌 등 중요한 정치국면에서 야당과 야당의원은 물론 집권당과 집권당 소속 의원들에 대해서도 사찰을 하여 정치자금·이권청탁 등 정치인들이 관련된 비위사실들을 수집하여 필요시에 정치인들을 회유하는 수단으로 악용하였으며, 이는 민주화 이후 김영삼, 김대중 정부에서도 정치인에 대한 사찰은 지속되었다.

2) 선거 개입 유형에는 과거 권위주의 정권시절 대선과 총선 등에서 야당후보 낙선공작을 펼치는 등 선거를 총괄적으로 주도하거나 관리하면서, 선거 판세를 자체 분석하여 여당에 지원하고, 최고 권력자의 의지에 부합하기 위해 선거시기와 제도의 변경도 기획하였다.

3) 정당·국회활동 개입 유형에는 박정희 정권의 권력기반을 구축하기 위해 민주공화당 창당을 주도하였으며, 민주공화당 삼선개헌 공방과 10.2항명사건 등 중요한 정치적 이슈마다 최고 권력자를 위해 여당 의원이 의정활동에 개입하고, 제5공화국 출범 당시 민한당·국민당 등 관제야당 창당과 유지에 관여하여 관제 야당 창당이나 야당의 창당방해를 지시한 최고책임자가 청와대였었던 것이다.

4) 정치자금 통제 유형으로는 통치자의 통치자금을 조달하고 관리하였는데, 야당 및 여당의원은 물론 여당 및 여당의원에 대해서도 정치자금을 통제하거나 정치후원금의 루트를 차단하기도 하였다.

유형별		사례유형
정치인 사찰	집권당과 소속 의원에 대한 정치사찰	집권당 소속 의원들에 대한 정치사찰
		의원들의 정상적인 의정활동에 대한 통제
		집권당 내부의 움직임에 대한 동향파악
		집권당 의원들에 대한 비위사실 수집
정치인 사찰	야당의원들에 대한 정치사찰 및 탄압	주요 지도급 야당 인사들에 대한 집중 감시·사찰
		의정활동에 대한 통제
		기획 정치공작을 통한 탄압 −명동사건, 한독당 내란음모사건
		야당의원의 비리 내지 약점 조사
	반정부 인사에 대한 사찰과 탄압	반체제·반정부·반유신 활동 인사들에 대한 관찰
		혁신계 인사들에 대한 감시
		재야단체에 대한 정치사찰
선거 개입	선거의 총괄적 주도 및 관리	1963년 제5대 대선과 1967년 제7대 총선
		1971년 제7대 대선
		1987년 제13대 대선
		1995년 제1회 전국동시지방선거
	선거 시기 야당 정치인 사찰과 총선 판세 분석	선거 기간 야당 정치인 사찰
		제12대 총선 판세 분석
	선거 구도에 영향을 주기 위한 사전 공작	야당 후보 분열 공작
		경쟁력 없는 야당 정치인 지원 공작
		관제 야당 지원 공작
		북풍
	선거 결과를 뒤집기 위한 사후공작 의혹	1963년 제5대 대선 시 김형욱 부장의 3가지 대책
		1967년 제6대 대선 윤보선 후보 암살 기획
	타 국가기관과의 공조	1992년 제14대 총선 연기군 관계기관 대책회의
		1992년 제14대 대선 부산지역 관계기관 대책회의 −초원복집 사건
	출마 포기 및 사퇴압력과 낙선 공작	신민당 김재화 후보 사퇴
		이만섭 후보 낙선 공작
		의원 출마 저지 및 후보 사퇴압력

선거 개입	선거 시기와 제도의 변경 및 유지	1985년 제12대 총선 시기 조정 검토
		내각책임제 개헌 공작
		4.13호헌 선언 이후 안기부 대응
		안기부 지방자치단체장 선거 연기 문건
정당· 국회활동 개입	야당 창당 개입	제5공화국 관제야당 창당 공작
		통일민주당 창당 방해 공작
정당· 국회활동 개입	야당 활동 개입	전 신민당 총재 김영삼 국회의원직 제명사건
		제5공화국 관제야당체제 유지 공작
		유성환 의원 통일 국시 발언 사건
	집권여당 지원을 위한 정치 개입	1986~1987년 개헌 정국에서의 안기부의 부정적인 야당상 정립 시도
		1995년 안기부 작성 「단체장 선거 연기 문제 검토」 문건 공개사과
	최고권력자집단을 위한 대여당 정치개입	민주공화당 3선 개헌 공방과 10.2항명사건
		'미림'팀 획득 정보의 악용 의혹
	국회 활동 개입의혹	
정치자금 통제	통치권자의 통치자금 조달 및 관리창구	4대 의혹사건 −증권파동사건, 워커힐사건, 회전당구기(파친코)사건, 새나라자동차사건
		안풍사건 −1995년 6.27지방선거, 1996년 4.11 15대총선 안기부 예산 1,197억 원 여당 불법선거자금 사용
	여당 및 여당의원들에 대한 장악과 통제	
	야당 및 야당의원들에 대한 장악과 통제	
	정치 후원금의 전달 루트 차단	

※ 1981~82년 반국가단체 공안조작사건의 대표적인 사례는 다음
과 같다.

① 부림사건: 1979년 10월, 부마항쟁을 좌익단체의 사주에 의해 일
    어난 것으로 조작하기 위해 이상록 등 수십 명의 재야인사와 학
    생들을 검거했다가 박정희의 갑작스런 죽음으로 인해 일단 석방
    을 하였으나, 전두환 신군부에 의해 부산지역의 민주화운동세력

을 1981년 7월~1982년 4월까지 검거를 하여 조작해 낸 사건으로 부림사건은 '부산의 학림'이라는 뜻으로 공안당국이 마음대로 '부림'이라고 이름 붙여 총 20명이 구속되었다.

② 전민학련·전민노련사건: 전두환 등의 신군부 집권 장악 저지를 위한 1980년 5월 이른바 서울의 봄으로 불리는 서울역 집회와 회군으로 인해, 서울대 운동권은 무림(霧林)과 학림(學林)의 논쟁과 갈등이 심화된다. 이에 운동노선과 학생과 노동자의 역할 정립을 하고자 전민노련(전국민주노동자연맹)은 통일적인 노동운동의 수행을 위해 80년 5월 6일 결성을 하고, 81년 2월 27일에는 광주시민의 민주항쟁을 유린하고 등장한 독재정권으로부터 학원의 자유와 사회의 민주화를 달성하고자 전민학련(전국민주학생연맹)이 결성되었다. 이를 계기로 치안본부 대공분실은 이들을 반국가단체로 조작하여 이태복 등 26명을 구속하고 수사를 받은 후 징집을 당한 학생은 수백 명에 이른다.

③ 아람회사건: 1980년 5.18민중항쟁의 진실을 밝히고 전두환 심판을 촉구한 국가공무원 7명을 1981년 7월 중순, 영장도 없이 한 달여 동안 불법 감금한 채, 대전 보문산 대공분실 지하에서 살인적인 고문과 폭행을 가하여 반국가단체로 조작한 인권침해사건으로 서울고법의 무죄선고와 진실화해위원회의 진실규명이 결정된 사건이다.

④ 금강회사건: 1981년 7월 말경부터 약 두 달 보름에 걸쳐 충남경찰청에 의해 공주사범대학 재학생 및 졸업생 등 정선원 외 60여 명을 불법 연행, 구금을 하고 고문과 폭행 등의 가혹행위로 이른바 공주사범대학 학생간첩단 사건으로 날조된 '금강회' 사건을 조작하고, 이들을 국가보안법, 반공법, 집시법, 계엄포고령 등 위반죄를 씌워 공주를 비롯한 대전충남지역의 학생운동 및 반군사 독재민주화 운동을 탄압한 사건이다.

⑤ 오송회사건: 1982년 12월, 전북도경은 군산제일고등학교 전·현직 9명의 교사들이 용공 서적을 탐독하고 북한 방송을 청취하며 학생들을 대상으로 좌경의식화 교육을 하는 등 사회주의 국가 건설을 기도하고 반국가단체를 이롭게 할 목적으로 '오송회(五松會)'라

는 명칭의 단체를 구성하였다고 발표하였다. 연루된 사람들이 대부분 현직 교사들이라는 점, 구속 교사 9명의 파면 외에도 일반인 등 수백 명을 조사하여 고정 간첩단이나 일망타진한 것처럼 과장하여 발표한 공안조작사건이다.

⑥ 햇불회사건: 광주의 민주인사들이 5.18광주학살의 진실을 알리고자 미국 교포신문인 "신한민보"를 입수하여 돌려 본 혐의로 1982년 3월 23일 기종도 등 4명이 구속된 사건으로, 기종도는 이후 옥중 사망하였다. 1982년 5월 30일 광주 햇불회사건은 기종도의 '병상 유언문'에 의해 고문에 의한 조작 사건임이 밝혀졌다.

2. 사법분야

국가정보기관이 과거 사법부의 기소, 판결 등에 영향을 끼쳐 왔음은 국가정보기관이 공안사건들과 관련해 검찰과 법원 나아가 변호사들의 활동에 어떻게 개입했는가 하는 구체적인 통제개입방식을 말한다. 구체적으로 국가정보기관은 검찰 및 법원에 조정관을 두고 일상적으로 동향을 파악해 왔으며, 검찰의 경우 보안업무의 기획조정권한을 근거로 수사권을 침해하고 비협조 검사에 대한 비위조사 등을 통해 인사상의 불이익을 줬고, 법원의 경우 비협조 판사에 대한 신원조사와 비리조사 등으로 인사상 압력을 넣고 협조적인 판사에게 사건을 배당하도록 압력을 행사했던 것이다.

권위주의 정부 시절 중정·안기부가 정권 핵심부의 의중에 따라 원하는 판결을 유도하기 위해 검찰 수사 및 기소과정, 판사의 재판과정에 다양한 경로를 통해 직간접적으로 압력을 행사하였다.

국정원의 전신은 1961년 설립된 중앙정보부(중정)였다. 5.16쿠데타 주동자들은 장악한 권력을 공고하게 정착시키기 위해서는 강력한 권한을 지닌 정보기구가 필요하다고 보았다. 박정희 정권하에서 중정은 중요한 고비마다 정권유지를 위한 선도적인 역할을 수행했다. 예컨대 1966년에는 "1967년 선거는 기필코 승리함으로써 5.16혁명의 결실을 역사적으로 입증하여야 할 중대한 의의를 지니고 있으므로 집권세력으로서의 수세(취약점)를 합법적 범위 내에서 장기적이고 치밀한 기획과 준비태세로서 극복한다"는 목표를 설정하고 선거승리를 위해 매진했다. 따라서 1967년 선거는 박정희와 공화당의 일방적 승리로 장식된 부정선거로 치러졌으며, 그 성과 위에서 1969년 삼선개헌을 강행하고 장기집권의 틀을 구축할 수 있었다. 그 후로도 선거 때마다 매번 중정은 직원들에게 선거 승리를 위해 진력하도록 채근하였다.

이렇듯 중정은 정권 수호와 집권 연장에 온 힘을 쏟았다. 안전기획부로 개편된 전두환 집권 시기에도 그런 기능은 변함이 없었다. 장세동 부장은 1986년 안기부 창설기념일에서 "대통령 각하의 통치권 강화에 우리의 모든 역량을 集注해야만" 한다면서 "대통령 각하의 분신 기관임을 한시도 잊어서는 안 된다"고 강조했다. 권위주의 정권은 정보기관을 독재자의 통치권 강화를 위한 분신 기관으로 만들어 권력남용, 인권침해, 탄압행위를 거리낌 없이 자행할 수 있도록 했던 것이다.

사법 분야 정치공안사건은 국정원 진실위에 따르면 사건 자체가 오래되어 자료가 국정원내에 존안되어 있지 않은 경우가 많고 있더라도 단편적이어서 구체적인 내용 파악이 곤란하여, 그 당시 시대상황 및 공개 자료에 나타난 사실 등을 통해 간접적으로 추론하여 사건을 역추적하였다고 한다.

주요한 내용으로는 중정의 직원이 시국사건 담당재판부에 직간접으로 압력을 행사, 중정이 원하는 판결을 내리기 위해 노력하였으며, 중정은 또한 국가배상법 위헌 판결 등 정권의 의도와 다른 판결을 내린 판사들에 대해 뒷조사를 하고 재임명 등 과정에 영향력을 행사하는 등 1975년 KNCC 선교자금 횡령사건에서 담당판사가 무죄를 선고할 것으로 보이자, 금품수수 등 비위조사에 나서는 등 판사에 대한 압력을 행사하였다.

그뿐 아니라, 70년대 대표적인 인권변호사였던 이병린, 한승헌, 이돈명, 홍성우, 강신옥 변호사에 대한 뒷조사를 통해 구속 또는 휴업을 강요하였으며, 중정의 후신인 안기부는 검찰에 대한 영향력 확대를 위해 83년 1월부터 대법원 비서실장 뇌물사건을 전면 재조사하여 2명의 부장판사 및 검사장과 지청장의 비위사실을 적발, 사임하도록 유도했다.

또한 안기부는 송씨 일가 간첩단사건 재판 시 공판상황을 수시로 확인하여 공판대책을 세우며 검찰 및 법원 관계자를 대상으로 협조를 요청하고, 83년 3월 학생시위에 대한 형량을 1년 내지 1년 6개월에서 3년으로 올리는 방안을 관계기관대책회의에서 결정하고 법원을 압박하였으며, 83년 재일동포 간첩사건을 많이 맡아 왔던 태윤기 변호사가 공판자료를 일본 측 가족에게 유출한 것을 '비밀유지 위반'으로 문제 삼아 제명을 유도하였고, 또한 김근태 고문사건·박종철 고문치사 사건 등과 관련, 관계기관대책회의를 통해 사건의 진상은폐 등 시국사건 처리에 개입 조정하고 1989년 주요 시국사건 시 피고인의 변호인 접견권을 제한하기도 하였다.

유형별	사례유형	
박정희 정권 시기	박정희 정권 초기 −사법부의 암흑기	
	동백림 사건	
	제1차 사법 파동 −사법권의 침해(예: 판사에 대한 구속영장청 구사건)	
	긴급조치 하의 재판 −유신헌법과 비상군법회의	
	인혁당 재건위 사건	
	긴급조치 9호 하의 재판 −인혁당 문제 관련 재판부 기피신청	
재판에 대한 개입	전두환 정권과 그 이후	학생 시위에 중형 구형 −안기부의 학생시위자에 대한 직접적 인 조정
		집시법 등 즉심에 대한 개입 −A 판사의 형 면제 선고에 대한 성향 등 내사, ○○지원으로 좌천된 B판사, C판사 출판물 관련 즉심 판결, D판사 시위 미수사건 즉심 무죄선고 등에 대한 안기 부의 외압
		중요 시국사건과 관계기관대책회의법정 소란 −관계기관대책회의, 김근태 고문사건, 부천서 성고문사건, 박 종철 고문 치사사건, 보도지침, 법정소란(민정당사 점거사건, 서 울미문화원 점거농성사건 등 대형 시국사건에 대한 피고인 항 의 및 공판 연기사태)
	간첩사건과 사법부(예: 송씨 일가 사건의 2차례 무죄 취지 파기환송에서 유죄 확정판결/변호인 연행과 증인 구속)	
	문민정부 이후 안기부의 사법 부에 대한 영향 력 행사 시도	○○지법 부장판사의 '돌출판결'과 안기부
		운동권 출신 법관의 임용 배제
		한총련 사건과 안기부
		판사들에 대한 이념교육
		공안검사의 판사 상대 한총련 특강
		공안판사제 신설문제
법관에 대한 인사조치	임기 만료 시의 재임명: 1973년 사례를 중심으로 −20여 명의 법관 재임명의 탈락: 김인중, A, P, 강인애 판사 등	
	문제 사건과 문제 판결 −선교자금 횡령사건 담당 판사의 재판 지연에 대한 비 위조사, '다리'지 무죄판결과 목요상 판사, 고영근 목사 무죄판결과 이일규 대법 원 판사, 11개 국가모독죄 관련 주요 사건에 대한 무죄판결과 신진근·B판사	
	임용 시의 신원 조회	
	일상적인 관리 −법조계 동향 보고서	
	대법관 인사와 안기부	김형기 형사지법원장의 대법원 판사 임명
		K 민사지법원장의 대법원 판사 임명 좌절

검찰과 중정· 안기부	인혁당 사건과 공안검사들의 항명파동
	연세대생 내란음모 사건과 안보수사 조정권
	대법원장 비서관 뇌물사건과 검사 파면사태 −군사정권 시절 검찰과 법원 구성원 일부 비리를 포착한 안기부가 검찰과 법원에 대해 힘의 우위를 보여 준 사건(검사 2명 파면, 서울지검장·남부지청장 인책사임, 부장판사 2명 사 임, 변호사 3명 제명 등)
안기부와 변호권 침해	피의자/피고인의 변호인 접견과 제한
	증인 및 참고인에 대한 압력 −크리스천 아카데미 사건 탄원인 연행조사
	변호인 비리 조사
	변호사에 대한 연행조사 및 업무정지 −이병린, 강신옥, 이돈명, 한승헌, 김 성기 등의 인권변호사의 활동 제약
	변호사 징계 처분 −태윤기, 임광규 변호사 제명사건

3. 언론분야

국가정보기관은 창립 초기부터 언론사에 대한 압력과 공작, 언론인의 연행과 구속, 언론사에 대한 기관원 출입 등을 통해 언론에 개입해 왔으며, 이 같은 개입을 사상계, 다리誌 등에 대한 필화사건, 동아투위 사태로 야기된 동아일보 광고탄압사건과 같은 언론자유실천과 언론노조운동 탄압, 보도지침사건, 언론인들에 대한 연행과 사찰 등의 사례를 통해 구체적으로 확인할 수 있다. 이는 권위주의 정권 시절 정보기관이 개입해 언론을 가혹하게 탄압해 왔다는 증언들과 더불어 공신력 있는 국가기관의 보유자료를 이용하여 실체적인 진실규명이 드러났던 것이다.

언론분야 정치공안사건은 권위주의 정권 아래서 이루어진 언론통제 속에서 국가정보기관은 가장 효율적인 통제수단을 가진 기관으로 인식되었다. 언론탄압의 대표적인 유형으로 각종 필화사건, 언론자유 실천 탄압, 노조결성 탄압, 보도지침, 언론인 연행, 언론인 사찰 등의 다양한 방법이 있었다. 이전 국정원 진실위 조사에서 필화사건은 물론 언론자유 실천 탄압사건, 보도지침, 언론인 연행 등 언론탄압의 다양한 유형과 사례에서 정보기관이 개입하였던 것이다.

사상계 필화사건의 경우, 중정이 신민당을 압박하거나 사상계를 폐간하기 위해 김지하의 '오적'을 사건화하기로 사전 계획하였었고, 박정희 정권이 사상계 폐간을 위해 중정·문공부 등 관계기관을 동원하기도 하였다. 1974년 동아일보 기자들의 언론자유 실천운동으로 촉발된 동아일보 광고탄압 사건을 중정이 주도하였다는 기존의 주장은 당시 사건 진행과정에서 중정이 동아일보 편집국장을 연행한 자료들을 근거로 유추가 가능하며, 중정은 동아일보 탄압사건에 앞서 1973년 조선일보사에 대한 광고탄압을 실행하였는데 이때 주요 광고주 명단을 작성한 후 광고주 대표를 불러 조선일보에 광고를 싣지 않겠다는 각서를 받기도 하였다.

유형별	사례유형
군사정권의 권력강화 및 안정에 이용된 사건	부일장학회 강제 헌납사건
	경향신문 강제 매각사건
필화(筆禍)사건	신동아 차관 필화사건
	사상계(五賊) 필화사건
	다리誌 필화사건
	창조誌 필화사건
	1987년 신동아, 월간조선 제작 방해사건
언론자유실천 및 언론노조결성	동아일보 광고 탄압
	동아일보 기자 대량 해직
	조선일보 기자 대량 해직
	동아·조선 투위 관련 주요사건
	한국일보 노조운동

언론자유실천 및 언론노조결성	중정의 기자협회 견제
	조선일보 광고 탄압
보도지침	박정희 정권하의 보도지침
	전두환 정권하의 보도지침
	외신에 대한 통제
	중정 개입 보도통제 사례
언론인 연행 및 사찰	박정희 정권하의 언론인 연행
	전두환 정권하의 언론인 연행
	신동아, 월간조선 제작 방해사건
	문공부의 언론인 개별접촉 보고서

그런가 하면 1970년대 중정이 직접 개입한 보도지침 사례와 5공 정권 보도지침 이행과 관련하여 안기부가 개입한 사실을 확인하였는데, 그간 피해자들의 증언에도 불구하고, 공식적인 문서로 확인하지 못했던 언론인 연행과 사찰 관련 사례들을 국가정보원 진실위원회가 국정원 자료를 통해서 확인하였던 것이다. 예를 들어 전두환 정권은 언론기본법을 제정해 언론을 제도적으로 장악했으나, 이에 만족하지 않고 그것에 대해 문공부에 홍보조정실을 별도로 만들어 매일 보도를 일상적으로 통제하였고, 이 보도지침은 형식상 문공부 홍보조정실에서 내렸지만, 실제의 골격은 청와대 정무비서실과 공보비서실 및 안기부·보안사에서 개입한 것이었다.

4. 노동분야

국가정보기관이 1960년대부터 한국노총의 조직 구축과 노조선거 과정 등 노동문제에 개입했으며, 관련법이 만들어지기 전인 1970년대부터 실질적으로 노동대책회의나 공안합동수사본부와 같은 노동

관련 협의기구를 통해 국가의 노동통제를 주도하고 기획했었다. 또한 1980년대 초반 안기부는 노동대책회의를 제도화해 안기부의 이같은 역할을 공식화했으며, 1988년 이를 폐지하였지만 그 기능은 관계기관대책회의라는 비공식기구를 통해 유지되고 있었다.

국정원 진실위 노동분야 활동을 통하여 지난 권위주의 정부하에서 중정 및 안기부 등 국가정보기관이 정부활동의 중추적인 역할을 수행하는 과정에서 이들은 노동자들의 생존권 요구를 정권의 위기상황 및 체제 도전으로 인식하고 있었다.

과거 권위주의 정부는 노동자 계층의 저항을 안보위기와 결합하여 통제하고 간섭해 왔는데, 특히 중정·안기부는 노동문제를 국가정책 이행과정에서 국가안보라는 국가 최우선 시책으로 간주하고 노동분야에 개입하였다. 예를 들어 노동운동을 불순세력으로 규정하고 이에 대하여 광범위한 개입·통제를 통한 공권력 남용으로 인권을 침해하였는데, 이러한 과정을 통하여 노동분야에 개입하게 된 중정 및 안기부는 5.16쿠데타 이후 군사정부에 의한 노동계 재편과정에서 한국노총 상층부에 대하여 영향력을 행사하였다.

또한 도시산업선교회 등 종교계 활동을 적극 차단하는 등 안보적인 시각에서 해결하고자 시도함으로써 일부 개별 사업장 및 활동가에 대한 직접적인 통제 활동을 실시하고 유관기관 협조를 통해 일부 노동문제에 대하여 관여하였다.

특히 불순 노동운동에 대한 외부세력 차단이라는 명분하에 기업, 노동부, 경찰 등과 상호 정보교류 속에서 직·간접적으로 블랙리스트 등을 활용, 해당 노동자 동향감시 및 관련조직 와해활동을 실시하였는데, 「크리스천 아카데미」 사건과 같이 일부 노동운동가와 관련된 사건에 대하여 수사과정에서 무리한 법 적용으로 사건 실체가 확대 해석되었으며, 이는 형사소송법상 적법 절차가 지켜지지 않는 등의 인권침해 행위였다.

또한 전교조, 전노협 등 민주노조 조직에 대하여 좌경성향을 은폐한 불순단체로 규정하고 이들에 대하여 체제수호 차원에서 관계기관과 긴밀한 협조체제하에 광범위한 통제 활동을 전개한 것이었다.

1) 한국노총 설립 및 운영·활동과 중정

중정은 한국노총 결성에 관여하였고, 한국노총을 재조직하기 위해 군사정부에 충성을 맹세한 9인 위원회와 조직위원들을 지명했을 뿐만 아니라, 산별노조체제의 조직형태까지 기획하고 실행에 옮겼다. 이후 중정은 자신들이 통제할 수 있는 구성원들로 한국노총 간부들을 끊임없이 육성하고 관리하였다. 이는 주로 노총선거에 직접적인 영향력을 행사하고 개입함으로써 실현되었다.

중정은 한국노총 위원장 선거와 각 산별위원장 선거에 직접 개입하여 자신이 지명하는 자가 위원장에 당선되도록 했다. 그리고 김말룡 등 비판 성향의 인물이 한국노총 간부가 되는 것을 강압과 회유를 동원하여 직접 막았고, 김말룡이 연합노조 위원장에 당선되자 상급단체인 한국노총을 통한 공작뿐 아니라 각종의 물리력과 협박, 회유 등의 공작을 통해 무력화시켰다.

2) 도시산업선교회에 대한 탄압

도시산업선교회에 대한 중정의 내사와 공작은 일상적인 정보수집 차원에서 이루어진 것이 아니었다. 「도시산업선교회에 대한 내사·수

사계획」에서 확인되는 바와 같이 중정은 도시산업선교회를 유신체제의 주요 위해요인으로 규정하고 조직와해를 통해 제거하려 하였다. 실제에 있어 1972년부터 1979년까지 도시산업선교회가 지원한 주요 노동쟁의들은 서울의 도시산업선교회연합회를 비롯한 전국의 8개 이상의 지역에서 총 59명의 실무자들이 크라운전자, 한국모방, 동아염직, 대한모방, 삼송산업, 반도상사, 태양공업, 삼원섬유, 신한일전기, 신흥제분, 한국마벨, 동일방직, 대일화학, 한흥물산, 해태제과, 남영나일론, 동남전기, 방림방직, 인선사, 협신피혁공업사, 아리아악기, 대한방직, 진로주식회사, 소나회사, 대동전자, YH무역 등 26개 사업장으로 이들 사업장 노조결성, 노조민주화, 노조재건, 폐업철회 등의 노동쟁의들을 조직적으로 지원하였다.

상황이 이렇다 보니 도시산업선교회의 조직와해를 위해 중정은 첫째, 도산조직과 실무자 전체를 대상으로 하는 체계적인 내사계획을 마련하고 내·수사 전담반을 편성·운영하였다. 개인비리에서 사상검증·자금원 등 그야말로 도산의 모든 활동과 조직·사업·예산 등에 대한 내·수사를 진행하고 종합하였다.

둘째, 목사였던 도시산업선교회 실무자들에 대한 내사나 소위 '고립화 공작'을 통해 이들을 처벌할 근거를 찾고 도산활동을 위축시키려 하였다.

셋째, 도시산업선교회 회원 등 도산 관련 노동자들에 대해서는 우선 블랙리스트를 활용하여 사업장 내에서 도산의 영향력을 차단하고자 하였다. 게다가 노조활동을 중단시키기 위해 반도상사의 김○○장·한○○의 경우와 같이 중정 차원에서 노조간부를 활용하였던 것으로 판단된다.

넷째, 「영등포 도산 내의 신용협동조합에 대한 와해공작」이나 도산을 지원하던 「NCC의 WCC 승인사업 견제공작」 등과 같이 조직 와해나 활동위축을 위한 공작사업을 지속적으로 기획하여 추진하기도 하였다.

이상과 같이 중정의 도산에 대한 대책은 조직와해와 제거에 맞추어져 있었다. 그리고 내사·공작대상도 도산회원·재정(자금)·실무자·지역조직 등 전면적이었다. 물리적 억압뿐 아니라 이념적 공격을 통한 여론조작, 기독교 내 비판세력 지원 등을 통한 도산의 고립화 등 다양한 수단이 동원되었다. 실제로 이로 인해 탄압이 최고조에 이르던 70년대 말에 이르면 도산은 그 활동과 노동자들에 대한 영향력이 현저하게 약화되었다. 이는 중정의 도산 대책의 성과로 판단된다.

3) 크리스천 아카데미 사건의 확대

중정의 아카데미 사건 수사는 그 결과를 노동운동 탄압에 활용하겠다는 의도와 관계없이 노동운동과 노동운동을 후원하던 기독교운동에도 중대한 타격을 입혔다. 중정은 당시 크리스천 아카데미 활동이 한국사회 민주화와 개혁에 영향을 미치게 되며 유신체제를 위협하는 반정부활동으로 간주, 공안사건 차원에서 접근하였으며 유신정권의 저항세력으로 민주노동운동 등 기층대중운동의 성장에 핵심적인 역할을 했던 아카데미 활동을 무력화하는 데 일차적인 목적이 있었다.

아카데미 간사들이 비공개 학습소모임을 구성하고 암암리에 몇 권의 맑스·레닌 서적과 그것을 해설한 개론서를 토론 학습한 실체는 중정의 수사과정에서 확대되었다. 민주노조 지원세력인 도시산업선교회와 더불어 이 사건으로 인해 아카데미 활동이 용공불순활동으로 간주되었다. 결국 아카데미를 무력화하려던 정권의 의도는 어느 정도 성공하였다. 이 사건을 계기로 노동자·농민을 대상으로 하는 중간집단 교육활동은 실제로 중단되었기 때문이다.

4) 1987년 이전의 민주노조에 대한 탄압

이 시기의 노동운동은 이전 시기에 볼 수 없는 새로운 질적 변동을 뚜렷하게 보여 주었다. 전태일 사건을 전환점으로 하여 기존 한국노총체제의 어용 노조주의와 구별되는 새로운 민주노조가 다수 출현한 것은 가장 중요한 변화였다. 경제적 모순이 심화하는 가운데 수출 산업의 여성 노동자들은 극한의 노동조건에 자연발생적으로 저항하기 시작했다. 노동운동의 측면에서 변화는 크게 세 가지 요소로 요약될 수 있다. 먼저 1970년대 초반까지 노동운동의 중심이었던 한국노총은 정치적 억압의 강화에 따라 점차 무력한 조직으로 변모하였다. 새로이 분출하기 시작했던 노동대중의 요구를 무시하는 것은 물론 국가권력의 하수인으로 직접 억압적 통제의 주체가 되었다. 그것은 한국노총이 이를 의도하지 않았으나 노동대중에 대한 조직적 영향력을 상실하는 결과를 초래하였다.

다음으로 산발적이기는 했으나 자연발생적이고 폭발적인 쟁의가 발생하기 시작했다. 전태일의 분신을 전환점으로 해서 광주대단지에서 노동대중이 봉기하였으며, 한진상사 노동자들의 대한항공 빌딩 방화 시위사건, 삼립식품 노동자 파업농성, 울산 현대조선 노동자 대투쟁 등이 1970년대 전반기에 발생하였고 후반기에는 현대건설 사우디 파견노동자들의 투쟁이 있었다. 엄혹한 정치적 상황과 노동통제에도 불구하고 대중투쟁이 폭발한 것은 급속한 경제성장에 따라 노동대중의 생존권 위기가 심화되었기 때문이다.

셋째, 보다 조직적이고 체계적인 방식의 독립노조운동인 민주노조들이 다수 출현하였다. 청계피복노조·원풍모방노조·동일방직노조·반도상사노조·YH노조·한국콘트롤데이타노조 등 경공업 수출산업 여성노동자들이 새로운 민주노조의 주체들이었다. 저임금 장시간 노동통제라는 극한의 노동조건과 비인간적인 작업장은 어린 여성노동자들을 투사로 만드는 주요 동력이었다. 이들은 억압적 체제에 대한 저항의 입장을 분명히 제시하였고 기존 공식노조운동과 구별되는 민주노조운동을 형성해 나갔다.

5) '블랙리스트'와 '위장취업자 관리대책'을 통한 노동통제

노동자에 대한 물리적 탄압의 대표적인 사례로 제기되는 '블랙리스트'는 1987년 동일방직 인분투척사건 직후 124명의 해고자 취업을 막기 위해 김영태 섬유노조위원장 명의로 각 사업장에 배포된 것이 그 시초로 알려져 있다. 그 후 노조활동으로 해고되는 노동자들이 점점 증가하면서 다양한 '블랙리스트'가 등장하였는데, 서울·인천·성남·부산·창원·울산·양산·광주·평택 등 공단지역 노조핵심간부들의 블랙리스트가 노동현장에 실재하여 안기부 등 노동관계기관이 민주노조활동에 참여하는 노동자를 격리한다는 명분하에 활용하였다.

이를 근거로 각 개별사업장에서는 헌법상 보장되어 있는 노동권과 직업 선택의 자유를 침해(근로기준법 제39조-취업방해의 금지)하는 것을 무시하고 불법적인 해고가 자행되었다.

또한 80년대 초·중반부터 학생출신의 노동자가 급격히 증가하고 이들이 노조결성이나 쟁의행위를 주도하는 사례가 빈번해지자 안기부 등 관계기관은 이들을 '위장취업자'로 분류하여 사업장에서 격리시키는 작업을 하였는데, 이때에도 블랙리스트를 활용하였다.

안기부는 88년 9월에 작성되는 것으로 추정되는 「문제권 학생출신 노동계 침투실태」의 1985년부터 학생출신의 위장취업자 적발 현황은 같은데, 85~6년도에 전체 적발인원의 72%인 892명을 적발한 것으로 작성되었다.

연도별	계	80	81	82	83	84	85	86	87	88년 9월
인원(명)	1,240	3	5	11	34	157	329	463	195	43

6) 1987년 이후의 민주노조에 대한 탄압

가. 전교조 조직 탈퇴 및 와해공작

1960년 4.19 이후 결성된 교원노조가 군사쿠데타로 1,500여 명의 교사들이 구속·해직된 사건 이후 교사운동·교육운동은 기나긴 암흑기를 맞았다. 그러나 80년대 초반부터 YMCA 중등자교육협의회·흥사단 등 단체를 중심으로 하는 교사소모임이 활성화되면서 자생적인 교사운동이 모색되기 시작하였는데, 특히 85년 '민중교육지 사건'으로 모습을 드러내기 시작한 교사운동은 86년 5월 10일 교사들의 교육민주화 선언으로 이어져 대중적인 교사운동의 전기가 되었다. 이후 87년 6월 민중항쟁과 노동자 대투쟁을 계기로 교사조직은 87년 7월에서 9월 사이에 드디어 전국적인 조직인 '민주교육 추진

전국교사협의회'을 출범시킨다. 그리고 교육관계법 개정과 교사의 노동 3권 보장을 위해 교원노조 결성 방침을 결정하고 89년 5월에 전교조가 출범하였다. 이에 1989년 노태우 정권과 안기부는 '교원노조'문제를 공안대책 차원에서 다뤘는데, 안기부의 대책방안에 의하면 조직 와해를 위해 전교조 가입 교사에 대한 탈퇴공작을 추진하고 전교조 참여교사의 징계수준을 심사하기도 하였다. 또한 복직교사나 신규임용 교사에 대한 보안, 성분심사를 명목으로 임용 및 복직 여부를 결정하는가 하면 전교조에 대한 이념 색깔공세를 제시하여 정부의 '전교조 대책'의 전방위에서 업무를 조정하고 대응해 왔다. 이 때에 1,519명의 전교조 가입교사가 대량 해직되었다.

나. 전국노동조합협의회의 탈퇴 및 조직와해 활동

87년 이후 성장을 거듭해 온 민주노조세력은 노동법 개정투쟁의 성과를 바탕으로 민주노조 중앙조직인 '전국노동조합협의회'를 건설하였는데, 이는 '기업별 노조체계'에서 '산업별 노조체계'로 재편되는 과도기의 전국조직이었다. 따라서 전노협은 지역별노조협의회를 근간으로 제2노총의 전망을 갖는 구성 체계의 전국적인 조직이었다.

그러나 복수노조가 금지되어 있던 당시 상황에서 전노협은 법외노조였기에 정부는 불법조직으로 규정하고 고립, 분산, 해체를 위한 통제정책을 전면적으로 강경하게 구사하였는데, 정부의 전노협 와해 대책은 다섯 가지 방향으로 진행되었다.

첫째, 지역노조협의회와 단위노조를 지원하는 행위를 제3자 개입 금지 위반으로 판단하여 이를 엄벌한다.

둘째, 전노협 건설에서 핵심적인 역할을 한 인물을 다양한 이유로 사전에 사법처리한다.

셋째, 전노협 가입노조에 대해서는 그 자금원을 원천적으로 차단하기 위해 대대적인 업무조사를 실시하고 업무조사 결과, 전노협에 기금을 낸 것이 확인되면 양자 모두를 기부금품법 위반 등으로 사법처리한다.

넷째, 전노협과 관련된 행사나 집회는 원천봉쇄하고 각종 유인물의 배포도 사전 차단한다.

끝으로 회사나 안기부, 경찰 등을 통해 탈퇴공작과 회유작업으로 개별 사업장 노조의 탈퇴를 조직하였다.

5. 학원분야

한국 현대사에서 학생운동은 우리 사회의 민주화를 추동한 원동력이었다. 1960년 4월혁명에 의한 이승만 정권의 붕괴, 1964년 6.3한일회담 반대시위, 1969년 3선개헌 반대와 1972년 '10월유신' 선포 이후 박정희 영구 집권 반대시위, 1979년 10.16부산·마산민주항쟁, 1980년 5.18광주민중항쟁, 1987년 6월항쟁 등은 학생들이 중심이 되어 이끌어 낸 민주화운동이었다.

반면 박정희 대통령(제3, 4공화국)으로부터 전두환(제5공화국)·노태우 대통령(제6공화국)에 이르는 이른바 권위주의 통치자들은 학생운동세력을 국가안보를 위협하는 불순집단으로 인식하고 통제의 대상으로 취급해 왔다.

이 기간 중에 있었던 위수령 3회, 계엄령 5회, 긴급조치 9회와 수시 휴교 및 조기 방학 조치를 비롯해 집회·시위에 대한 과도한 공권력 행사뿐만 아니라 강제징집과 녹화사업, 학원안정법 제정 등이 권위주의 정부 하에서 추진된 사실을 통해서도 알 수 있다.

이렇듯 권위주의 정권에 있어서 학원문제는 범정부차원에서 다루었던 중대 사안이었으며, 과거 정보기관은 권위주의정부 시절 대학가에 정보망을 부식하여 학생운동 조직 등에 대한 지속적인 동향파악을 해 왔으며, 학원 안정이란 명분 아래 문교부의 교육정책과 대학의 학사행정에 개입하는 등 전방위적으로 통제를 가해 왔고, 법적 권한을 일탈한 사찰과 통제가 행해졌었다.

그동안 실체규명이 되지 않은 상태로 의혹만 제기되고 있던 정보기관의 학원통제 실태를 국정원 진실위를 통해 명확히 확인할 수 있었는데, 권위주의 정부 시절 정보기관의 학생운동에 대한 사찰 및 통제 의혹을 국정원 자료를 통해 확인하였던 것이다.

학원에 대한 통제가 전방위적으로 행사된 사실은 정보기관뿐만 아니라 문교부, 검찰, 경찰, 보안사 등 유관기관 대책회의를 통해 범정부차원에서 대책을 강구하였고, 교련교육·학도호국단·교수 재임용제·졸업정원제·제적생 및 해직교수 처리문제 등 정부차원의 제도적 통제와 더불어 정보기관에서는 운동권 학생 및 이념서클, 비판성향교수에 대한 통제활동을 기본으로 하면서 소위 건전학생이나 건전서클 및 언론을 활용, 반운동권 여론 형성 등 학원에 대한 광범위한 통제를 하였다.

정보기관의 구체적인 통제사례 중에는 법적 권한을 넘어선 과도한 통제 행위에 해당하는 경우도 있었는데, 정보기관의 학원통제 시스템은 대학별 담당관 운영, 정보망 등 협조자 활용, 대학 당국과 협조체제 구축, 유관기관 대책회의를 통한 조정권 행사 등에 의해 정보활동이 이루어졌던 것이다.

정보기관의 학원에 대한 개입·통제와 관련된 구체적인 사례를 종합해 보면 법적 권한을 넘어선 과도한 통제행위도 발견되었는데, 정보기관의 학원에 대한 정보수집활동은 중정법 및 안기부법에 의해 인정되나, 비판 성향 교수 인사권 개입행위 등 무리한 방법도 동원했던 것이다. 운동권 학생이나 비판성향 교수들에 대해 정보기관이 지속적으로 사찰활동을 해 온 사실은 80년대 경찰이 대학에 상주한 정도의 사찰개념은 아니더라도 제적생, 해직교수 등에 대한 동향내사를 통해 복교 불허 및 승진탈락에 활용하였고, 문교부 고유의 소관사항인 대학정책의 입안 및 학사행정 업무에 대해 정보기관이 영향력을 행사하였던 것이다.

이러한 국정원 문서 중 80년대까지의 학생운동사 및 이에 대한 정부의 대응 상황이 구체적으로 제시된 자료는 향후 역사적 사료로서의 가치도 충분하다고 본다. 1960년 4월혁명으로 인한 학생들에 의해 주도된 3·4월 항쟁의 전 기간을 통해서 전국적으로 186명이 사망하고 6,026명이 부상을 당했으며, 수만 명이 경찰에 연행되었다. 이때 학생들의 희생자는 77명으로 41.4%에 달한다. 또한 4월혁명 이후 1983년 9월까지 23년 동안 한국 사회의 민주화운동을 추동한 학생운동의 주요 사건별 시위 현황과 탄압은 다음과 같은데, 전국의 300여 개 대학에서 총 360여 회에 걸쳐 40만 명 정도가 참가하였으며, 이 기간에 구속 200여 명, 검거연행이 700여 명에 이른 것으로 조사되었다.

사건별	시기	참가대학 및 지역	참가 연인원	주요 양상	탄압
장면정권의 2대악법 반대투쟁	1961. 3.22.~4.1.	11개 지역	82,000여 명	궐기대회, 강연, 시위, 투석전	구속(대구 43명)
1차유신 반대투쟁	1973. 11.21.~30.	22개 대학	17,100여 명	시험거부, 가두시위, 교내시위, 교내농성, 투석전	연행(서울대 100여 명, 인하대 4명)/즉심(서울대 9명)
2차유신 반대투쟁	1973. 12.1.~4.	20개 대학	9,000여 명	시험거부, 가두시위, 교내시위, 교내농성, 투석전	연행(중앙대 12명, 대구영남신학교 43명)
3차유신 반대투쟁	1974. 10.14.~31.	31개 대학	29,000여 명	긴급조치1·4호해제와 구속학생석방운동을 위한 성토대회, 교내시위, 기도회, 농성투쟁, 단식농성, 가두시위	
유신반대투쟁 지하유인물 배포사건	1975.6.15. ~1976.6.15.	9개 대학	9회	긴급조치 9호시기의 시론정보, 2천수도인의 합성, 새벽, 자유서강, 한신선언문, 4.19선언문 등	구속(이화여대 3명)/집행유예(중앙대 5명, 수도여사대 1명)/검거(부산대 1명, 계명대 3명)
유신반대투쟁 시위미수/유인물배포사건	1977. 4.7.~11.18.	9개 대학	15회	구국선언문, 백지선언문, 신앙고백선언서 등 독재체제비판 반정부 유인물 배포	구속(한신대 4명, 고려대 2명, 서울대 6명)
긴급조치 위반사건 발생 및 시위	1979. 2.24.~10.25.	22개 대학	35회 16.000여 명	시위, 농성, 연행, 구속	구속(영남대 2명, 성균관대 2명, 강원대 6명, 서울대 16명, 경희대 2명, 고려대 8명, 이화여대 3명, 연세대 14명, 전남대 10명, 외대 2명)/불구속입건(성균관대 5명, 이화여대 2명 검거, 구류(고려대 2명)/연행(영남대 8명)/강제입영(전북대 2명, 서울대 70여 명, 전남대 27명)/정학(계명대 5명, 영남대 8명)

학원민주화 운동	1979.11.22. ~1980.4.29.	34개 대학	44회 9,000여 명	선언, 성명, 농성, 시위	구속(연세대 3명, 서 울대 2명, 전남대 1 명)/부상(전남대 1명)
각 대학교수들 의 민주화를 위 한 시국선언문	1980.5.7. ~5.13.	10개 대학	10회 2,000여 명	계엄해제와 민주화 촉 구성명	
1980년대 학생들의 계엄철폐·민 주화 요구투쟁	1980. 4.16.~5.16.	30여 개 대학	51회 210,000여 명	계엄해제	연행(전북대 36명)
1980년 하반기 대학가의 주요 반정부투쟁	1980. 9.8.~12.11.	19개 대학	19회	계엄해제유인물 배포	구속(경희대 7명, 고려 대 12명, 경기공전 7명, 성균관대 7명, 숙명여 대 6명)/연행(한신대 146명 전원)/휴교령 (한신대, 고려대)
1981년 3~6월 대학가 주요 시위	1981. 3.19.~6.12.	17개 대학	17회 8,000여 명	반파쇼시국선언, 유인 물 배포, 시위	구속(서울대 11명, 성균 관대 2명, 연세대 3 명, 동국대 3명, 이화 여대 4명, 부산대 2명)/ 연행(서울대 61명)
1981년 9~12월 대학가 주요 시위	1981. 9.9.~11.25.	10개 대학	18회 4,000여 명	반파쇼시국선언, 유인 물 배포, 시위	서울대 5명 구속, 20여 명 지도휴학, 7명 제적, 47명 무기정학/고려대 제적 19명, 무기정학 1명, 지도휴학 89명
1982년 하반기 대학가 주요 시위	1982. 9.8.~11.17.	17개 대학	31회	교내시위, 투석전	서울대간부 4명 지도 휴학
1983년 전반기 대학가 주요 시위	1983. 3.7.~6.28.	21개 대학	40회 6,000여 명	교내 및 가두시위	숭전대 9명 강제징집, 이화여대 300여 명 연행
1983년 하반기 대학가 주요 시위	1983.9.13. ~11.25.	31개 대학	63회	교내 및 가두시위	

6. 간첩분야

간첩사건의 유형으로는 1) 월북자·행방불명자 가족관련 간첩사건, 2) 납북귀환어부 간첩사건, 3) 해외관련 간첩사건(우회간첩), 4) 친북 급진운동세력의 북한 연계 조직 관련 간첩사건들은 장기 구금과 고문으로 혐의의 확대, 왜곡, 혐의사실 조작 등 그동안 제기되어 온 의혹 중 상당부분이 공안당국에 의해 조작된 간첩사건이었다.

1) 월북자·행방불명자 가족관련 간첩사건

민가협, 천주교 인권위원회 등 인권단체 등으로부터 조작의혹이 제기되는 월북자 간첩사건은 10건 25명으로 1980년대 초반에 안기부에 의해 집중적으로 적발된 사건들이다. 1980년대 초반에 발생한 월북자·행불자 가족 간첩사건중 대표적인 것은 다음과 같다.

구 분	검거일	검거기관	월북자와의 관계	활동지
김정인(42세)	80.08.14.	중정	외숙 박양민	전남 진도
석달윤(47세)	80.08.		10촌형 박양민	
정재헌(49세)	80.08.17.	경찰	형 정동헌	충북 음성
박동운(37세)	81.03.09.	안기부	부 박영준	전남 진도
박경준(49세)	81.03.		박동운 숙부	
이수례(58세)	81.03.	안기부	박동운 모	전남 진도
박근홍(35세)	81.03.		박동운 동생	
나 진(48세)	81.06.09.	치안본부	동향인 김주상(김송무:	
나수연(53세)			통혁당 핵심)	
안승윤(51세)	82.02.25.	안기부	형 안승술	안동, 서울
안승억(47세)			형 안승술	
김근연(59세)				
김귀해(48세)			안승윤 처	

송씨 일가사건	82.03.	안기부	송창섭	청주, 서울
이준호	85.01.11.	시경 대공분실	숙부 이한수	강화, 인천
배병희			이준호의 모	
이창국(63세)	84.07.04.	안기부	형	인천
나종인(47세)	84.10.05.	보안사	누나 나경혜	
나종갑(42세)				
이 곤	84.10.08.	보안사	나종인과 연결	

위와 같이 조작 의혹이 제기되는 월북자(또는 행불자) 가족 간첩
사건에는 일정한 공통점이 있다.

첫째, 일부 사건들이 장기간의 불법구금과 고문·가혹행위로 얻
어진 자백에 기초할 뿐 구체적인 물증을 갖고 있지 않다. 박동운 사
건의 경우는 무전기를 부수는 데 사용했다는 자귀가 증거물로 제출
되기도 했다.

둘째, 김정인 사건의 박양민을 제외하고는 월북자(또는 행불자)가
남파되었다는 확실한 증거가 없다. 박동운 사건의 경우, 안기부가
수사에 착수한 과정을 보면 박영준의 월북에 대한 확실한 혐의를 잡
고 수사에 착수한 것이 아니라, 진도 출신 행불자 박영준은 월북한
것이 틀림없고 진도 출신 박씨가 남파되었다는 첩보가 있는데 그 박
씨가 박영준일 가능성이 있다는 가정에 일가족이 꼬리를 문 상태에
서 박동운 일가족을 연행하여 조사한 것이다. 이렇게 월북자가 만약
남파되었다면 누구를 접촉했을까 하는 추정으로 사건을 만들어 낸
또 다른 사례로는 보안사가 조사한 나종인 사건이 있다.

셋째, 월북자의 남파 시점이 빠르면 50년대 후반, 늦어도 1960년
대 초반으로 설정되어 수십 년간 암약한 고정간첩단으로 발표된다.

넷째, 수십 년간 암약해 온 고정간첩단이라는 거창한 발표와 긴

활동기간에 비해 간첩 혐의는 아주 빈약하고 오래된 것이다. 수십 년간 암약한 고정간첩이 탐지수집한 군사기밀이 송도에 바람 쐬러 갔다가 정박해 있는 배를 보았다는 정도이다.

다섯째, 연고자 중심으로 수사를 하다 보니 대부분 일가·친척을 포함한 대규모 간첩단 사건이 되곤 한다. 그 일가족이 쑥대밭이 됨은 물론이다.

여섯째, 당국이 오랫동안 지켜본 사건이 많다. 납북귀환어부사건이나 월북자 가족 사건들은 숱한 공작의 대상이었다. 1960년대 초반 이래 당국의 요시찰인물로 밀착감시를 받으면 장기간에 걸쳐 수시로 공안당국의 감시와 사찰을 받아야 했다.

2) 납북귀환어부 간첩사건

납북귀환어부란 동해상과 서해상에서 조업을 하던 중, 또는 조업을 마치고 귀항하던 중 북한의 경비정에 의해 피납당하거나 항해 중 안개 등으로 인해 방향을 잃고 북한지역으로 월선하다가 북한에서 짧게는 한 달여에서 길게는 1년이 넘는 기간을 억류된 후 귀환한 어부를 말한다. 납북귀환어부들은 북한에 체류하고 있는 동안 대부분이 평양여관 등에 수용되어 북한의 우월성 등을 교육받고, 영화 관람과 백두산, 금강산 등을 관광하였으며, 김일성대학이나 트랙터 공장 등을 견학을 하면서 사상·선전교육을 받아 왔다.

그러나 귀환한 납북어부들에 대해 정부는 1960년대 후반부터 대부분의 납북귀환어부들을 수산업법이나 반공법 위반 등으로 구속하거나 벌금형을 부과하였다. 뿐만 아니라, 귀환한 지 수개월 또는 수년이 지난 뒤 다시 연행하여 군사기밀을 탐지·수집한 혐의, 반국가단체 구성원과 회합(또는 미수)한 혐의 등에 대한 추가 자백(?)을 받아 내어 또다시 간첩으로 처벌하였다. 납북귀환어부 현황표는 다음과 같다.

(단위: 척, 명)

연대별	납북선박 및 어부		미귀환 선박 및 어부	
	선박	어부	선박	어부
1954~1960	99	675	2	35
1961~1970	314	2,236	16	241
1971~1980	40	639	8	115
1981~1987	6	101	1	12
계	459	3,651	27	404

위와 같은 납북귀환어부 간첩사건은 다른 여타 유형의 간첩사건 중에서도 가장 문제가 많은 유형이며, 거의 대부분의 사건에서 당사자들이 사건이 조작되었다고 호소하고 있는데 이 사건에도 일정한 공통점이 있다.

첫째, 간첩으로 검거된 사람들은 한결같이 장기간의 불법구금과 고문에 의해 사건이 조작되었다고 호소하고 있다. 모든 사건에서 장기간의 불법구금은 의문의 여지없는 사실로 확인된다.

둘째, 납북귀환어부들은 대부분 배움의 기회를 충분히 갖지 못했고, 경제적으로 열악한 처지에 있는 사회적 약자들이다. 이들의 상당수는 섬지역 출신들인데, 사회적 연결망에서 더 열악한 처지에 놓여 있어 사건이 일어나도 어디 가서 하소연하기가 쉽지 않다.

셋째, 이들에게 나름대로의 약점이라면 경위야 어찌되었든 북한이라는 금단의 땅에 갔다 왔다는 사실은 반공국가인 대한민국에서 원죄와도 같이 작용했다.

넷째, 또한 이들은 공소 사실을 다 인정한다 하더라도 이들이 수집했다는 군사기밀이 기밀로서의 가치가 거의 없으며, 북한 공작원과의 접촉 및 무선 지령을 받은 바가 없으며, 더욱이 탐지 수집한 기밀을 북에 전달할 수단을 갖지 못한 상태에서 간첩이 되었던 것이다.

다섯째, 같이 납북되었던 납북 동기들이 각각 다른 간첩사건으로 줄줄이 엮여 들어가는 일이 빈발했다.

3) 해외 관련 간첩사건(우회간첩)

일반적으로 간첩이라면 북에서 직접 파견된 직파간첩으로 생각하지만, 실제 검거된 간첩을 분석해 보면 1970년대 이후에는 북에서 직접 내려 보낸 간첩보다 일본 등 제3국을 통해 침투한 우회간첩이 수적으로 더 많다. 간첩사건에서 가장 많은 비중을 차지한 우회간첩 사건은 또한 조작의혹이 많은 사건이기도 하다.

우회간첩 사건 내에서는 일본 관련 사건이 압도적으로 많았으며, 이중 80년대가 총 검거건수 97건 중 82%인 80건으로 대다수가 보안사와 안기부에 의해 검거된 것으로 이를 표로 정리하면 다음과 같다.

검거기관	검거 연대					주요 신분
	계	70	80	90	00	
계	97	4	80	12	1	
중정	6	4	2			외항선원
보안사	34		34			재일동포유학생
경찰	7		6	1		밀항
안기부	34		24	10		
치안본부	14		14			조총련
안기부, 기무사 합동	1		1			
국정원, 경찰, 기무사 합동	1				1	

일본과 관련된 간첩사건의 유형은 네 가지인데, 재일동포 모국유학생간첩사건, 재일동포의 한국 취업 및 방문 관련 간첩사건, 한국인 일본유학생 간첩사건, 한국인의 일본 취업, 방문, 밀항 등 관련 간첩사건인데, 이를 표로 정리하면 다음과 같다.

재일동포	재일동포 모국유학생	중정-안기부	임청조(71), 김승효(74), 김달남·학원침투 재일동포유학생간첩단 사건(75), 진이칙(81)
		보안사	서 승·서준식 형제간첩단사건(71), 강종헌(75), 김정사(77), 김태홍·이주광(81), 이종수(82), 서성수·박박(83), 윤정헌·조신치·조일지·허철중(84)
		경찰	
	재일동포의 한국 취업 및 방문 등	중정-안기부	강철순(72), 박창석·손유형(81), 김양수(82), 이성우(84), 김길욱(85), 서순택(90)
		보안사	최창일·박선정·김철우(73), 진두현·최철교·최태교(74), 여석조·이헌치(81), 정상금·유지길·김윤수·이영자(85)
		경찰	
내국인	한국인 일본유학생	중정-안기부	최상룡(73), 유정식(75), 조상록(78), 이병설(86), 장의균(87)
		보안사	김영작·김주태(74)
		경찰	양회선(73), 양승선(86)
	한국인의 일본 취업, 방문, 밀항 등	중정-안기부	김현규(80), 김장길(81), 김영희·양정이·김영준·김영추·김준보(82), 김동주·차풍길·김성규·오주석(83), 김병주·고창표·정금란(84)
		보안사	김양기·강광보(86)
		경찰	신귀영·서성철·신춘석(80), 김평강·허간회(81), 이순희(82), 이장형·고원일(84), 조봉수·서경윤(84), 최해보·유종안·유한기(85), 강희철·구명우(86), 김 철(89)

또한 일본 관련 간첩사건에서 어김없이 등장하는 것이 '재일 북한 공작원'으로 이들은 대개 조총련 소속인데, 이들 중 일부는 조총련 소속이 아닌 한민통-한통련 계열의 사람들이다. 한민통 – 한통련은

원래 뿌리가 민단이지만, 민단 민주화운동 과정에서 분리되어 김대
중 납치사건 등을 거치면서 공안당국에 의해 '반한단체'로 낙인찍혀
이른바 베트콩파라 불리었다. 한민통-한통련 관련 주요 사건은 다음
과 같다.

사건명	연도	검거기관	내용
윤효동(자수)	1977	중정	한민통 사무국장 곽동의 대동입북 간첩교육 주장
김정사	1977	보안사	한민통 반국가단체 판결/그러나 김정사는 한민통과 상관 없는 인물
김대중내란음모 사건	1980	합수부	곽동의, 배동호, 김재화 등을 영사증명에 의거, 북한간첩, 하수인으로 규정
박창석·곽영우	1981	안기부	일본 방문 중 한민통 접촉
김현장	1990		한통련에 전민련 회의 결과 팩스 송부
남매 간첩단	1993	안기부	한통련으로부터 금품수수
박창희 교수사건	1994	안기부	사건 제보 박○○ 교수가 한통련 관련 지하당 혐의
이윤정 광주시의원	1994	안기부	한통련으로부터 자금 지원
이화춘	1994	안기부	한통련 회원인 숙부로부터 금품 수수
모녀 간첩사건	1999	경찰	일본에서 어학연수 중인 딸을 통해 한통련 부의장과 접촉

해외 관련 우회간첩사건은 일본이 가장 중요한 루트였지만, 이 외
에도 독일을 비롯한 미국, 스웨덴, 동남아시아의 싱가포르와 말레이
시아를 통하기도 하였다. 일본 이외의 지역을 통한 우회침투 간첩사
건은 다음과 같다.

검거기관	우회국명					주요 내용
	계	독일	미국	스웨덴	동남아	
계	12	5	2	1	4	
중앙정보부	2		1		1	조총련, 재미교포
안전기획부	10	5	1	1	3	유학생, 재북가족 방문, 월북 등

4) 친북 급진운동세력의 북한 연계 조직 관련 간첩사건

1980년대 간첩사건은 직파간첩은 거의 사라지고, 일본 등을 통한 우회침투 간첩사건이나 고정간첩사건, 납북어부 사건이 주축을 이루었다면, 1990년대의 간첩사건은 전혀 새로운 양상이 나타나기 시작했다. 그것은 남한의 급진운동 세력의 일부가 통일운동에 대한 관심 속에서 남한혁명의 지도부로 북을 상정하고 북의 지도와 연계를 모색하는 집단이 나오기 시작했다는 점이다. 이에 북한은 남한사회 내의 이런 움직임에 한껏 고무되어 이들과의 연계 또는 지도를 위해 직파간첩을 다시 내려 보내기 시작했는데, 중부지역당 사건 당시의 이선실, 1995년 부여 간첩사건의 김동식, 1997년 북한 직파 부부간첩사건의 최정남, 강연정 등이 그것이다.

사건명	연도	검거 기관	내용	남파 공작원	확대적용문제
남한조선로동당사건(중부지역 당사건)	1992	안기부	남한 중부지역에 조선로동당 하부조직 건설	이선실 등	상층부의 북한 연계를 모르는 하부 조직원들 문제
구국전위 사건	1994	안기부	남파간첩은 없으나 대북 보고문 등 작성 혐의	일본 우회	총책은 무기징역을 받은 실체이나 구속자 다수가 무죄 또는 집행유예로 풀려남/북한연계여부가 쟁점이 됨.
민족혁명당사건	1999	안기부	주사파 핵심조직	잠수정	지도부는 공소보류/하부선만 처벌

1990년대에 발생한 조직사건들은 조직의 지도부는 분명하게 북과 연결되어 그들의 지령에 따라 움직였다. 다만 상층부의 이러한 은밀한 활동을 모른 채, 민주화운동의 연장선상이라 생각하고 하부조직에 단순 가담한 사람들에 대해서까지 무리하게 간첩죄를 적용한 것이나,

수사과정에서 고문, 가혹행위 등이 행해진 것이 큰 문제였던 것이다. 이상과 같이 월북자·행방불명자 가족관련 간첩사건, 납북귀환어부 간첩사건, 해외관련 간첩사건(우회간첩), 친북 급진운동세력의 북한 연계 조직 관련 간첩사건은 실제로 북한이 끊임없이 간첩을 파견하여 간첩사건이 속출할 수밖에 없었지만, 과거의 권위주의 정권이나 대공수사기관은 때로 진보당 사건처럼 정치적 논란이 많은 간첩사건을 만들어 냈고, 무리한 수사를 강행하여 피의자들을 간첩혐의로 일단 구속시켰다가 법원에 의해 무죄로 방면되는 일도 속출했다. 중정-안기부와 보안사와 경찰이 수사한 간첩사건의 공소사실 중 간첩죄에 대해 무죄가 선고된 간첩사건과 공소사실은 다음과 같다.

【중정-안기부가 수사한 간첩사건에서 공소사실 중 간첩죄 부분 무죄판결 난 주요 사건】

사건명	검거	판결	무죄취지	비고
이준구				경향신문사장/신문사 탈취수단으로 간첩사건 이용
동백림사건	67			
무전간첩단	68	서울 형사		1명만 실형, 2명 무죄, 24명 집행유예
홍선길	81	대법원		재미교포의 북한가족 방문 후 한국가족 방문: 형제집 가는 길에 검문소 등 본 곳을 군사기밀탐지로 기소
김준보	82	대구 지법	불법감금, 가혹행위 등 자백의 임의성	
송씨 일가	83	대법원	불법감금, 가혹행위 등 자백의 임의성	대법에서 두 번 무죄, 그러나 안기부의 개입으로 결국 유죄
김현장· 김영애 부부	89	서울 고법	유럽민협을 반국가단체로 인식했다고 볼 수 없어	
홍성담 사건	90	대법원	변호인 없는 자백은 임의성 없어 유죄증거될 수 없음.	평양축전에 걸개그림 슬라이드 보낸 혐의

노중선	92	대법원	간첩인지 못했으면 간첩방조 성립 안 됨	남한조선노동당사건 김낙중 관련/간첩방조 무죄, 국보법 유죄
이광철 등	94	서울고법	공지사실 '기밀누설죄'불가: 헌재 결정 반영	구국전위사건 간첩혐의 무죄/국가상대 명예훼손 소송 승소
강순정	94	대법원전원합의체	공지사실 '기밀누설죄'불가: 헌재 결정 반영	대법원 국가기밀 관련 판례 변경
박충렬	95	서울지법	헌법 범위 내 표현	간첩혐의로 구속되었으나 이적표현물로 기소되어 무죄
박창희	95			외대교수/노동당 입당 및 간첩죄 무죄/편지교환 등 회합, 통신 유죄
깐수	96	대법원	공지사실 보고는 국가기밀탐지수집·전달죄 처벌 불가	일부 무죄
고영복	97	1심 간첩죄 무죄	회합·통신은 유죄	
고영복	97	2심 간첩방조 무죄	단순은신처 제공	
송유진	97	서울지법	국가기밀범위 엄격 적용	'월간무역', '무역진흥' 등 경제전문지 전달은 간첩죄 아님/가족상봉위해 입북한 기업인 간첩죄 무죄
동아대 자주대오	98	부산고법	간첩혐의 무죄/이적단체 유죄	
		대법원	무죄	

【보안사와 경찰이 수사한 간첩사건에서 공소사실 중 간첩죄 부분 무죄가 선고된 사건】

사건명	검거	기관	판결	무죄취지	비고
재일동포유학생 간첩단사건	71	보안사	대법원		이성무, 한상진, 김을석, 이병화, 정봉기, 부태삼 등 무죄
산업간첩단	73	보안사	대법원	강태중 간첩방조죄 무죄	발표 시는 거물간첩, 기소는 간첩 방조이나 대법에서 무죄 확정
이종수	82	보안사	대법원		공작지도원 신원 문제/파기환송 후 재항소심 10년/재상고 기각
김진용	84	보안사	서울지검	법정미약, 반성	기소유예/미보도
심한식	86	보안사	서울고법	증거불충분, 불법감금, 자백의 임의성	
강종배	86	경찰	서울고법	87일간의 장기구금상태의 자백, 신빙성 없음.	납북어부
여덕현	86	보안사	대구고법	강압에 의한 자백/신빙성 없음.	납북어부
김성학	86	경찰		고문에 의한 자백	납북어부/이근안 고문/기소단계에서 간첩죄 빠짐.
모녀간첩	99	경찰	서울고법	변호인 도움 받지 못했고 자백의 신빙성 없음.	1심 집행유예

Ⅲ. 맺는 말

한국 현대사에 있어서 민주화운동사는 불행하게도 정치공안사건과 그 맥락을 같이하고 있다. 국가정보기관에 의한 정치공안사건은 정치, 사법, 언론, 노동, 학원, 간첩 분야의 거의 전 사회적 영역에서 이루어지고 있는바, 이는 한국 현대사가 곧 중앙정보부를 비롯해 안전기획부로 이어지는 정보기관의 역사라 해도 과언이 아니었던 것이다.

정치 분야 공안사건은 국가정보기관이 정치적으로 중립을 유지해야 함에도 불구하고, 가장 금기시해야 할 정치적 개입을 오랫동안 관행처럼 저질러 왔다. 특히 집권당과 야당의원, 반정부 인사 등에 대한 사찰, 일부 정치인의 출마 포기 압력과 낙선운동에서부터 선거 시기 조정, 선거의 총괄지휘에 이른 선거개입, 관제 야당 창당으로 최고권력자를 위한 집권여당에 대한 개입 등 정당 및 국회에 대한 개입, 여야의 정치자금에 대한 통제 등 국가정보기관의 다양한 정치 개입의 유형들이 그것이다.

사법분야의 공안사건은 권위주의 정부 시절 중정·안기부가 정권 핵심부의 의중에 따라 원하는 판결을 유도하기 위해 검찰 수사 및 기소과정, 판사의 재판과정에 다양한 경로를 통해 직간접적으로 압력을 행사하였다. 구체적으로 국가정보기관은 검찰 및 법원에 조정관을 두고 일상적으로 동향을 파악해 왔으며, 검찰의 경우 보안업무의 기획조정권한을 근거로 수사권을 침해하고 비협조 검사에 대한 비위조사 등을 통해 인사상의 불이익을 줬고, 법원의 경우 비협조 판사에 대한 신원조사와 비리조사 등으로 인사상 압력을 넣고 협조적인 판사에게 사건을 배당하도록 압력을 행사했던 것이다.

언론분야 정치공안사건은 권위주의 정권 아래서 이루어진 언론통제 속에서 국가정보기관은 가장 효율적인 통제수단을 가진 기관으로 인식되었다. 언론탄압의 대표적인 유형으로 각종 필화사건, 언론자유 실천 탄압, 노조결성 탄압, 보도지침, 언론인 연행, 언론인 사찰 등의 다양한 방법이 있었다. 이전 국정원 진실위 조사에서는 필화사건은 물론 언론자유 실천 탄압사건, 보도지침, 언론인 연행 등 언론탄압의 다양한 유형과 사례에서 정보기관이 개입하였던 것이다.

노동분야의 정치공안사건에 있어서 과거 권위주의 정부는 노동자 계층의 저항을 안보위기와 결합하여 통제하고 간섭해 왔는데, 특히 중정·안기부는 노동문제를 국가정책 이행과정에서 국가안보라는 국가 최우선 시책으로 간주하고 노동분야에 개입하였다. 예를 들어 노동운동을 불순세력으로 규정하고 이에 대하여 광범위한 개입·통제를 통한 공권력 남용으로 인권을 침해하였던 사실을 확인하였는데, 5.16쿠데타 이후 군사정부에 의한 노동계 재편과정, 도시산업선교회 등 종교계 활동을 적극 차단, 불순 노동운동에 대한 외부세력 차단이라는 명분하에 기업, 노동부, 경찰 등과 상호 정보교류 속에서 직·간접적으로 블랙리스트 등을 활용, 해당 노동자 동향감시 및 관련조직 와해활동을 실시, 전교조, 전노협 등 민주노조 조직에 대하여 좌경성향을 은폐한 불순단체로 규정하고 이들에 대하여 체제수호 차원에서 관계기관과 긴밀한 협조체제하에 광범위한 통제 활동을 전개한 것이었다.

한국 현대사에서 학생운동은 사회의 민주화를 추동한 원동력이었다. 반면 박정희 정권(제3, 4공화국)으로부터 전두환(제5공화국)·노태우 정권(제6공화국)에 이르는 이른바 권위주의 통치 정권들은 학생운동세력을 국가안보를 위협하는 불순집단으로 인식하고 통제의 대상으로 취급해 왔다. 이 기간 중에 있었던 위수령 3회, 계엄령 5회, 긴급조치 9회와 수시 휴교 및 조기 방학 조치를 비롯해 집회·시위에 대한 과도한 공권력 행사뿐만 아니라 강제징집과 녹화사업, 학원안정법 제정 등이 권위주의 정부 하에서 추진된 사실을 통해서도 알 수 있다. 이렇듯 권위주의 정권에 있어서 학원문제는 범정부차원에서 다루었던 중대 사안이었으며, 과거 정보기관은 권위주의정부 시절 대학가에 정보망을 부식하여 학생운동 조직 등에 대한 지속적인 동향파악을 해 왔으며, 학원 안정이란 명분 아래 문교부의 교육정책과 대학의 학사행정에 개입하는 등 전방위적으로 통제를 가해 왔고, 법적 권한을 일탈한 사찰과 통제가 행해졌었다.

간첩사건의 유형으로는 월북자·행방불명자 가족관련 간첩사건, 납북귀환어부 간첩사건, 해외관련 간첩사건(우회간첩), 친북 급진운동세력의 북한 연계 조직 관련 간첩사건들은 실제로 북한이 끊임없이 간첩을 파견하여 간첩사건이 속출할 수밖에 없었지만, 과거의 권위주의 정권이나 대공수사기관은 때로 진보당 사건처럼 정치적 논란이 많은 간첩사건을 만들어 냈고, 무리한 수사를 강행하여 장기 구금과 고문으로 혐의의 확대, 왜곡, 혐의사실 조작 등으로 피의자들을 간첩혐의로 일단 구속시켰다가 법원에 의해 무죄로 방면되는 일도 속출하여 그동안 제기되어 온 의혹 중 상당부분이 조작된 간첩사건이었음이 드러났다.

돌이켜 보면 우리의 현대사에서 정치공안사건으로 인한 국가폭력은 끊임없이 재생산되어 왔고 재현되어 왔었다. 1960년 4월혁명으로부터 비롯되는 79년 부마민중항쟁, 80년 광주5·18민중항쟁과 87년 6월항쟁, 민주노조운동 등의 반독재 민주화운동과정에서의 숱한 의문사, 고문, 투옥 등의 정치, 사법, 언론, 노동, 학원, 간첩사건 조작과 함께 최근의 노동운동과 촛불집회, 용산참사의 강경 진압사례는 가공스런 정치공안사건이 강도와 정도의 차이만 있을 뿐이지 국가정보기관에 의해 끊임없이 길들여지고 맛 들여짐을 알 수 있었다. 한반도 남한 사회의 민주주의와 인권의 올바른 신장을 위해, 국가 도덕성의 회복을 위해, 정치공안사건은 이제 더 이상 있어서도 용납되어서도 안 된다. 다시는 이 땅에 숱한 의문사, 고문, 투옥 등과 같은 엄청난 불행과 죽음으로부터 우리 사회를 해방시켜야 한다. 민주주의와 인권의 전 사회적인 확산과 정착을 위해서도 정치공안사건의 사슬을 반드시 끊어야만 한다. 이는 한반도 남한 사회의 민주화와 인권문제의 척도인 것이다.

참고문헌 및 자료

국가정보원, 2007, 『과거와 대화 미래의 성찰』, 국정원, 「진실위」 보고서 총론.
국가정보원, 2007, 『과거와 대화 미래의 성찰』, 주요 의혹사건편 上권.
국가정보원, 2007, 『과거와 대화 미래의 성찰』, 주요 의혹사건편 下권.
국가정보원, 2007, 『과거와 대화 미래의 성찰』, 정치·사법편.
국가정보원, 2007, 『과거와 대화 미래의 성찰』, 언론·노동편.
국가정보원, 2007, 『과거와 대화 미래의 성찰』, 학원·간첩편.
민주화운동기념사업회 한국민주주의연구소 편, 2010, 한국민주화운동사 1, 돌베개.
민주화운동기념사업회 한국민주주의연구소 편, 2010, 한국민주화운동사 2, 돌베개.
민주화운동기념사업회 한국민주주의연구소 편, 2010, 한국민주화운동사 3, 돌베개.
민주화운동기념사업회 한국민주주의연구소 편, 2011, 기억과 전망 여름호
    (통권 24호).
진실·화해를위한과거사정리위원회, 2006 하반기 조사보고서.
진실·화해를위한과거사정리위원회, 2007 상반기 조사보고서.
진실·화해를위한과거사정리위원회, 2007 하반기 조사보고서.
진실·화해를위한과거사정리위원회, 2008 상반기 조사보고서.
진실·화해를위한과거사정리위원회, 2008 하반기 조사보고서 제5권.
진실·화해를위한과거사정리위원회, 2009 상반기 조사보고서 제5권.
진실·화해를위한과거사정리위원회, 2009 하반기 조사보고서 제8권.
진실·화해를위한과거사정리위원회, 2010 상반기 조사보고서 제9권.
진실·화해를위한과거사정리위원회, 2010 종합보고서 Ⅳ 인권침해사건.

1981~82년 공안조작사건의 현재적 의미

한홍구(성공회대 교수)

1. 머리말

한국의 현대사는 무수히 많은 공안사건으로 점철되어 있다. 이들 공안사건들 중 굵직굵직한 사건들은 발생 시점의 절묘한 타이밍 때문에 특히 주목을 받아 왔다. 1964년의 1차 인혁당사건은 민정 이양 직후 한일수교를 무리하게 추진하다가 박정희 정권이 위기에 빠진 상황에서 일어났다. 1967년의 동백림사건은 6·8부정선거에 대한 진상규명 요구가 거세게 일고 있는 상황에서 일어났다. 서승, 서준식 재일동포 형제간첩단사건은 박정희와 김대중이 격돌했던 1971년 대통령선거를 불과 일주일 앞둔 시점에서 대대적으로 보도되었다. 1987년의 KAL 858기 사건은 16년 만에 직선제가 부활한 1987년 12월 대통령선거 직전에 발생하였다. 1992년의 중부지역당 사건 역시 대통령선거를 얼마 남겨 두지 않은 시점에서 발생하였다. 과연

이 사건들은 대통령선거와 같은 중대한 정치일정을 앞두고 정말 '우연히'도 발생한 것일까? 아니면 민주진영에서 깊은 의구심을 갖는 것처럼 중대한 정치일정을 앞두고 기획되고 준비된 것이었을까?

1979년 10월 26일 독재자 박정희가 오른팔이었던 중앙정보부장 김재규의 손에 사살당한 뒤 한국사회는 민주화에 대한 기대와 18년 동안 군림했던 독재자의 갑작스런 부재에 따른 심리적 혼란에 빠져들었다. 1980년 5월 27일 광주시민들의 저항을 처참하게 짓밟은 신군부세력은 새 시대를 표방하며 구 정치세력의 축출을 목표로 하는 정치정화법의 실시, 삼청교육대의 설치, 과외금지를 골자로 한 7·30교육개혁조치 등을 잇달아 내놓으면서 혼란스러웠던 격동기를 수습하기 시작했다. 이 과정에서 1980년에서 1982년에 걸쳐 무림사건(1980년 12월), 학림사건(1981년 6월), 부림사건(1981년 7월), 한울회사건(1981년 3월), 아람회사건(1981년 6월), 금강회사건(1981년 7월), 햇불회사건(1982년 5월), 오송회사건(1982년 11월) 등 수많은 공안사건이 발생했다. 국가보안법이 적용된 80년대 초반의 공안사건들은 유신 말기의 긴급조치 사건과는 확연히 성격이 달랐다. 또 전두환 정권 시기 내에서드 83년 이른바 유화조치가 취해지고 난 직후와도 상황이 달랐다. 적용 법률의 측면에서 보면 유신시대에는 긴급조치가 독재 권력의 가장 중요한 무기였다면, 긴급조치는 해제되고 반공법은 폐지된 80년대 초반은 독재 권력의 입장에서 국가보안법에 대한 의존도가 급격히 높아진 시기였다. 이는 종래 긴급조치 위반의 '시국사건'으로 처리될 사건들이 '공안사건'으로 만들어지게 됨을 의미했다.

박정희 정권 붕괴 직전에 발생한 남민전 사건은 공안당국 입장에서 볼 때 급진적 이념을 감추지 않은 사건이었다. 학생운동 또한 70년대의 민중현실에 대한 깊은 관심 속에서 이념적으로 급진화되어 갔고, 조직적인 면에서도 경찰이 캠퍼스에 상주하는 현실에 대한 대응 속에서 지하에서 비밀스럽게 모임을 갖게 되었다. 이런 상황에서 독재자 박정희의 갑작스러운 죽음과 광주에서 벌어진 학살과 항쟁의 이중적 충격은 운동의 급진화를 한층 촉발했다. 학살정권의 공안세력은 정통성 없는 정권의 안정을 위하여 당시로서는 유일한 도전세력인 청년학생들에 대해 사건을 조작해 가며 가혹한 탄압을 자행했다. 10·26사건과 신군부의 집권은 공안세력 내부에서 중앙정보부, 보안사, 경찰의 역학관계에도 일정한 변화를 초래하지 않을 수 없었다. 혼란스러운 시대 상황, 저항운동의 급진화, 그리고 공안세력 내부의 힘의 관계 변화 등이 맞물리면서 전두환의 제5공화국은 벽두부터 공안사건의 홍수에 빠지게 되었다.

2. 1980년대의 상황: 공안사건 빈발의 배경

1) 시대배경

유신체제의 종말은 필연적이었지만, 그 전개과정은 누구도 예상하지 못한 극적인 것이었다. 10·26사건 이후의 사태 진전은 1960년 4월혁명의 전개과정보다 대중들에게 더 깊은 불안감을 준 것으로 보인다. 이승만은 살아서 대중들의 박수를 받으며 권좌에서 내려왔지만, 10·26사건 당시 대중들은 18년간 철권통치를 했던 박정희의 갑작스런 부재에 충격과 불안에 빠져 버렸다. 부마항쟁에서 극적으로 증명되었듯이 박정희 정권 말기의 반유신투쟁은 전폭적인 대중적 지지를 받았던 반면, 1980년 '서울의 봄' 당시 학생들의 시위에 대해 대중들은 동참하지 않고 불안한 눈길로 바라볼 뿐이었다.

박정희 사후 공안세력은 공안세력대로 극도의 불안감에 빠져 있었다. 자신들이 만들어 낸 허상을 진실로 받아들인 공안세력들에게 김대중은 '빨갱이'였다. 1980년 봄에는 1987년 6월항쟁 때와 달리 사북항쟁 등 노동쟁의가 학생시위가 발생하기 전에 먼저 터져 올랐다. 항쟁의 양상은 이전의 노동쟁의와는 비교가 되지 않을 정도로 격렬했다. 남북 간 국력 격차가 수십 배 나는 지금도 북에 대해 엄청난 불안감을 실제 갖고 있고 또 사회적으로도 이를 부추기는 공안세력은 남북 간의 국력격차가 크지 않았던 당시에는 북이 박정희의 갑작스러운 죽음으로 인한 혼란을 틈타 남침을 하지 않을까 하는 우려를 나름 갖고 있었고, 자신들의 우려를 사회로 확대하여 전파했다.

광주는 시민들에게나 공안세력에게나 양쪽 모두에 감당하기 힘든 충격을 안겨 주었다. 대중들에게는 대한민국 국군이 국민들을 학살한다는 것이 충격이었지만, 신군부나 공안세력에게는 부마항쟁 당시 공수부대가 출동하자 15분 만에 해산된 오합지졸인 시위대가 계엄군을 향해 무장투쟁을 전개했다는 것 역시 너무나 충격적인 일이었다. 1979년 남민전 사건 당시 일부 성원들이 활동자금을 마련하기 위해 과도를 들고 재벌회장 집에 침입한 사건을 두고 한국전쟁 후 최초의 무장투쟁이라고 하는 농담이 있을 정도로 당시까지 한국의 저항운동은 기껏해야 짱돌을 드는 것이 고작이었다. 이런 상황에서 광주시민들이 예비군 무기고를 깨고 자체무장을 하면서 시민군을 조직하자 신군부와 공안세력은 이들을 간첩 또는 불순분자의 배후 조종을 받는 '폭도'로 호도했다.[1]

광주학살로 전권을 장악한 전두환은 허수아비 최규하를 끌어내고 자신이 대통령 자리에 올랐다. 신군부 일당은 자신들이 저지른 학살을 호도하기 위해 김대중 내란음모 사건을 조작하여 광주항쟁이 김대중의 선동 때문에 일어난 것으로 몰고 갔다. 광주항쟁의 발생원인이 간첩이나 불순분자의 선동에서 김대중의 선동으로 바뀐 것이다. 저들은 김대중을 죽이고 싶었지만 실제 내란을 일으킨 것이 아닌 내란음모죄의 최고형은 사형이 아니라 무기징역이었다. 저들은 김대중을 사형시키기 위해 그가 한민통이라는 '반국가단체'의 수괴라는 점을 부각시켰다. 국가권력이 총체적으로 김대중을 빨갱이로 몰아 죽이려던 분위기는 공안세력으로 하여금 대대적인 빨갱이 사냥에 나서게 만드는 동인이 되었다.

2) 운동주체의 변화

한국의 민주화운동사에서 광주는 기원전과 기원후를 가르는 분기점과 같은 의미를 띨 정도로 충격적인 사건이었다. 광주에서의, 특히 마지막 날 5월 27일 도청에서의 장엄한 패배는 그날 죽지 못한

---

1) 광주항쟁 직후 정부가 뿌린 <광주사태의 진상 ─ 이런 비극이 다시는 없기를>이라는 일자미상, 발행처 미상의 62쪽짜리 소책자에는 이렇게 기술되어 있다. "특히 일부 불순분자들에 의해 저질러진 난동행위까지 계엄군에 전가시켜 이에 자극받은 일반시민들도 시위에 가세하였고 여기에 고첩(고정간첩-인용자) 등 용공불순세력들이 시위군중들 틈에 끼어 '방송국을 불살라버려야 한다', '계엄군의 통신지휘부가 저 속에 있다'는 등 선동적인 구호를 외치며 방송국을 비롯한 공공건물의 방화를 종용, 마침내 시위군중을 폭도로 만들어버렸다."(18~19쪽); 한편 서울시경은 광주사태를 무장폭동으로 유도하고 반정부선전 및 선동을 위해 남파된 북괴 간첩 이창룡(홍종수)을 검거했다고 발표했다. <조선일보>, 1980년 5월 25일자. 그러나 홍종수가 북을 떠난 것은 1980년 5월 11일로 5·18항쟁이 발발하기 일주일 전이었다. 육군본부, <대공판단 (1981년도)>, 1981년, 93쪽. 어떻게 발발하지도 않은 '광주사태'를 무장폭동으로 유도하는 사명을 부여받을 수 있을까? 신군부가 광주항쟁의 본질을 어떻게 왜곡하였는지를 잘 보여 주는 사례이다. 홍종수는 이후 치안본부 외곽단체에 근무하면서 함주명 사건 등 조작간첩사건에서 경찰 측 증인으로 나와 사건의 조작에 깊이 간여했다.

모든 사람들에게 '살아남은 자의 슬픔'을 남겼다. '살아남은 자의 슬픔'은 80년대 민주화운동의 원동력이었다. '살아남은 자의 슬픔'이란 새로운 DNA를 갖게 된 광주의 자식들은 운동의 이념에서도, 조직노선에서도, 투쟁 방식에서도 70년대와는 비교할 수 없을 정도로 급진화되고, 체계화되고, 과격해졌다. 유신독재의 엄혹한 탄압 속에서 '긴급조치 세대'들은 민중론의 영향을 받으며 선배들인 4·19세대나 6·3세대에 비해 이론적인 면에서 상당히 급진화되었다. 이제 80년대의 운동진영은 70년대와는 차원이 다르게 변모한 것이다. 70년대 말까지는 학생운동이 급진화되었다 하더라도 세미나에서 읽는 책이 종속이론이나 프랑크푸르트학파의 비판이론, 서구 마르크스주의 정도가 주종을 이루었다면, 80년대에는 마르크스, 엥겔스, 레닌, 스탈린, 마오저동 등의 사회주의 문헌이 '원전'이란 이름으로 읽히기 시작했다. 학살자 전두환은 같은 하늘 아래 살 수 없는 원수였고, 그 원수를 타도하는 데 도움이 되는 이론이라면 십 수 년 반공교육과 레드콤플렉스는 문제가 되지 않았다. 조직노선도 큰 변화를 겪었다. "70년대 최대의 조직사건으로 불리는 인혁당 재건위 사건은 당사자들이 그 어떤 형태의 조직도 만들려 하지 않았음에도 불구하고 반국가단체로 조작된 것이었다면, 80년대에는 급진적인 청년학생이나 노동자들이 혁명의 참모부인 지하당을 만들기 위해 동분서주했다."2) 보다 극적인 변화는 투쟁노선에서 나타났다. 뒤에서 자세히 살펴보겠지만, 이른바 '무학논쟁(무림-학림 논쟁)'에서 서울대 내의 학생운동진영을 조직적으로 장악하고 있던 '무림' 진영은 당면투쟁

---

2) 한홍구, <죽음의 자각>

을 회피한다는 '학림' 진영의 거센 비판을 받으며, 학내운동의 주도권을 상실하게 된다.

인권외교를 표방하며 민주주의를 부르짖던 미국이 학살자 전두환의 손을 들어 주었다는 사실은 광주 시민에게, 그리고 청년학생들에게 엄청난 충격으로 작용했다. 미국 항공모함 코럴시호가 부산에 입항했을 때 환호했던 광주 시민들은 이 배가 한국에 온 진정한 이유가 전두환의 진압작전을 지원하기 위한 것이라는 사실에 쓰디쓴 눈물을 흘려야 했다. 한국전쟁 이후 수십 년간 반미의 무풍지대였던 한국은 갑자기 전 세계에서 가장 뜨거운 반미운동이 벌어지는 현장으로 급변했다. 미국에 대한 태도변화는 자연히 이북에 대한 태도변화로 이어졌다. 81~82년에는 85년 이후의 주사파와 같이 이념적으로 북쪽을 맹종하는 사람들이 운동진영 내에 출현했다고 볼 수는 없지만, 70년대에 비해 이북에 대한 관심도 증대되고 태도도 비적대적인 방향으로 변화했다. 1975년 사법살인의 피해자가 된 인혁당재건위 사건 관련자들의 경우 가장 중요한 혐의가 이북방송을 받아 적은 노트를 돌려 보았다는 것이었기 때문에 학생운동 진영 내에서 이북방송의 청취는 금기시되었다. 이런 태도는 80년대에 들어오면서 상당한 변화를 겪게 되었다. 특히 1980년 5월의 광주항쟁 기간 동안 국내의 신문과 방송이 사실보도조차 전혀 하지 않았기 때문에 광주 소식에 목마른 청년학생들 중에는 극히 일부이지만, 이북방송을 청취하는 사람들이 등장했다.3)

81~82년경 운동주체의 상황은 5공화국 후반기인 86~87년에 비하

---

3) <과거와 대화, 미래의 성찰> 4권(정치·사법편), 2007, 국가정보원 과거사건 진실규명을 통한 발전위원회 보고서(이하 <국정원 보고서 - 정치·사법편>으로 줄임), 437쪽.

면 아직 초보적이었지만, 이념적으로 단순한 반정부를 넘어 체제의 변혁을 목표로 하는 지하혁명조직이 나타나기 시작했다. 10·26사건 이전에는 남민전만이 공식적으로 혁명을 추구했다면, 광주를 겪으며 운동조직 내부에서는 확실히 혁명을 꿈꾸는 사람들이 빠른 속도로 세를 형성하기 시작한 것이다.

3) 공안기구 내부의 변화

한국은 중앙정보부, 보안사, 경찰의 대공·정보 분야, 검찰 공안부 등에 걸친 방대한 대공수사기구를 갖고 있다. 남과 북의 첨예한 대치 속에서 남과 북은 각각 상당한 숫자의 공작원을 상대지역에 잠입시켰다. 이런 상황에서 남과 북이 방대한 방첩기구를 보유하게 된 것은 분단이 비극이 낳은 피할 수 없는 결과였다. 분단이 고착화되기 이전인 1950년대에는 간첩의 침투가 상대적으로 용이했다. 1960년대에는 남측이 적발한 간첩의 절반 가까이가 휴전선이나 해안선으로 침투 중 사살당한 것으로 나타났지만, 여전히 아래 표와 같이 간첩이 많이 침투하고 있었다. 그런데 1970년대에 들어서는 북쪽의 대남간첩침투 공작이 극도로 위축되기 시작하여 북측이 침투시킨 간첩의 숫자는 1960년대에 침투시킨 간첩의 40퍼센트에 지나지 않게 되고, 1980년대에 침투시킨 간첩의 숫자는 70년대에 침투시킨 간첩 숫자의 절반으로 떨어져 버렸다.

시기별 간첩 검거 현황

구분	생포	사살	자수	계
1951~1959	1494	62	118	1674
1960~1969	825	762	99	1686
1970~1979	448	208	25	681
1980~1989	238	77	25	340
1990~1996	70	29	15	114
총계	3075	1138	282	4495

(출전: 〈국정원 보고서 - 학원·간첩편〉, 245쪽)

북쪽이 이와 같이 대남간첩침투에 소극적이 된 것은 간첩침투가 엄청난 고비용 저효율 사업이었기 때문이다. 한국전쟁 시기 월북한 남쪽 출신들은 한국사회가 경제발전을 시작한 1960년대 중반 이후에는 15년가량의 세월의 벽을 뛰어넘지 못해 자신들의 고향인 남한 사회에 안착하는 데 실패했다. 이에 북측은 "남한출신 공작원들에 의한 연고선 공작은 ▶ 연고자들의 자수 권유 ▶ 주민들의 신고 ▶ 공작원의 심경변화로 인한 자수 등으로 인해 공작성과를 거두지 못함에 따라 1975년경부터 연고선 공작을 지양"했다.[4] 북측은 잘 알려진 것처럼 1971년 7·4남북공동성명 발표 이후 대남공작원의 파견을 완전히 포기한 것은 아니지만 거의 중단했다. 1967년 이후에는 북쪽이 무장·비무장 대남공작원의 파견을 크게 늘렸는데, 7·4남북공동성명을 계기로 갑자기 공작원의 남파가 사실상 중단된 것이다. 간첩파견의 감소는 새로운 문제를 낳았다. 방첩 당국의 규모는 방대해졌는데 먹잇감이라 할 수 있는 간첩이 확 줄어든 것이다. 남쪽의 공안기구는 북에서 파견된 간첩의 숫자가 격감하자 간첩이나

4) 국군보안사령부, <대공30년사>, 1978, 428쪽.

'자생적 공산주의자'라 불리는 공안사범을 만들어 내기 시작했다.

박정희는 방대한 공안기구를 설치했을 뿐만 아니라 이들 공안기구를 서로 경쟁시켜 가며 체제를 유지했다. 1961년 박정희가 일으킨 5·16군사반란의 주체는 한국전쟁 발발 당시 육군본부 정보국에 근무하던 장교와 사병들이었다. 요컨대 5·16군사반란은 정보장교들이 일으킨 쿠데타였던 것이다. 박정희 정권의 종말 역시 정보기관의 과도한 경쟁과 상호 견제에서 시작되었다. 박정희의 비호 아래 청와대 경호실장 차지철은 육군헌병감 출신 이규광을 책임자로 하는 사설정보팀을 운영했다. 이들이 수집한 정보를 바탕으로 차지철은 중앙정보부장 김재규를 상대로 2인자 경쟁을 벌였다. 김재규가 차지철과 박정희를 쏘아 죽인 것은 정보기관의 과도한 경쟁의 파국적인 결과물이었다.

박정희 체제 하에서 최고의 권력을 휘두른 기관은 중앙정보부였다. 대통령령인 '정보 및 보안업무기획·조정규정'은 제7조 제1항에서 "정보수사기관이 정보사범 등의 내사·수사에 착수하거나 이를 검거한 때와 관할검찰기관(군검찰기관을 포함한다. 이하 같다)에 송치한 때에는 즉시 이를 국정원장(안기부장)에게 통보하여야 한다", 제8조 제1항의 "정보수사기관의 장은 주요 정보사범 등의 신병처리에 대하여 국정원장(안기부장)의 조정을 받아야 한다"라고 되어 있다. 중앙정보부는 이 규정을 바탕으로 안보수사조정권을 행사하면서 국가최고정보기관의 위상을 확보할 수 있었고, 다른 정보기관과의 권력 경쟁에서 우위를 점했다. 중앙정보부는 때로 보안사령부의 기를 꺾으려고 보안사에 대해 감사를 강화하여 애를 먹이기도 했다고 한다.5)

10·26사건은 중앙정보부의 수장이 대통령을 살해한 사건이었다.

국가최고정보기관으로 서슬이 푸른 권력을 행사했던 중앙정보부는 하루아침에 '역적' 기관이 되고 말았다. 반면 보안사령부는 사령관이었던 전두환이 권력을 장악하면서 최고 실세기관으로 급부상했다. 10·26사건으로 중앙정보부의 주요 간부들은 모두 보안사로 끌려가 혹독한 심문을 받아야 했다.6) 경찰도 70년대에 비해서는 그 힘이 상당히 강해졌다. 5공과 6공에 걸쳐 실세로 활약했던 박철언은 5공 시절에는 경찰의 영향력이 상당했다면서, 그 이유를 전두환의 형 전기환이 경찰 출신인 것에서 찾았다.7) 5공화국판 '형님 정치'였던 것이다.

70년대와 80년대에 대표적인 인권변호사로 활동했던 홍성우는 5공화국 초기에 "모든 대공관계 수사를 보안사령부가 맡게" 되었다면서 이렇게 지적했다.

> 사실 보안사령부가 정보기관으로서는 아마추어예요. 정보부가 훨씬 더 정교하게 치밀하게 하고 보안사는 도끼로 뭐 잡듯이 했지요. 수준도 그렇고 훨씬 격이 떨어져요. 거기가 권력의 중추가 되고 모든 수사의 실권을 장악하는 부서가 되니, 그들도 실적을 올려야 할 것 아니에요. 그런데 군에 무슨 간첩이 들어와야 실적을 올리지. 그러니까 안 되겠다고 해서 실적을 올리려고 이런 사건을 만들어 낸 것 같습니다. 수사는 보안사에서 전부 했어요. 민간인에 대한 수사권이 없으니까 명목상 수사관은 안기부 수사관이 수사한 걸로 되어 있을 거예요. 기록상 그렇게 나와요.8)

---

5) 박철언, <바른 역사를 위한 증언>1, 2005, 랜덤하우스 중앙, 93~94쪽.
6) 김충식, <남산의 부장들> 2, 1993, 동아일보사, 홍성우는 이때의 상황을 "보안사가 안기부를 완전히 접수해 버렸습니다"라고 표현했다. "그 후 정보부(5공에 들어와서는 국가안전기획부, 약칭 안기부)가 초토화되어 버렸어요. 보안사가 안기부를 완전히 접수해 버렸습니다. 안기부가 완전히 죄인취급을 받게 되었으니……." 홍성우, <인권변론 한 시대 ─홍성우 변호사의 증언>, 2011, 경인문화사, 370쪽.
7) 박철언, <바른 역사를 위한 증언>1, 226쪽.

81년과 82년의 공안사건을 보면 보안사의 경우도 사령부가 아닌 지방 보안대가, 경찰에서도 치안본부나 시경과 같은 중앙기관이 아니라 지방의 대공분실 또는 경찰서가 간첩사건이나 시국사건을 처리한 것을 볼 수 있다. 민주화운동에 깊숙이 간여했던 김정남은 당시의 경찰에 대하여 "치안본부 대공분실(남영동)은 최고지휘부가 되었고, 경찰국 대공분실은 경쟁적으로 빨갱이 사건을 조작했다. 서울에서는 세칭 학림사건이, 부산에서는 부림사건이, 대전에서는 한울회·아람회·금강회 사건이, 전주에서는 오송회사건이 만들어진 것"이라고 강조했다.9) 비단 경찰뿐이 아니라 안기부 청주분실의 송씨일가 조작간첩사건, 지방 보안대들이 즐겨 사건화한 각종 납북어부 조작간첩사건 등도 지방의 공안기관이 경쟁적으로 적발했다고 내세운 사건들이었다. 전두환 정권의 초기에는 어떤 의미에서 공안수사기관의 전국적 하향평준화가 이루어진 것이다. 하향평준화가 가능해진 데에는 몇 가지 이유가 있었다.

첫째, 광주학살로 집권한 전두환 정권이 정권의 안정을 위해 공안사건을 필요로 했기 때문이다. 정권차원에서는 1980년부터 '김대중 내란음모사건'을 조작해 냈다. 전두환 일당은 정국의 혼란을 틈타 집권했기 때문에 빨갱이의 적발과 제거는 전두환 정권의 존재이유를 국민들에게 납득시킬 수 있는 좋은 방법이었다.

둘째, 운동의 급진화에 따른 공안기관의 위기감과 사명감 증대는 전국에 산재한 하부공안기관까지도 빨갱이 사냥에 나서게 만들었다. 광주학살의 분노 속에서 청년학생들은 매우 과격하고 급진적인 용

---

8) 홍성우, <인권변론 한 시대 -홍성우 변호사의 증언>, 2011, 경인문화사, 371쪽.
9) 김정남, <진실, 광장에 서다 - 민주화운동 30년의 역정>, 2005, 창비, 419쪽.

어를 사용하게 되었고, 투쟁방식 또한 아주 과격해졌다. 1980년대 초반의 상황은 운동 주체의 측면에서 보면 운동의 급진화, 탄압하는 측면에서 보면 정권 안정과 민심 수습을 위해 공안사건을 필요로 한다는 점이 맞아떨어져 공안사건이 대규모로 발생하게 된 것이다.

셋째, 전두환 자신이 보안사령관 출신으로 공안사건에 깊은 관심을 보였다는 점이다. 베트남전에 참전했던 전두환은 남베트남정부의 붕괴과정에서 종교인이 수행한 역할을 보고 '용공종교세력'에 대해 대단히 경계심을 갖게 되었다고 한다. 전두환은 박철언에게 "해방신학이 우리나라에 도입된 시기, 이유, 주동자와 현재 상황에 대해 자세히 파악해 보고하라"고 지시하기도 했다. 이보다 앞서 전두환은 보안사령관 재직 시 박정희의 지시로 도시산업선교회의 실태를 직접 조사한 적이 있다고 한다. 당시 박정희는 대검찰청 공안부에 도시산업선교회에 대한 조사를 명했으나 "검찰이 이론무장이 제대로 되지 않아 실체파악을 하지 못했다는 것"이다.[10] 전두환은 보안사령관으로 중앙정보부장 서리를 겸하다가 대통령으로 직행한 셈이기 때문에 대통령 자리에 앉아서도 공안기관의 수장과도 같은 행태를 보였다. 한 예로 1985년의 구미유학생 사건 당시 전두환은 전남대생 강용주가 수차례 서울로 상경한 사실이 있는데 왜 서울 운동권과의 연계 여부에 대한 수사를 하지 않았냐고 지적했다는 등의 문서가 남아 있다. 이는 전두환이 개별 간첩사건에 대해 아주 상세한 보고를 받고, 내용을 완전히 파악하여 구체적인 문제점을 지적할 수 있었다는 것을 의미한다.[11]

---

10) 박철언, <바른 역사를 위한 증언>1, 78쪽.
11) <국정원 보고서 ─ 학원·간첩편>, 663쪽.

넷째, 최고권력자가 공안사건에 특별한 관심을 가졌을 때, 공안·정보기구는 생리상 자신들이 파악한 정보나 적발한 사건을 과장해서 보고하기 마련이다. 실제 수사를 진행하다 보면 처음에 올린 보고에 비해 그 실상은 별것 아닌 것으로 판명되는 경우가 종종 있을 수 있는데, 이미 청와대에 사건을 부풀려 거창하게 보고하였다면 권력의 생리상 사건의 진상을 있는 그대로 보고하기 어렵게 된다. 이 점은 안기부, 보안사, 경찰, 검찰 등 공안기구 상호 간의 경쟁이 치열했던 80년대 초반에는 특히 심했다고 할 수 있다. 부장의 박정희 살해사건으로 초토화되었던 중앙정보부는 국가안전기획부(안기부)로 이름을 바꾸고 난 직후인 1981년 3월 연세대생들이 교내에서 유인물을 뿌리다가 적발되자 검거된 학생들 중 일부가 이북방송을 들었고 유신정권 말기의 남민전 사건과 관련되어 수배되었던 사실을 확대하여 학내의 단순 유인물 사건을 '내란음모 사건'으로 뻥튀기하여 청와대에 보고하였다. 이 사건을 담당한 서울지검 공안부의 구상진 검사는 유인물 사건과 직접 관련이 없으며 사건의 수괴로 안기부에 의해 조작된 사람을 기소유예 하려 하다 안기부의 압력으로 사표를 써야 했다.12)

다섯째, 80년대 초반에 공안사건이 빈발하게 된 데에는 수사관, 해당 공안기관의 장이나 부서장, 사건 담당검사 등의 개인적인 승진욕, 권력욕, 출세욕이 주요하게 작동한 것으로 보인다. 80년대 초반은 정권차원에서 간첩사건, 공안사건이 많이 적발되기를 바라는 상

---

12) 이에 대한 자세한 설명은 <국정원 보고서 - 정치·사법편>, 431~443쪽; <연세대생 내란음모사건과 안보수사조정권 - 한홍구 교수가 쓰는 사법부, 회한과 오욕의 역사> 49회, <한겨레> 2010년 5월 3일자.

황이었는데, 이북에서는 이 시기에 공작원 남파에 적극적이지 않았다. 권력상층부에서의 수요는 있고, 공급은 달리고, 공안기관 간의 경쟁은 치열해진 상황에서 공안기관의 실무자들은 사건이 없으면 사건을 만들어내는 지경에까지 이르게 된 것이다. "사건을 만드는 사람에게는 일계급 특진 등의 특전"이 주어지기까지 했다고 한다.13) 사건을 적발하거나 만들어 내면 승진이 되거나 인사고과에서 가산점을 받았고, 그렇게 해서 승진한 동료들을 보고 나도 한 건 해야지 하고 생각하는 사람이 늘어 간 것이다. 특히 전두환이 권력을 장악해 가면서 국가보안법 위반자를 "인지하여 체포한 수사기관 또는 정보기관에 종사하는 자"에게 지급하는 상금이나 보로금의 상한액이 50만 원(1968년 개정된 반공법)에서 3천만 원(1980년 4월 8일 개정된 반공법 시행령)으로 크게 인상14)된 것은 수사기관원들에게 사명감과 위기감 이외에 국가보안법 사건을 적발하거나 만들어내고픈 또 다른 동인으로 작용했다.

여섯째, 사법부가 독립성을 완전히 상실하고 정권의 하수인이 되어 고문과 불법구금으로 조작해 낸 사건들을 모조리 받아 주었기 때문이다.15) 한국에서 간첩사건이 거의 사라진 것은 북의 대남공작 방침이 변하였기 때문이 아니라 한국사회가 민주화 과정에 들어서면서 사법부가 더 이상 고문과 조작을 용인할 수 없게 되었던 덕이다. 아람회사건 같은 백일잔치가 반국가단체가 된 것도 대법원이 2인 이

---

13) 김정남, <진실, 광장에 서다 – 민주화운동 30년의 역정>, 2005, 창비, 419쪽.

14) 법제처 국가법령정보센터(http://www.law.go.kr/main.html)에서 연혁법령으로 검색.

15) 권위주의 정권하에서 중앙정보부의 사법부 독립성 침해에 대한 상세한 설명은 <국정원 보고서 – 정치・사법편>과 <한겨레>에 2009년 5월 20일부터 2010년 6월 25일까지 1년간 연재된 <한홍구 교수가 쓰는 사법부, 회한과 오욕의 역사>를 살펴 볼 것.

상이면 단체로 인정했기 때문이고, 수많은 간첩이 국가기밀을 수집·탐지할 수 있었던 것은 대법원이 신문과 방송에 난 공지의 사실도 국가기밀이 될 수 있다는 판례를 남겼기 때문이다. 사법부가 바로 섰다면 저 수많은 공안조작사건은 절대로 일어날 수 없었을 것이다.

3. 1981~1982년 주요 공안사건의 검토

1) 무림사건

2) 학림사건

3) 부림사건

4) 한울회사건

5) 아람회사건

6) 횃불회사건

7) 오송회사건

8) 연세대생 내란음모 사건

9) 출판 탄압: 한울출판사 김종수, 지청사 김태경, 민중문화사 정진영

10) 80년대 초반의 간첩사건: 정춘상 사건, 김정인·석달윤 사건, 박동운 사건, 손유형 사건, 재미교포 홍선길 사건, 송씨일가 간첩단 사건, 황운용 사건 / 정영 사건, 차풍길 사건

4. 공안사건의 흐름 변화와 1981~1982년 사건의 성격

1) 박정희 정권 시기

한국현대사는 크고 작은 공안 조작사건으로 가득 차 있다. 1946년 5월의 조선정판사 위조지폐사건을 시작으로 1949년 5월의 국회 프락치사건, 1957년 11월의 근로인민당 재건사건, 1958년 1월의 진보당사건 등은 미군정과 이승만 정권 시기의 대표적인 공안사건이다. 박정희 정권하에서도 굵직굵직한 공안사건은 끊이지 않았다. 이 시기에는 '막걸리 반공법'이라 불리는 사건들 또한 빈발했으며, 간첩사건에서도 당국이 종종 사건을 무리하게 확대하여 억울한 피해자를 낳곤 했다. 60~70년대의 공안사건이나 막걸리 반공법 사건 중 의문사진상규명위원회, 진실화해를 위한 과거사정리위원회나 국정원, 국방부, 경찰 등에 설치되었던 과거사위원회를 통해 사건의 진상이 뒤늦게나마 밝혀진 사건은 빙산의 일각에 지나지 않는다. 그렇기 때문에 이 시기의 공안사건을 전체적으로 이야기하는 데는 무리가 따를 수밖에 없지만, 주요한 사건들을 중심으로 공안사건의 큰 흐름에 대해서는 짚어 볼 수 있을 것이다.

1960년대의 대표적인 공안사건 중 통일혁명당사건과 동백림사건의 경우 사건의 핵심 줄거리만을 놓고 본다면 완전한 조작이라고만 하기는 어려운 부분이 분명히 있다. 물론 정권이 이 사건들을 처리하면서 사건을 확대하고 정치적으로 이용한 것은 분명한 사실이고, 이 과정에서 이루 말할 수 없는 고문이 자행되었다. 제1차 인혁당사건이나 민족주의비교연구회사건(민비연사건) 같은 경우 혁신계 인사나 진보적인 학생운동을 탄압하기 위해 사건을 확대·조작한 것이 분명하지만, 이들 사건은 정권적 차원 내지는 최소한 중앙정보부 차원에서 조작된 것이다. 1960년대의 공안사건으로는 MBC 황용주 사장의 통일 관련 논문 필화사건, 경향신문 이준구 사장의 간첩혐의 구속사건16), 1969년 5월 여당인 민주공화당 소속 김규남 의원 등의 간첩사건17) 등을 빼놓을 수 없다. 이 사건의 피해자들을 보면 박정희와 대구사범 동창인 MBC방송 사장, 당시 3대 일간지로 꼽히던 경향신문 사장, 집권여당의 현역 국회의원과 같이 한국사회의 최고 위층에 속하는 사람들이었다. 이들 사건이 발생한 배경은 각각 다르지만, 중앙정보부의 칼날은 집권세력 내부 또는 언론사 사주 등과 같은 영향력 있는 인사들을 겨누고 있었다. 이런 공안사건이 발생하기 전에 중앙정보부가 주로 취급한 사건은 군을 주된 대상으로 한 '반혁명 사건'들이었다.

1970년대로 들어오면서 재일동포들이 간첩사건의 희생양이 되었다. 1972년의 유신 친위쿠데타로 집권세력 내부를 완전히 평정한 공안당국은 야당과 재야와 학생운동 진영을 주된 감시대상으로 삼았다. 1974년 4월의 민청학련사건은 박정희 정권이 중앙정보부를 사령탑으로 하여 공안조작사건 사상 가장 큰 그림을 그린 사례라 할 것이다. 박정희 정권은 학생들의 순수한 반정부 시위를 국외공산계열(일본공산당 당원이었던 기자 및 통역과의 만남), 국내의 자생적

---

16) 박정희 정권은 이준구 사장으로부터 경향신문을 탈취하기 위해 그에게 간첩혐의를 씌워 구속했다. 이준구가 1년 가까이 버티다 경향신문 강제매각에 동의하자 즉각 석방되었다. 이에 대한 자세한 설명은 <국정원보고서2 – 주요 의혹사건편 상> 61~91쪽을 참고할 것.
17) 김규남은 1972년 7월 13일 사형이 집행되었다. 그와 함께 기소된 케임브리지 대학 박사과정 박노수도 7월 28일 사형이 집행되었다.

공산주의자들(인혁당 재건위원회 관련자들), 국내 정치세력 및 재야 인사들과 연결된 것으로 몰아갔다. 유신정권은 국내외의 거센 비난 속에서 청년학생, 재야인사, 일본인 기자 등을 석방할 수밖에 없었지만 인혁당재건위 관련자들은 남베트남 정부 붕괴를 앞둔 안보위기를 틈타 1975년 4월 9일 새벽 대법원에서의 확정 판결 18시간 만에 전격적으로 사형을 집행하는 사법살인을 저질렀다.[18]

　　1976년 3월 1일 명동사건[19]은 단순히 3·1운동 기념미사에서 재야인사들이 성명서를 낭독한 것에 불과한 사건이지만, 박정희의 강력한 지시로 대형사건으로 비화되었다. 1977년의 민권일지 사건은 동아일보 해직기자들을 탄압한 사건이었다. 박정희 자신과 공안당국은 1970년대 후반 종교계가 민주화운동과 노동운동에 적극 개입하는 것에 골머리를 앓고 있었다. 1979년 4월 중앙정보부는 크리스천 아카데미의 간사들이 용공지하서클을 결성하여 활동한 것을 적발하여 이우재, 한명숙 등 7명을 반공법 위반으로 구속했다고 발표했다.[20] 1979년 8월 YH 여성노동자들이 신민당사 점거하여 농성을 벌인 사건이 발생하자, 박정희는 종교를 빙자한 불순단체와 세력이 산업체와 노동조합에 침투하여 노사분규를 선동하고 사회불안을 조성하고 있으니 그 실태를 철저히 조사 파악해 보고하라는 엄명을 내

---

18) 민청학련 사건과 인혁당 재건위사건에 대해서는 <국정원보고서2 - 주요 의혹사건편 상> 91~292쪽을 참고할 것.

19) 명동사건에 대해서는 이계창, <법정에서의 진실>, 1991, 가톨릭출판사; 3.1민주구국 선언관련자 지음, <새롭게 타오르는 3.1 민주구국선언>, 1998, 사계절; <3·1민주 구국선언 사건(명동사건) - 한홍구 교수가 쓰는 사법부 - 회한과 오욕의 역사>, 한겨레, 2009년 8월 24일자 등을 참고할 것.

20) 크리스천 아카데미 사건에 대해서는 <국정원보고서5 - 언론·노동편>, 300~316쪽을 참고할 것.

려 대검 공안부장 박준양을 반장으로 하는 '산업체 등에 대한 외부세력 침투실태 특별조사반'이 구성되어 조사를 벌였다.[21] 이들 사건들의 경우, 유신정권이 부당하게 사건화하거나 붉은 칠을 해 버린 것이지만, 당사자들은 뚜렷한 민주의식이나 노동자로서의 정체성을 갖고 체제비판적인 활동을 해 온 사람들인 것은 분명했다. 공안당국도 나름 명확한 표적을 겨냥했던 것이다.

박정희가 죽기 직전에 발표된 남민전사건은 여러 면에서 기존의 공안사건들과는 성격을 달리했다. 남민전의 지도자였던 이재문은 인혁당재건위사건 관련자이지만 검거를 피한 인물이었는데 동료들이 박정희 정권의 탄압을 피하기 위해 극도로 조심하고 조직의 형태를 일체 취하지 않았음에도 불구하고 반국가단체 결성으로 사형을 당하자, 차라리 적극적으로 박정희 정권에 맞서는 것으로 방향을 전환했다. 남민전(남조선민족해방전선)은 남민전과 민투(민주투쟁위원회)의 이중조직으로 되어 있는데, 남민전 관련자들은 김정남이 지적한 대로 "여러 측면에서 처음부터 민주화운동의 일반적인 양태와는 그 모습을 달리했다. 이재문은 남민전과 관련된 모든 문건을 지닌 채 검거되었기 때문에 공안당국은 "노다지를 캔 것이나 다름없었다."[22] 남민전사건 관련자 중 민주화운동 관련자로 심의를 신청한 33명 가운데 29명은 2006년 3월 민주화운동 관련자 명예회복 및 보상심의위원회(위원장 하경철)에 의해 민주화운동 관련자로 인정[23]을 받았는데 보수세력은 이에 대해 격렬히 반발했다. 남민전의 경우

21) <진실화해위원회 2008년 상반기 조사보고서 3권>, 93쪽.

22) 김정남, <진실, 광장에 서다 – 민주화운동 30년의 역정>, 268~269쪽.

23) <한겨레>, 2006년 3월 14일자.

실제 사회주의 혁명을 목표로 삼았고 이북과의 접촉을 기도했다는 점에서 통혁당을 제외한 과거의 공안사건과는 뚜렷하게 구분되는 것이었다. 남민전 사건은 곧 이어 발생한 10·26사건에 묻혀 더 이상 확대되지는 않았다. 인혁당 재건위 사건이 증거 없이 혁신계 인사들을 공산주의자라는 누명을 씌운 것이라면, 남민전 사건은 성원 중 일부는 공산주의를 신봉한다고 할 수 있는 확실한 물증을 남겼다.

2) 전두환 정권 초기(1980~1983년 유화조치 이전)

1980년 12월 11일 발생한 서울대 교내시위는 기존에 학생운동을 이끌어온 지도부가 5월 15일의 서울역회군에 대한 책임문제와 광주학살 이후 학생운동의 대응 방향을 두고 당면투쟁을 경시한다는 비판을 받으면서 시위를 준비한 것이었다. 공안당국은 이 시위에서 살포된 <반파쇼 학우투쟁선언>을 트집 잡아 학생운동을 뿌리째 뽑으려고 하였다. 12월 14일자 <조선일보>의 경우, 전체 8면 중 4면에 걸쳐 "서울대에 불온 유인물 – 폭력혁명 등 좌경내용", "유물변증법에 바탕 한 계급투쟁적 폭력혁명주장", "국가기관을 「명백한 적」으로 규정하고, '민중 혁명'과 '적을 섬멸할 것' 등은 투쟁 목표로" 등등의 자극적인 내용으로 학생시위를 비난했다.24) 이 유인물을 수사하는 과정에서 서울대 언더서클의 협의체가 드러나 9명이 구속되고 90여 명이 강제징집되었다. 공안당국은 이 사건을 '무림사건'이라 명명했다. 무림사건의 '무'는 안개 무(霧)이고 '림'은 동백림 사건에서 따온 것인데 이후 발생한 학림사건, 부림사건에서 돌림자처럼 쓰

---

24) <조선일보> 1980년 12월 14일자 1, 2, 3, 7면.

였다. 무림사건으로 서울대의 학회(이념서클)원 80여 명이 연행되어 수사를 받았는데, 계엄령하였기 때문에 합동수사본부가 구성되어 있어 보안사의 지휘 아래 인문대는 남영동 치안본부 대공분실, 사회대는 중앙정보부, 사대는 옥인동 시경 대공분실 등에서 각각 조사를 받았다.

무림사건으로 구속되거나 강제징집 당한 학생운동 주류세력이 과거 문리대의 한사(한국사회연구회)를 중심으로 한 여러 이념서클의 핵심 성원들이었다면, 이들을 비판하는 데 앞장선 집단은 각 대학의 연합서클인 아카데미(홍사단) 성원들을 중심으로 모였다. 이들은 1981년 2월 27일 전민학련을 결성하여 1981년 1학기의 시위를 주도했는데, 6월 10일부터 이태복, 이선근 등 핵심성원들이 검거되어 전민학련과 전민노련 관계자 30여 명이 구속되었다.[25] 이 사건을 흔히 학림사건이라 한다. 무림사건은 전두환의 미국방문과 계엄령 해제의 분위기를 타며 처음에 엄청나게 떠들썩하게 사건이 시작될 때 우려한 것과는 달리 비교적 적은 인원이 구속되고 3학년 이하의 관련자들은 군에 입대하는 것으로 마무리되었다. 반면, 학림사건의 경우 강령과 규약을 갖춘 전민학련은 반국가단체로 규정되어 관련자들이 무거운 형을 받았다.

전두환 정권은 광주학살로 인한 정권의 이미지 실추를 만회하기 위해 1988년 올림픽 유치 경쟁에 나서게 되었는데, 반공법을 그대로 두고서는 사회주의 국가로부터 절대 지지를 받을 수 없기 때문에 반공법을 폐지하고 그 주된 내용을 국가보안법으로 옮기게 되었다. 유

---

25) 학림사건에 대한 관변기록으로는 <공안자료(제1집) − 좌익사건실록 제13권>, 1984, 대검찰청이 있다.

신체제하에서 저항세력을 단속할 때 전가의 보도로 사용되던 긴급조치는 박정희의 죽음과 함께 이미 해제되었기 때문에 국가보안법은 이제 민주화운동을 탄압하는 가장 중요한 수단으로 등장했다. 1970년대 후반 이래 급진적 성격을 더해 가던 민주화운동은 광주학살 이후 1981년 6월의 학림사건과 1982년 3월의 부산미문화원방화사건을 거치면서 70년대와는 확연히 다른 모습을 띠게 되었다. 이에 학살정권도 주저 없이 국가보안법을 휘두르기 시작하면서 시국사건의 공안사건화는 새로운 추세로 자리 잡았다.

광주학살 이후의 시기는 간첩사건에서도 새로운 양상이 나타나기 시작했다. 김재규 사건으로 집권세력 내부에서 '역적 기관'으로 위상이 실추된 중앙정보부는 북의 대남사업부서에서 고위직에 있다가 역공작에 걸려 남쪽으로 오게 된 '도원 1호'가 제공한 정보를 토대로 남쪽의 간첩조직 적발에 나섰다. 도원 1호의 정보를 토대로 수사했다는 정춘상 사건에서는 소련제 기관총과 실탄이 발견되었다.[26] 이런 성과를 거뒀기 때문에 중앙정보부 내에서는 도원 1호의 정보를 100퍼센트 신뢰하는 분위기가 형성되었다고 한다.[27] 도원 1호의 정보를 토대로 수사가 진행된 주요한 간첩사건은 전남 진도를 중심으로 한 김정인·석달윤 사건(1980년 10월), 역시 진도를 중심으로 한 박동운 일가 사건(1981년 3월), 서울과 충북을 무대로 한 송씨일가 간첩단 사건(1982년 3월) 등이 있다. 이들 사건들은 모두 국정원 과거사위, 진실화해위원회 등의 조사에서 고문과 불법 구금에 의해

---

26) <조선일보> 1980년 10월 20일자; 정춘상의 동생 정길상과의 인터뷰, 2011년 2월 22일 카페 코. 정춘상은 이 사건으로 사형이 집행되었고, 정길상은 7년간 복역했다.
27) <국정원 보고서 - 학원·간첩편>, 335쪽.

조작된 것으로 판명되었고 재심에서도 무죄판결을 받았다. 재일동포와 납북어부들 역시 공안당국에 의해 손쉽게 간첩으로 조작되었다. 재일동포 간첩사건은 흔히 보안사가 주로 한 것으로 알려져 있지만, 중앙정보부-안기부나 대공경찰도 많이 다루었다. 단, 납북어부의 경우 중앙정보부-안기부가 조사한 것은 강화 미법도의 황용운 사건(1982년 6월)과 역시 미법도의 정영(1983년 11월) 사건 등 2건만이 있는데, 그 내용을 살펴보면 안기부는 이 사건을 납북어부 사건으로 다뤘다기보다는 월북자 가족사건으로 다뤘음을 알 수 있다.[28] 지방의 말단 공안기관까지 나서서 무고한 시민들을 마구잡이로 간첩으로 만들어 가는 난장판 속에서 안기부가 나름 국가최고정보기관으로서의 자존심(?)을 지킨 대목일지도 모른다.

한울회, 아람회, 횃불회, 오송회, 금강회 등 사건은 지방의 대공경찰이 공안사건이 빈발하는 현실 속에서 우연히 적발되거나 신고된 사건을 크게 키운 사례라고 할 수 있다. 사건들이 비슷한 시기에 발생했다는 점에서 어떤 기획의도가 있었던 것은 아닌가 의심해 볼 수도 있지만 이런 의심을 뒷받침할 만한 어떤 증거도 없다. 사건의 수사착수 경위나 전개과정을 볼 때, 개별적인 사건이 당시의 특수한 분위기 속에서 연속적으로 일어난 것으로 봄이 타당할 것이다.

같은 시기의 조작간첩 사건 피해자들과 비교해 볼 때 무림, 학림, 부림 사건 관련자들은 확실하게 학생운동에서 중심적인 활동을 하던 사람들이었고, 한울회, 아람회, 횃불회, 오송회, 금강회, 대학생불교연합회 사건 등 관련자들도 상당한 수준의 비판의식과 정치의식

---

28) <국정원 보고서 - 학원·간첩편>, 467~550쪽.

을 갖고 있던 사람들이었다. 광주 이후의 분위기는 학살 정권으로 하여금 조금이라도 비판적인 정치의식을 갖고 있는 사람들을 모두 적대시하게 만들었다고 할 수 있다. 광주가 남긴 '살아남은 자의 슬픔'을 공유하면서 1970년대에는 흩어져 있는 점이나 가느다란 선에 불과했던 민주화운동은 1980년대 초반에는 아직 입체적이라고까지는 말할 수 없어도 최소한 선에서 면으로 저변이 확대되었다고 할 수 있다. 이와 같은 변화는 공안당국에게는 당혹스러운 일이었다. 한울회, 아람회, 햇불회, 오송회, 금강회 등 사건의 당사자들에게는 날벼락 같은 일이었겠지만, 평범한 시민들은 일상적인 활동에조차 위협을 느낄 만큼 정권은 반민중적인 성격을 띠고 있었기에 이런 사건의 발생은 역사의 큰 흐름을 반영한 것이었다.

광주에서의 장엄한 패배는 끝내 위대하게 부활하였지만, 1981년과 1982년의 한국사회는 아직 민주화운동이 전열을 재정비하여 본격적으로 군사독재와 맞서지 못한 시기였다. 1983년부터 민중들의 반격이 본격화되면서 학살정권은 한 발 물러서 1983년 말부터 일련의 유화조치를 취했다가 1984년 11월 대학생들의 민정당사 점거농성, 1985년 2·12 총선에서 양 김씨가 이끄는 신민당의 약진, 5월 23일의 서울 미문화원점거농성 등을 거치면서 8월 학원안정법 파동 등 다시 강경한 탄압으로 돌아섰다. 1970년대 후반 공안당국의 최대의 골칫거리였던 종교계의 진보세력이 운동진영 내에서 주변화되었다는 느낌이 있을 정도로 80년대 중반 이후의 저항운동은 이념적인 면에서 대단히 급진화되었고 투쟁의 면에서도 과거와는 비교할 수 없을 정도로 격렬해졌다. 1983년 이후에도 방대한 대간첩기구 는 여전히 재일동포, 납북어부, 일본 여행자, 월북자 가족들을 조작간첩사

건의 피해자로 삼았지만, 공안사건의 무게중심은 학생운동, 노동운
동, 재야의 정치운동으로 옮겨 갔다. 1970년대와 1980년대 중반까
지를 포함하여 거칠게 이야기한다면, 공안의 칼날이 군 내부 → 집
권세력 내부 → 야당 및 재야, 학생운동진영 → 재야운동 외곽의 일
반시민 → 급진화된 저항운동으로 옮겨 갔다고 할 수 있다.

여순사건 63주기, 부마민주항쟁 32주년 기념 민주연구단체협의회 2011 전국학술대회

정리: 연구소 여순사건위원회

    지난 10월 21일부터 22일까지, 이틀간 여수관광호텔에서는 '집단학살과 반국가단체조작사건'을 주제로 전국의 8개 민주연구단체들로 구성된 민주연구단체협의회 주최, 여수지역사회연구소와 민주주의사회연구소 공동 주관으로 100여 명이 참석한 가운데 「여순사건 63주기, 부마민주항쟁 32주년 기념」 전국학술대회가 열렸다.

    학술대회 제1일 10월 21일, 1주제에서는 '한국의 대표적인 집단학살의 진상규명'을 주제로, 2주제는 '1981년부터 82년에 이르는 반국가단체 공안조작사건'을 주제로 하는 발표와 토론이 이어졌다.

    특히 학술대회 제2일인 10월 22일은 최근 명품길 '금오도 비렁길'의 비경과 함께 여순사건과 한국전쟁 당시, 비극의 현장을 둘러보는 남면 금오도와 안도 일대의 현대사 답사도 진행되었다. 주요 내용은 다음과 같다.

학술대회 첫째 날 제1주제는 강정구 전 동국대 교수의 사회로 '한국의 대표적인 집단학살의 진상규명'을 주제로 여순사건과 대구10월사건, 제주4·3사건에 대한 진상규명 보고서에 대한 발제와 토론을 하였다.

1. 여순사건 진실규명 보고서에 대한 분석과 평가

허상수(성공회대 교수)

여순사건은 진실화해위원회가 '역사적으로 중요한 사건'으로 규정하여 직권조사 사건으로 의결했음에도 불구하고 신청인 중심으로 조사했다. 당시 조사관이 105쪽에 이르는 '여순사건 조사계획서'를 작성하였음에도 정작 조사는 직권조사가 아닌 신청인조사로 진행하여 단일한 역사적 사건을 15개의 지역별, 유형별의 개별적인 조사결과보고서로 작성하는 우를 범하였다. 사건발발 60여 년 만에 처음으로 정부기관의 공식적인 조사와 진실규명 결정이라는 성과에도 불구하고, 사건의 총체와 전체 피학살자 규모에 중대한 하자를 안게 되어, 여순사건의 전체적 조망의 역사적 기회는 멀어졌다고 분석했다. 또한 보고서는 미군의 군사적 개입을 지적하면서 미군사고문단의 행적과 관련한 미군과의 관계 및 그 역할에 대해서는 아무런 언급이 없음을 비판하고 있다. 결론적으로 조사가 피해추정인원의 1/10에 불과하고 진실규명 불능자가 다수를 이루고 있기에 추가조사와 재조사를 위해 새로운 특별법의 필요성을 제기하였다.

2. 대구10월사건 진실규명보고서에 대한 분석과 평가

이상율(4・9인혁열사계승사업회 연구실장)

대구10월사건은 6명의 신청에 불과하였으나, 조사관의 헌신적인 노력으로 피해지역을 대구뿐 아니라 신청지역 외 달성, 칠곡, 영천, 경주 등으로 확대하여 피학살자 60명을 진실규명하기에 이르렀다고 분석한다. 사건 발발 60여 년 만의 진실화해위원회의 조사와 피해자 현황조사가 이루어 낸 큰 성과는 국가가 공식적으로 피해자에 대한 진실규명사업을 진행했다는 것 이외에도 연구사료를 생산하였다는 점을 들어 이 조사 성과를 토대로 지역에서 사업과 연구를 계속 이어 가는 것이 매우 중요하다고 평가를 하고 있다.

3. 제주4・3사건 진상조사보고서에 대한 분석과 평가

김은희(제주4・3연구소 연구실장)

지난 2003년 제주4・3사건진상조사보고서가 확정된 지 8년이란 세월 동안, 4・3평화공원에는 평화와 인권의 교육장인 4・3평화기념관이 개관되고 4・3평화재단이 설립되었다. 또한 대통령의 사과와 함께 법 개정을 통해 추가 진상조사도 거듭하였으며, 정치권과 학계의 과거사 정리의 모범사례로 평가되기도 하였다. 그러나 특별법의 한계로 인해 책임자 처벌과 피해 유족들의 배보상 조항의 배제 및 미약한 조사 권한, 미군의 책임소재 불명 등은 제주4・3사건진상조사보고서가 완결이 아닌 새로운 시작이라는 분석을 하면서 향후 4・3평화재단의 역할에 유족과 도민들은 깊은 관심을 보인다고 하였다.

이어진 종합토론에서 강정구 교수는 한국의 대표적인 집단학살 사건의 토론 주제로 '사건과 미국과의 관계, 역대 정권의 시각에 따른 진상규명과 보고서의 차이, 대구 10월항쟁은 과연 내전인가?, 빨갱이라는 정체성, 특별법의 한계로 인해 책임자의 처벌과 배보상의 한계와 미흡한 진상규명으로 화해와 상생만을 강요 등을 설정하여 여순사건은 박종길 여수지역사회연구소 지역사문화위원장이, 대구10월사건은 이성번 10월항쟁유족회 사무처장이, 제주4·3사건은 노영기 조선대 강사가 각각의 사건과 공통 토론주제를 갖고 토론을 이어갔다.

학술대회 제2주제는 차성환 부산민주항쟁기념사업회 이사의 사회로 '1981~82년 반국가단체 공안조작사건'을 주제로 한홍구 교수의 '1981~82년 공안조작사건의 현재적 의미'의 기조발제와 함께 '부림사건, 전민학련·전민노련사건, 아람회사건, 금강회사건, 오송회사건, 햇불회사건'에 대한 발제와 토론을 하였는데, 특히 이른바 서울의 봄이었던 80년 서울역 회군이 토론의 화두가 되었으며, 또한 발제자 모두는 당시 사건의 고문피해 당사자이기도 하여 증언의 형태를 띤 현장감 있는 학술대회의 장을 연출하였다.

1. 기조 발제 −1981~82년 공안조작사건의 현재적 의미

한홍구(성공회대 교수)
한국의 현대사는 무수히 많은 공안사건으로 점철되어 있다. 1964년의 1차 인혁당사건, 1967년의 동백림사건, 1971년의 서승, 서준식

재일동포 형제간첩단사건, 1987년 12월의 KAL 858기 사건, 1992년의 중부지역당 사건이 그것이다. 이 사건들은 과연 우연히 발생한 것일까? 아니면 민주진영의 깊은 의구심처럼 중대한 정치일정을 앞두고 기획되고 준비된 것이었을까?

치열했던 광주의 장엄한 패배는 끝내 위대하게 부활하였지만, 1981년과 1982년의 한국사회는 아직 민주화운동이 본격적으로 군사독재와 맞서지 못한 시기였다. 1983년부터 전열을 정비한 민중들의 반격이 본격화되면서 잠시 한 발 물러섰던 학살정권은 1984년 11월 대학생들의 민정당사 점거농성, 1985년 2·12총선에서 신민당의 약진, 5월 23일의 서울 미문화원점거농성 등을 거치면서 다시 강경한 탄압으로 돌아섰다. 그러나 1970년대 후반 민주화운동의 주류였던 종교계의 진보세력이 운동진영 내에서 주변화되었다는 느낌이 있을 정도로 80년대 중반 이후의 저항운동은 이념적인 면에서, 투쟁적인 면에서도 과거와는 비교할 수 없을 정도로 격렬해졌다. 이에 따라 탄압의 대상도 1970년대와 1980년대 중반까지의 공안당국의 조작사건의 지형을 살펴보면, 군 내부 → 집권세력 내부 → 야당 및 재야, 학생운동진영 → 재야운동 외곽의 일반시민 → 급진화된 저항운동으로 옮겨 갔다고 의미를 부여하였다.

2. 1981~82년 반국가단체 공안조작사건의 증언과 발제

부림사건 / 고호석(거성중학교 교사)

1979년 10월, 부마항쟁을 좌익단체의 사주에 의해 일어난 것으로 조작하기 위해 이상록 등 수십 명의 재야인사와 학생들을 검거했다가 박정희의 갑작스런 죽음으로 인해 일단 석방을 하였으나, 전두환 신군부에 의해 부산지역의 민주화운동세력을 1981년 7월 ~ 1982년 4월까지 검거를 하여 조작해 낸 사건으로 부림사건은 '부산의 학림'이라는 뜻으로 공안당국이 마음대로 '부림'이라고 이름 붙여 총 20명이 구속되었다.

전민학련·전민노련사건에 관하여 / 이선근(경제민주화를위한민생연대 대표)

전두환 등의 신군부 집권 장악 저지를 위한 1980년 5월 이른바 서울의 봄으로 불리는 서울역 집회와 회군으로 인해, 서울대 운동권은 무림(霧林)과 학림(學林)의 논쟁과 갈등이 심화된다. 이에 운동노선과 학생과 노동자의 역할 정립을 하고자 전민노련(전국민주노동자연맹)은 통일적인 노동운동의 수행을 위해 80년 5월 6일 결성을 하고, 81년 2월 27일에는 광주시민의 민주항쟁을 유린하고 등장한 독재정권으로부터 학원의 자유와 사회의 민주화를 달성하고자 전민학련(전국민주학생연맹)이 결성되었다. 이를 계기로 치안본부 대공분실은 이들을 반국가단체로 조작하여 이태복 등 26명을 구속하고 수사를 받은 후 징집을 당한 학생은 수백 명에 이른다.

아람회사건 재심 무죄선고와 한국 민주주의 과제 / 박해전(사람일보 회장)

아람회사건은 1980년 5·18민중항쟁의 진실을 밝히고 전두환 심판을 촉구한 국가공무원 7명을 1981년 7월 중순, 영장도 없이 한 달여 동안 불법 감금한 채, 대전 보문산 대공분실 지하에서 살인적인

고문과 폭행을 가하여 반국가단체로 조작한 인권침해사건으로 서울
고법의 무죄선고와 진실화해위원회의 진실규명이 결정된 사건이다.

금강회사건 / 이영복(대전충남겨레하나 공동대표)

1981년 7월 말경부터 약 두 달 보름에 걸쳐 충남경찰청에 의해
공주사범대학 재학생 및 졸업생 등 정선원 외 60여 명을 불법 연행,
구금을 하고 고문과 폭행 등의 가혹행위로 이른바 공주사범대학 학
생간첩단 사건으로 날조된 '금강회 사건'을 조작하고, 이들을 국가
보안법, 반공법, 집시법, 계엄포고령 등 위반죄를 씌워 공주를 비롯
한 대전충남지역의 학생운동 및 반군사독재민주화 운동을 탄압한
사건이다. 특히 이 사건의 피해 당사자의 한 사람인 정선원은 여수
출신의 재원이어서 더욱 가슴을 아프게 하였다.

무죄 오송회사건 / 채규구(진포중학교 교사)

1982년 12월, 전북도경은 군산제일고등학교 전·현직 9명의 교사
들이 용공 서적을 탐독하고 북한 방송을 청취하며 학생들을 대상으
로 좌경의식화 교육을 하는 등 사회주의 국가 건설을 기도하고 반국가
단체를 이롭게 할 목적으로 '오송회(五松會)'라는 명칭의 단체를 구성
하였다고 발표하였다. 연루된 사람들이 대부분 현직 교사들이라는 점,
구속 교사 9명의 파면 외에도 일반인 등 수백 명을 조사하여 고정 간
첩단이나 일망타진한 것처럼 과장하여 발표한 공안조작사건이다.

햇불회사건의 진실 / 김 결(진보신당 광주시당 전 고문)

광주의 민주인사들이 5·18광주학살의 진실을 알리고자 미국 교

포신문인 "신한민보"를 입수하여 돌려본 혐의로 1982년 3월 23일 기종도 등 4명이 구속된 사건으로, 기종도는 이후 옥중 사망하였다. 1982년 5월 30일 광주 횃불회사건은 기종도의 '병상 유언문'에 의해 고문에 의한 조작 사건임이 밝혀졌다.

학술대회 제2일 현장답사

- 금오도 비렁길과 남면지역 현대사 -

학술대회 둘째 날은 '금오도 비렁길과 남면지역 현대사'를 주제로 현장답사를 진행하였다. 오전의 '금오도 비렁길 생태탐방'에 이어 오후에는 여순사건의 피해 지역이었던 남면 함구미와 송고, 여천마을에 대한 현장을 답사하고 이야포 미군폭격사건, 인민군 문선대와 나주부대 사건의 피해지역인 안도에 대한 현장답사가 이어졌다.

전라남도와 여수시가 지원하는 2010 섬마을 체험프로그램 사업을 진행했던 여수지역사회연구소 「주말에 만난 섬마을 사람들」 사업단은 그동안의 성과들을 세상과 공유하고자 그 첫 번째로 '하늘과 바다가 만나는 길 금오도 비렁길'을 소개했다. 금오도 비렁길은 여수시가 6억 원의 예산을 확보하여 함구미에서 해안선을 따라 직포까지 약 9km 구간 중 미개설되어 있는 870m를 개설하고 조망이 우수한 곳에 전망데크를 설치하는 등 전국에서 가장 아름다운 생태탐방로이다.

이렇게 아름다운 절경인 남면 지역에 여순사건과 한국전쟁의 참극이 있었는데, 당시 남면지역 피해의 유형은 여순사건 때에 백두산 호랑이로 악명을 떨친 진압군 5연대 김종원의 민간인 집단학살로 연도와 안도의 주민학살이 있으며, 한국전쟁 당시에는 나주경찰부대에 의한 안도와 금오도의 주민학살, 미군기에 의한 남면 두룩여(嶼) 어민 미군폭격사건과 남면 안도리 이야포 피난민 미군폭격사건이 있다.

역사 문화 관광

여수의 항일 운동사[1]

김병호(연구소 매영문화센터장)

Ⅰ. 여수의 3.1운동

1. 3.1운동 전의 사회·경제적 배경

3.1운동의 배경에는 민족적·정치적인 불만도 있었지만 사회·경제적인 사정의 악화도 크게 영향을 미쳤다. 여수는 다른 지역에 비하여 일본인 및 일본 자본이 빨리 침투하여 지역 경제를 장악하였으며 철도부지 조성과 시가지 매립 등에 농민들과 노동자들이 강제 동원되어 생존을 위협받고 있었다. 여수의 당시 상황을 분야별로 살펴보면 다음과 같다.

---

[1] 이 글은 『여수항일운동사』, 여수항일운동사편찬위원회, 2006을 요약하고 필자가 보완한 것임.

가. 농업

여수는 1911년 다카세(高瀬)농장이 세워져 총독부를 등에 업고 여수의 중소 지주 및 자작농과 소작농을 착취하였다. 이후 밭 1,000정보, 택지 30,000평, 건물 1,500평, 간척지 816정보, 항만매립지 100,000평의 대규모 농장으로 성장하였다. 이 농장에서는 3,000여 명의 소작인으로부터 매년 거둬들이는 쌀과 목화를 일본으로 가져갔다. 참고로 1928년『전라남도사정지(全羅南道事情誌)』에 의하면 농업 종사자의 구성은 지주 418호, 자작 52호, 자작 겸 소작 5,635호였다. 그 후의 자료들은 소작농이 급격히 늘어나는 것을 보여 주고 있어 1934년 4월 19일자『동아일보』는 여수의 농촌 사정을 두고 "소작농만 늘어가는 농업" 때문에 "금일의 농촌은 파멸 중"이라고 보도하고 있어 당시 농촌의 형편을 짐작케 한다.

한편 여수는 면화로 유명했는데 1914년 야마모토(山本)조면공장이 세워져 1911년에는 8,500근이었던 면화 생산량이 1921년에는 243만 6천 근, 1927년에는 500만 근으로 크게 늘어났다. 따라서 상당수의 농민들이 면화 재배에 종사하고 면화공장에 작업하면서 이본 자본에 점점 예속되는 결과를 불러왔다.

나. 수산업

여수는 일찍부터 일본의 영세 어민들이 이주하였는데 1903년부터 아이찌(愛知), 1918년에는 히로시마(廣島)의 어민들이 여수에 마을(식민어촌)을 형성하고 정착하였으며 이들이 차차 여수의 어업을 장악하였다. 특히 스키사요 시노부(政吉信)가 세운 전남수산주시회사는 여수의 어획물 판매권을 독점하며 어시장을 통제하였다. 1936년에는 여수 어업조합에게 위판권을 주어 통제를 완화하는 듯하였으나 실제로는 이 조합을 통하여 오히려 통제가 강화되었다. 이를 거부하면 입항이 금지되어 어민들의 생활도 날로 어려워졌다.

다. 공업

1920년대까지의 공업은 정미업, 수산물가공업, 철공업, 양조업 등을 꼽을 수 있으나 대부분 가내수공업의 수준에 머물고 있었으나 점차 항만과 철도 시설이 갖추어지면서 공업도 활기를 띠게 되어, 천일고무공장, 전남제빙, 거문도제빙, 여수전기, 여수조선철공주식회사, 미야자키조선소, 나카무라조선소 등이 설립되었다. 하지만 이들 공업은 일본인 및 소수의 한국인 자본가에 예속되어 있었으며, 한국인 노동자들의 처우는 열악하기 짝이 없었다.

이처럼 여수의 모든 산업 분야를 일본자본이 장악하였기 때문에 한국인 농민과 어민, 노동자들의 생활은 향상되지 못하였다. 그리하여 1930년대에 들어와서는 "불경기를 모르는 여수지방도 점점 미쳐오는 경제공황으로 생활 위험이 극도화하여 세금체납자가 격증……"2)하기에 이르렀으며, 철도부지 조성이나 시가지매립 과정에서 일본자본이 땅을 헐값에 강제로 사들여 사회적 문제를 일으키기도 하였다.

---

2) 『중외일보』, 1931년 6월 16일자

2. 3.1운동의 전개

　전남지방의 만세시위의 특징은 청년·학생층이 중심이 되었으며 격렬한 만세시위보다는 산상봉화시위, 산상만세시위, 선상만세시위 등이 어느 지역보다 광범위하게 이루어졌는데 이것은 조직적이지 못하고 산발적으로 이루어졌음을 뜻하는 것이다.

　여수에 독립 선언서가 전달된 것은 3월 3일이었다. 독립선언서는 서울의 천도교 총부에서 남원 교구를 통해 구례 교구로 다시 순천 교구소에 전달되었는데, 남원읍 천도교 교구장 대리인인 김종웅은 독립선언서 35장을 윤자환, 윤상윤, 강영무, 염현두, 문경홍 등에게 나눠 준다. 여수지역을 맡은 윤자환은 그날 밤 이 선언서를 해룡면 사무소와 여수경찰서의 게시판에 1장씩 붙이고 나머지 3장은 강석재에게 주며 그 내용을 읽어 보도록 하였다.3)

　윤자환이 여수경찰서 게시판에 독립선언서를 붙였다는 것은 대담한 행동이자 일제에 대한 엄중한 경고였으며, 이것이 여수 3.1운동의 단초였다고 할 수 있다.

　하지만 이 같은 활동이 즉각적으로 만세시위로 이어지지 못하였다. 여수의 3.1운동이 표면적으로 드러난 것은 4월에 들어와서다. 먼저 4월 1일 쌍봉·소라·율촌·남면·돌산·화정·삼산면에서 마을별로 만세시위와 야간 횃불시위, 선박을 이용한 해상시위 등이 있었음을 여러 문헌 자료를 통하여 알 수 있다.

　일제의 감시가 엄중한 상태에서 소규모라도 다발적으로 다양한

---

3) 「윤자환판결문」, 『독립운동사』3, 591쪽: 이 일로 윤자환은 보안법 위반으로 징역 6월의 옥고를 치렀다.

형태의 시위를 일으켰다는 점에서 중요한 의미를 부여할 수 있다.

그 후 11월까지 여수에서는 이렇다 할 만한 만세시위가 없었다. 그러던 중 서울에서 배제학당을 졸업하고 귀향한 유봉목(兪鳳穆)이 만세시위를 계획하였다.

유봉목은 9월 고향인 종포로 돌아와 여수수산학교 학생인 이선우(李善雨)를 찾아가 여수에서 만세운동이 부진하였던 것은 2천만 민족에게 수치이므로 늦었지마는 여수 사람들도 한국인으로서 의무를 다하자고 결의하였다. 유봉목은 12월 12일 밤 수산학교 기숙사에서 이선우, 김동렬, 김주옥, 유병옥, 유함사, 하재학 등을 만나 "조선독립만세를 외쳐 독립사상을 고취할 것과 거사의 시기가 결코 늦지 않음을 강조하고 거사를 통해 다른 군에 대해 면목을 세우자"며 설득하고, 12월 20일 여수장날을 이용하여 만세시위를 벌이기로 계획을 세웠다. 이를 위해 위친계(爲親契) 명의로 여수보통학교 및 수산학교 재학생과 졸업생 중에서 동지를 모집하기로 하여 종포에서 39명이 모이자 이선우는 모임의 취지를 설명하고 참석자들의 동의를 얻어 "20일 상오 10시 여수시장에서 유봉목의 피리소리를 신호로 하여 태극기를 흔들고 일제히 독립만세를 외칠 것, 태극기는 여수면 덕충리에서 만들 것" 등을 제안하였다.

그러나 거사 전날 덕충리 김여종의 집에서 태극기를 제작하던 중 일경에 적발되어 불발에 그치고 말았다. 이 사건에 대하여 총독부 기관지인 『매일신보』에서는, 「麗水學生妄動」이라는 기사를 실었다.

전라남도 려수보통학교와 간이수산학교의 생도 중에 불온한 계획이 잇서서 이십일 장날을 리용하야 독립운동을 △△하랴고 준비

중 이 사실이 십구일에 경찰서에 △△△바 되야 주모자 수 십명
을 체포하고 한국국기 일백이십개를 압수하얏더라

이후 유봉목과 이선우는 자신들이 모든 책임을 지고 옥고를 치렀
다. 이 사건은 대한민국임시정부에서 발행된『독립신문』1920년 2월
5일자에「麗水靑年의 奮起」라는 제목으로 기사가 실리기도 하였다.
여수에서의 만세시위는 계획이 일제의 감시와 사전 발각으로 인하
여 성과를 거두지는 못했지만 타지에서 3.1운동을 주도한 여수 출신
인물이 많아 이들의 활동 역시 여수의 3.1운동에 포함시켜 소개한다.
먼저 서울에서 3.1운동에 적극 참여한 인물로는 이형영(李亨永)
과 김백평(金栢枰)을 들 수 있다.
이형영은 당시 경성공업전문학교 부속 공업전습소 학생이었다. 2월
7일경 학우들을 모아 놓고 조선독립을 위해 학생들도 분발해야 하
며 앞으로 독립운동이 벌어질 것이라고 말하였다. 3월 1일 파고다공
원에서 독립선언이 있을 것이니 학생들도 참여하라고 적극 권유하
였다. 이에 공업전습소 학생들은 파고다공원에서의 독립선언 및 이
어진 만세시위에도 참여하였다.
그리고 그는 3월 4일 다시 학우들을 모아 놓고 거사를 계획하였
으며, 3월 3일의 남대문 역에서 벌어진 학생들의 만세를 주도하였
다. 이 날 남대문 역에서의 만세시위는 학생운동세력들의 치밀한 계
획하에 이루어졌으며, 이형영은 공업전습소의 대표로서 활약하다 일
경에 붙잡혀 옥고를 치렀다.4)
김백평은 당시 경성고등보통학교 4학년에 재학 중이던 그는, 중앙

---

4)『독립운동사자료집』5, (독립운동사편찬위원회, 1971), pp.13~74.

감리교회에 다니며 '민족대표 33인' 중 한 사람인 김창준 목사에게 많은 영향을 받았다.

2월 28일 밤 독립선언서 200장을 받아 비밀리에 학생들에게 나누어 주었다. 그리고 3월 1일 오후 2시 파고다공원에서 대한독립을 선언한다는 것을 알리고 학생들을 독려하여 200여 명의 선두에서 만세시위를 주도하였다. 이후 3월 5일까지 태극기를 들고 만세시위를 하다가 일경에 체포되어 옥고를 치렀다.5)

한편 광주에서 일어난 3.1운동의 만세시위에 참여한 여수 출신 인물도 여럿이다. 3월 10일 만세시위가 벌어지자 부동교 아래 장터에 군중과 숭일학교, 수피아여학교, 농업학교, 학생들이 모여 독립만세를 부르다 1백 명 이상이 경찰에 붙잡혀 재판에 회부되었는데 여수 출신으로는 수피아여학교의 윤형숙(일명 尹血女: 화양면 창무리), 숭일학교의 정두범(남면 우학리)과 김철주(율촌면 조화리), 일반인으로는 김순배(율촌면 조화리)가 있다.

윤형숙은 조옥희, 이봉금, 하영자 등과 더불어 주동적 역할을 맡았는데 그녀는 시위대의 선두에 서서 태극기를 들고 독립만세를 외치다가 경찰이 휘두른 칼에 왼팔이 잘라졌는데도 오른팔로 다시 태극기를 들고 시위를 계속하였다. 아울러 같은 학교의 강화선과 윤봉금도 만세시위에 앞장섰는데, 이들 역시 여수와 관련이 있다.6)

---

5) 「경성고등보통학교학생성행조서」, 『한국독립운동사자료집』15, 4쪽; 「김백평 신문조서」, 『한국독립운동사자료집』16, 241~247쪽; 「김백평 공판시말서」, 『독립유공자공훈록(김백평)』.

6) 강화선은 3.1운동으로 투옥되었던 남면 우학리의 정두범과 결혼하였으며, 이봉금은 남면 우학리교회에소 목회 활동을 하던 이경집 목사의 딸이다.

남면 우학리 학동에 있는 정두범 공적비

　정두범과 김철주는 최병준으로부터 독립선언서를 받아 북문통에서 학생들에게 나누어 주며 만세시위를 주도하였다. 김순배는 시장에서 독립만세를 외치는 시위대를 만나 합류하였다.

　여수 출신 배세동은 전북 김제군에서 3월 20일 장날에 군중에게 독립선언서와 태극기를 나누어 주며 만세를 주도하다가 일경에 체포되었다.

　김백평과 서울에서 만세시위를 주도한 인물로 김홍식을 들 수 있다. 호남 최초의 서양화가이기도 한 그는 경성제일고보 4학년에 재학 중이던 1919년, 3.1독립만세운동이 전개되자 이에 적극 참여하여 8촌간인 김백평과 학생들을 파고다 공원으로 인솔하는 등 학생 김홍식 역시 궐석재판을 받았다.

한편 3.1운동과 직접 관련은 없지만 1919년 고종이 승하하자 여수의 유림들 42명(여성 6명 포함)으로 조직된 백기통곡단(白旗痛哭團)을 조직하여 부산을 거쳐 상경하여 애도한 것도 의미가 있으며, 이로 말미암아 여수유림에 대한 평판이 달라졌다고 한다. 여수유림은 1926년 순종이 승하하였을 때에도 백기통곡단이 상경하였으며, 신양우는 평생토록 흰옷을 입고 흰갓을 쓰고 살았다. 이는 충군애국(忠君愛國)하던 여수유림들의 꼿꼿한 면모를 잘 보여 준 것이라 하겠다.

Ⅱ. 청년·학생 운동

1. 여수의 청년운동과 여수청년회

1920년대 여수의 주요 청년운동 단체로는 맞둡회, 여수청년회, 여수정구단, 여수기독청년회, 남면청년회, 여수정구단, 코스모스회, 미왕청년회, 백야리청년금주회, 맛치단, 화이면청년회, 돌산청년회, 여수독서회, 여수항기독장려청년회, 쌍봉청년회 등이 있었다.

이들 중 가장 먼저 설립되어 여수청년운동의 구심이 된 것이 여수청년회이다. 1920년 7월 여수향교에서 여수지방청년회라는 명칭으로 조직된 이 단체는 덕성함양, 지성계발, 체육발달을 목적으로 하고 여수주민들의 일상생활 개선과 민족의식 고취를 위하여 노력하였다.

다음으로 주목할 만한 것이 김백평을 중심으로 조직된 맞둡회이다. 3.1운동 당시 서울에서 활동하다가 자퇴하거나 퇴학당하여 고향에 내려온 학생들이 '서로 맞잡고 돕자'는 뜻으로 1921년 5월경 이 단체를 조직하였다. 회원으로는 회장 김백평, 총무 이상호(李祥昊)[7]를 비롯하여 곽우영, 국금남, 김수옥, 김정옥, 김찬식, 박상래, 이상회, 임정택, 장재후, 정봉효, 정수경, 한정태 등이었다.

맞돕회는 야학을 개설하여 한글을 가르치며 문맹퇴치와 더불어 항일사상을 고취시켰다. 그리고 재정 자립도를 높이기 위하여 이발소와 쌀가게를 운영하가도 하였다. 하지만 김백평이 독일로 유학을 떠나자 여수지방청년회로 흡수되었다. 맞돕회를 흡수한 여수지방청년회는 1922년 총회에서 새롭게 조직을 개편, 위원제로 임원을 선임하고 회관 건축과 노동 야학 증설을 결의하는 한편, 회명도 여수청년회로 개칭하였다. 여수청년회가 발전하면서 청년회관도 건립되었다. 청년교육운동을 하다 보니까 무엇보다도 그 보금자리인 회관이 아쉬웠기에 이의 건립을 꿈꾸던 차 구 시립도서관 자리(여수시 관문동 300번지)가 시가지 계획에 따라 그때까지 국유지이던 것을 불하하게 됨을 기화로 이를 매수하여 부지로 삼게 되었다. 그러나 이곳은 원래 덕지(德池)라는 4~500평 넓이의 소(沼)로서 종고산에서 성터를 타고 흘러내려 오는 물을 저장하는 곳이었다. 좌우에는 숲이 우거져 있었고 잉어 등이 살고 있었는데 속칭 「모좀들」로 불리는 근방의 들판(지금 우체국에서 중앙초등학교에 이르는 일대와 구 여수역으로 가는 들판)의 농사를 위한 관개용으로 가뭄에는 수문을 열곤 했었다.

---

7) 여수지역사회연구소 3대 이환희 이사장 부친으로 민족 차별을 한 중앙목욕탕 일본인 주인의 코뼈를 부러뜨린 일화로 유명하다.

한편 진남관 좌청이던 건물이며 그때는 우편국으로 쓰고 있던 옛 기와집을 뜯게 됨에 이를 인수하여 건축자재를 마련할 수 있었다. 그래서 청년회 회원들을 동원하여 일반의 성금을 모금하는 한편 스스로는 부모에게서 상속받은 전답을 팔아서 이 건립기금에 털어 넣었다.

그러면서도 회원들은 손수 지게를 지고 수레를 끌어 몸 공(功)으로써 이 소(沼)를 청년회관의 탄탄한 집터로써 흙을 파다가 매축하고 터 닦기에 열성을 다하여 오늘날 보는 바와 같이 훌륭한 회관을 마련하기에 이르렀다. 실로 남한에서는 민간인들의 손으로써 건립한 유일한 청년회관인 것이다. 현재 등록문화재 제34호이다.

1927년 효과적인 민족운동을 전개하기 위하여 좌우세력의 합작으로 신간회가 조직되었는데 여수의 경우 여수수산학교에 신간회 지회가 있었다고 하나 당시 기록은 보이지 않고 있다. 그러나 신간회의 자매단체인 근우회(槿友會) 여수지회가 설립된 것은 분명하다. 서울에서 파견된 심은숙의 지도로 여수여자청년회원들이 1929년 6월 6일 근우회 여수지회를 조직한 것이다. 근우회 여수지회는 원래 6월 13일 창립대회를 개최하였으나, 일경의 제지로 임원만 겨우 선출하였고 나머지 회무는 집행위원회에 위임하였다. 이날 장길연의 집에서 열린 집행위원회서는 조경자 등이 집행위원으로 선임되었으며, 회관 마련에 관한 건, 경북 기아 구제에 관한 건 등을 논의하였다.

2. 여수수산학교의 동맹 휴학

여수수산학교의 동맹휴학은 1923년 12부터 자질이 부족한 교장 하야시 유시로(林勇四郎)의 퇴진을 요구하면서 동맹휴교를 시작하였다. 이어 2년 뒤인 1925년 9월에 수시로 학생들을 때리며 욕설을 하던 교사 리자와 슌기치(李澤俊吉)가 8월 22일 통영에서 실습을 하고 온 학생들에게 다시 실습을 가라고 하였다. 그러자 2학년 학생들은 너무 피곤하여 가기 어렵다는 진정서를 교장에게 제출하였는데, 그 교사는 불온한 행동이라며 학생들을 일일이 불러 강제로 승낙을 받아 냈다. 그 과정에서 교복이 찢기고 구타를 당하는 등의 폭행이 있어 2학년 학생들은 교사의 비행을 열거하고 동맹휴교에 들어갔으며, 이어서 3학년 학생들도 동맹휴학에 참여했다.

학생들의 동맹휴학은 보통학교에서도 일어났다. 여수공립보통학교 교장 미찌이 세이키(通井精記)는 1928년 3, 4월 2부 학생 강봉선이 장난을 친다며 발로 차고 밟는 등 구타를 하였다. 그러자 학생들은 저렇게 무서운 교장에게 배울 수 없다며 이튿날부터 4학년 전원이 등교하지 않기로 하였다.

3. 광주학생운동과 여수

1919년 3.1운동 이후 학생운동은 민족운동의 일환으로 전국 각급 학교에서 조직되었던 비밀결사인 독서회의 조직을 통한 동맹휴학의 형태로 나타났다. 광주에서도 1926년 11월 3일 성진회(醒進會)가 조직되면서 비밀결사조직에 의한 조직적인 동맹휴학 투쟁이 본격적으로 전개되기 시작했다.

이 과정에서 여수 출신 여도현은 1929년 학교 당국의 처사에 불만을 품고 이른바 '교장실 파괴사건'을 일으켜 퇴학 처분을 받았다. 항일의식이 투철하였던 여도현은 광주학생운동이 일어난 바로 그해 부득이 학교를 떠나 고향인 여수로 내려왔다. 하지만 그는 광주학생운동이 일어나자 여수에서 시위를 선동하는 격문을 만들어 학생운동의 확산을 꾀하다가 일경에 체포되었다.

　이 같은 인물로는 김용환과 여운종을 들 수 있는데 이들은 일찍이 일제의 교육정책에 대하여 불만을 품고 있던 차에 1930년 1월 광주학생운동이 전국으로 퍼져 가는데도 유독 여수공립보통학교에서는 동조시위가 없는 것을 안타깝게 여겨, 1월 15일 광주향교에서 몰래 항일 격문 80장을 만들어 여수보통학교에 살포하다가 일경에 검거되었다. 당시 이들은 학생의 신분이 아니었다. 한편 1930년 1월 25일 여수수산학교를 압수 수색하여 이용기 등 7명의 학생을 검거 취조하였다. 이 일로 1학년 9명이 퇴학, 3명이 정학, 2학년 3명이 퇴학, 6명이 정학을 당했다. 여수 출신으로 광주에서 학생운동에 참여한 인물로는 광주고보의 노병주, 박종문, 광주농업학교의 조길룡, 광주사범학교의 곽찬신 등을 들 수 있다. 학생운동이 일어나자 노병주와 조길룡은 행동대를 지휘하였으며, 곽찬신은 시위운동의 선두에 섰다.

4. 여수수산학교 독서회사건

　광주학생운동 당시에는 여수수산학교 학생들이 적극적인 동조를 하지 못하였으나, 이 같은 저항정신이 바탕이 되어 1930년 11월부터 전교생이 동맹휴교에 참여하여 항일의식을 다시금 드높였다. 당시 이 학교의 일본인 교사가 수업 시간에 술을 마시고 들어와 한국인 학생들을 때리고 민족차별적인 언사를 하였다. 그러자 독서회를 통하여 항일의식을 배양하여 오던 학생들은 전교생이 함께 동맹휴교를 통한 항일 투쟁에 나섰다. 이때 학생들은 "(1) 민족차별을 철폐하라. (2) 한국인에게는 한국사를 가르쳐라. (3) 모국어 사용을 막지 말라."는 요구 조건을 내걸고 학교 당국에 맞서 투쟁하였다. 그런데 이 과정에서 비밀조직인 독서회가 발각되어 회원들이 일경에 검거되었다. 이 독서회는 1930년 졸업한 윤경현과 재학생인 이용기 등 항일사상이 투철한 14명이 중심이 되어 조직한 것이다. 이들은 이해 3월 여수 등대산8) 근처 윤경현의 하숙집에서 김양호, 백인렬, 오놀보, 정재석, 정학조, 조병호, 진자미 등과 만나 창립 취지를 설명하고 동의를 얻었으며, 며칠 후 종고산에서 이들 9명이 올라 독서회를 조직하고 윤경현을 회장으로 추대하였다. 이들은 주위의 의심을 받지 않도록 9명을 3조로 나누어 매주 1회 조별로 회합을 갖고, 각 조의 지도는 윤경현, 이용기, 백인렬이 맡도록 하였다. 그리고 매월 50전씩 회비를 모아 사회주의 서적을 사서 서로 돌려 읽기로 하였다. 이후 회원이 꾸준히 늘어나 5조로 나누어 회합을 가졌다고 한다.

한편 1936년 여수에서는 대대적인 독서회 검거 선풍이 있었으나 이것은 학생 조직이 아닌 사회주의계열의 청년조직으로 조금 성격을 달리하는 것이었다.

8) 등대산: 수정동 자산공원 동쪽 아래인 옛 구 등대를 말하며 일제강점기 때에는 등대가 있어 도다이마치라고 불렀다.

Ⅲ. 사회운동 · 농민운동 · 노동운동

1. 사회운동

가. 민중계몽운동

일제강점기의 사회운동은 비교적 설립이 쉬운 야학이나 서당을 세워 민중계몽운동에 나섰다. 일제강점기의 야학 중 상당수는 노동 야학이었는데, 이것은 반드시 노동자만을 대상으로 한 것이 아니었고 신분이나 계층, 연령에도 큰 제한이 없었다. 서당은 종래의 재래 서당, 즉 한문 위주로 가르치는 재래서당보다는 신지식 보급에 힘쓰는 개량서당이 대부분이었다. 1910년대 여수의 야학이나 서당에 대해서 자료가 충분치 않아 알 수 없으나, 1920~1930년대의 야학과 다음 표와 같은 것들이 찾아진다. 이 표에서도 알 수 있듯이 교회, 청년회, 자치단 등 단체에서는 주로 노동야학을 세우고 교회, 학교, 회관 등 기존의 건물을 사용했으며, 지역유지들은 주로 개량서당을 세우고 건물을 신축했던 것 같다.

여수지역에 설립된 야학 · 서당

명칭	설립자	설립시기	비고	출처
여자야학	여수기독교회	1921.8.2.	대상교사: 김정의, 오인실/ 학생: 60명	「동아」 1921
여수청년회 노동야학	여수청년회		장소: 청년회관/모집인원: 100명/ 연령: 만 12세 이상 남자/과목: 일어. 산술/수업료: 매월 10전	「동아」 1922
죽포노동야학 (돌산면)	죽포친목회		장소사립보통학교/교사: 김봉호, 김현우, 주정섭, 곽두현/: 학생: 60명	「동아」 1923

거문노동야학 (삼산면)	자치단	1923.12.	학생: 70명	「동아」 1924
노동야학 (여수면)		1924.5.4.	장소: 동정 동각	「시대」 1924
돌산청년회 노동야학 (돌산면)	돌산청년회	1924.12.	장소: 청년회관/학생: 남녀 80명/ 교사: 김준채	「동아」 1925
장천노동야학 (율촌면)	장천리기독교회		후원: 김한성, 정봉재, 서정남, 서 정학, 이해○	「동아」 1925
복산리개량서당 (소라면)			교사: 이선우	「동아」 1922
백야도개량서당 (화정면)	유지	1922.10.	학생: 50여 명/ 기본금: 3,000여 원	「동아」 1923
여자도개량서당 (화정면)	유지		학생: 60여 명/ 기본금: 2,000여 원	
낭도리개량서당 (화정면)	강순익, 유환상, 신문휴	1922.11.	학생: 100여 명/ 기본금: 4,000여 원	「동아」 1923
적금도개량서당 (화정면)	유지		학생: 60여 명/ 기본금: 2,000여 원	「동아」 1923
나진리개량서당 (화양면)	김채두, 박준영	1922	학생: 40여 명	「동아」 1923
내각리개량서당				「동아」 1923
산수리개량서당 (율촌면)	위재량, 박중호, 위숙권, 위대진, 김여현, 양회서		기본금: 500원	「동아」 1923
손죽도개량서당 (율촌면)	이형진, 김태화		학생: 50여 명/ 기본금: 3,000여 원	「동아」 1923
취죽리개량서당, 신풍리개량서당 (율촌면)	김현보, 유재구		가본금: 1,000여 원	「동아」 1923
월산리개량서당 (율촌면)	정기주, 주현순, 최순모			「동아」 1923
조화리개량서당 (율촌면)	서기홍, 이해○, 박동석			「동아」 1923
초도개량서당 (삼산면)	이화인	1923.9.10	학생: 80명/기본금: 14,500원/ 사립보통학교 승격운동 중	「동아」 1924
율림리사립서당 (돌산면)	유정연	1932.2.10. (인가)		「조선중앙」 1934

위의 표 외에도 죽포사립보통학교, 연도사립보통학교, 백야도사립
보통학교, 손죽리사립보통학교 등이 주민들의 정성으로 개교를 했었다.

나. 읍장·면장 배척운동

1920년대 들어와서 여수군민들은 성숙된 시민의식과 민족의식을
바탕으로 행정 당국의 부당한 처사에 이의를 제기하며 시정을 요구
하는 운동에 나서게 되었는데, 그 대표적인 것이 부적합한 읍장, 면
장에 대한 배척운동이다. 즉, 면민들의 실생활에 직접적인 영향을
끼치는 면장을 면민들의 의사를 반영하여 선출하며, 면장이 부적합
한 인물이거나 부당한 행위를 했을 때는 그를 배척하는 운동을 펼쳤
던 것이다. 면장민선운동도 그 일환이었다. 먼저 면장민선운동은 소
라면에서 일어났다. 횡령사건으로 퇴직한 전임 면장의 후임자를 민
선으로 선출할 것을 당국에 청원했으나 받아들여지지 않고 관선 면
장이 부임하자 구장과 면협의원 16명이 동맹사직서를 제출하였다.
당국에서는 이들의 복직을 종용했으나 이들은 따르지 않았다. 이 사
건은 당시 사회에 큰 파장을 불러일으켰으니, 신문사설에도 대서특
필하였다.[9]

이어 1924년 5월 8일 남면에서도 면민대회를 열고, 지역 유지 김
광선 외 18명의 연서로 신망이 높은 안정혁을 면장에 임명해 달라
는 진정서를 여수군수에게 제출하였다. 하지만 당국에서 이 요구를
묵살하고 관선면장을 임명하자 다시 면민대회를 열고 7개항의 결의
문을 채택하고 구장과 면협의원들은 6월 23일 회의를 열려고 했으

---

9) 『동아일보』, 1923년 2월 24일자, 「면장의 민선운동」.

니 불참자가 많아 뜻을 이루지 못하고 이튿날 경찰 입회하에 남면면장 민선운동 위원부에서 위원회를 열고 관선면장을 성토하였다. 그 후 경찰의 위협과 구타에도 굴하지 않고 공문서 수취 거부 등으로 맞서서 저항을 하였다.

이 운동은 1929년 2월 율촌면, 1931년 8월 소라면, 1934년 여수읍장 배척운동으로 이어졌다. 이처럼 1920~1930년대에 격렬하게 전개된 여수의 읍장·면장배척운동은 강력한 일제의 경찰력과 행정력 때문에 소기의 성과를 거두지는 못하였다. 하지만 이 운동은 매우 뜻깊은 항일운동이며, 다른 지역에도 큰 영향을 끼쳐 일제 당국을 곤혹스럽게 만들었다는 점에서도 주목할 만하다.

2. 농민운동

일제강점기의 농민운동은 곧 민족의 생존권 투쟁이라 할 수 있다. 당시 소작인들은 80~90%에 이르는 고율의 소작료를 지주에게 지불했으며 지주가 부담해야 할 지세와 각종 공과금가지 떠안아야 하였다. 따라서 농민들은 이 같은 처지에서 벗어나기 위해서는 불합리한 제도를 개선하고 나아가 일제의 수탈적 식민지 농정에 항거하지 않을 수 없었기 때문에, 농민운동은 자연히 항일운동적 성격도 띠게 되었다.

1922년 말부터 여수지역에 소작인 단체가 속속 결성되기 시작하였으니, 여수군 율촌면소작인회(1922.11.), 삼일면노동공제회(1923.1.), 소라면소작인상조회(1923.1.), 쌍봉면소작인회(1923.2.) 등이 그것이다.

1923년 1월에는 여수군 율촌, 화양, 삼일, 소라, 쌍봉 등 5개면 소작인 천여 명이 모여 여수군소작인연합회를 결성하고, 지세를 미리 거둔 지주에게 돌려줄 것을 청구하며, 소작료를 4할 이내로 할 것을 결의하였다. 임원으로는 김병순(삼일면노농공제회 회장), 부회장 김익수, 총무 정영규 등이 선출되었다. 이후 여수에 이어 순천, 광양 등에서도 군 단위의 농민운동 연합체가 조직되었다. 2월 28일에는 여수, 순천, 광양, 보성의 농민단체들이 남선농민연맹회를 결성하고 소작료 4할 이내, 지세공과의 지주 부담 등을 결의하였다.

1924년에는 농민운동과 노동운동을 아우르는 연합조직인 전라노농연맹회가 창립되었다. 이 연맹회에서는 면단위로 소작인단체를 조직하고 그것을 다시 군단위로 연합하도록 하여 소작투쟁과 아울러 일제의 농정에 대항하는 항일운동을 꾸준히 전개하였다.

1925년 조선노농총동맹에서는 농민운동과 노동운동을 분리하였다.

여수지역의 구체적인 농민운동은 먼저 소라면에서 1923년 소작료 4할, 용주리에서 지주 김한승한테서 4할의 소작료를 실현시켰다. 그 후 여수의 지주들이 결성한 여수지주회와 여러 가지 사안을 놓고 갈등을 해소하기 위한 노력을 했으나 갈등은 쉽게 해결되지 못했다. 이러한 지주와 소작인 간의 갈등은 우리 민족 사이에 일어난 일이지만 일제가 지주 측을 비호하고 지원하는 일제의 농정이 빚어낸 구조적인 문제이기도 했다. 때로는 일본인 지주와도 마찰이 있었는데 여수의 경우 고뢰농장과 같은 대규모의 농업자본을 바탕으로 한국인 소작농들을 통제하고 착취하는 겨우 문제가 더욱 심각했다.

이처럼 지주의 황포는 물론 일제의 탄압까지 거세지자 농민들은 합법적인 수단에만 의지할 수 없게 되어 농민운동은 점차 비합법적인 양상을 띠게 되었다. 이것을 계기로 사회주의세력에서는 농민들을 포섭하여 더욱 조직적이고 투쟁적인 농민단체로 전환시키는데, 흔히 '적색' 또는 '혁명적' 농민조합이라고 부른다.

전남노농협의회에서는 광주와 여수, 나주, 담양, 보성 일대에서 '혁명적' 노동조합의 설립을 계획하던 중 일경에 발각되어 1932년 2월 이래 수백 명이 검거되고 133명이 검찰에 송치되었다. 1933년 5월 조선공산당재건전남동맹을 결성하고 '혁명적' 농민조합·노동조합의 조직에 나섰으나 가을에 여수와 광양의 조직이 발각되어 지도자들이 검거됨으로써 별다른 성과를 거두지는 못하였다.

3. 노동운동

여수지역 노동운동의 선구는 1924년 창립된 여수노농친목회를 들 수 있다. 노동자들의 조직이 없어 단결이 제대로 안된다고 생각한 노동자들은 1924년 4월 5일 창립총회를 열고 9개항의 구호를 결의하였으며, 임원을 선출했는데 회장에 유계준, 부회장 최석주, 총무 김운택 외 부장 5인 서기 2인 평의원 20인 등이었다.

이해 5월 1일 남면 연도의 주민들이 미근노동상조회(未槿勞動相助會)를 조직하기도 하였다. 오랫동안 소강상태를 보이던 이 지역의 노동운동이 활기를 띠게 된 것은 1929년에 3월 19일 여수노동조합의 창립부터라고 할 수 있다. 당시 신문 기사를 요약하면 다음과 같다.

> 여수군 유지청년들은 여수노동조합기성회를 만들고 19일 오전 10시부터 동정 우시장에서 창립대회를 개최하였는데 순노동자로만 562명이 가입하였다.

그 취지는 노동자의 생활 안정과 여수에 주재하는 노동자의 통
일 및 지방미풍을 보전함에 있다.
　　조합장에 박상래, 이사 김관평, 평의원 김한성, 유한수, 정재익,
이선명, 김여종, 김재성, 김봉완, 곽우연, 유봉목, 김학운, 김정평.

　이어 여수노동조합에서는 여수면 미평리에 첫 번째 지부를 설치
하였으며, 그 임원은 지부장 이백윤, 이사 김연두, 도감독, 박춘화,
평의원 여성욱 외 10인이었다.
　이해 4월 19일에는 어느 때인가 조직되었던 만성노동친목회의 정
기총회가 있었고, 5월 2일에는 율촌면 조화리에서 율촌면노동조합
이 결성되었다.
　이처럼 1929년은 여수지역의 노동운동이 활성화되는 해였는데,
동시에 여수에 몰려든 중국 천진에서 들어온 800명의 중국인 노동
자들 때문에 한국인 노동자들이 불안을 느끼게 된 해이기도 하였다.
　1929년에 조직된 노동단체들을 기반으로 하여 1930년대에는 동
맹파업도 자주 일어났다.
　1930년 11월에는 남조선철도주식회사 노동자 1,200명이 총파업
에 돌입했고, 같은 달 여수축항공사 청부자가 임금을 체불하고 손해
를 끼치자 1,900여 명 노동자들이 조직적인 동맹파업을 단행하였다.
　1931년 5월에는 율촌면 궁전간척공사 청부자(西松組)에서 노동
자 수백 명이 십장을 구타하고 동맹파업에 돌입하였다.
　1933년 2월에는 여수읍 덕충리의 일야정미소의 인부 40명이 파
업을 하였고, 8월에는 여수항운수조합 노동자들이 적립금 액수의 공
개와 일본인 감독자의 부정행위를 조사해 줄 것을 요구하였으나 회
사 측에서 오히려 김연홍 외 8명에게 직무불충실 등의 이유로 해고

명령을 내려 노동자들이 동맹파업을 하였다.

이 시기의 노동운동은 사회주의자들의 지도와 영향에 힘입은 바 컸다. 여수지역에서도 사회주의에 동조하는 학생, 청년과 지식인들을 중심으로 여러 가지 단체들이 조직되었다. 1930년대 여수의 중요 항일조직으로는 여수독서회, 여수사회과학연구회, 여수청년전위동맹, 그리고 여수적색노동조합 건설준비회, 조선공산당재건전남동맹 등이 있었다. 이들은 각 부문의 노동운동을 지도·지원하면서, 직접 노동 현장에 뛰어들어 노동자들의 의식화·조직화시켰으며, 이에 힘입어 여수의 노동운동은 "욱일승천의 세(勢)로 발전되어" 나갔다고 한다.10)

한편 여수 출신으로 타지에서 노동운동에 앞장선 인물도 있었으니, 삼산면 덕촌리 출신의 원정상, 원종상 형제가 그들이다. 원정상역시 사회주의사상에 관심이 있던 중 서울에서 원산노동연맹 집행위원장 김영식을 알게 되어 원산에서 노동운동을 벌였으며, 원종상도 형의 권유로 함께 동참하였다. 이들은 1929년 일어난 원산총파업의 핵심 인물로서 활동하였는데, 원산총파업은 일제강점기에 전개된 노동운동 중 가장 치열하고 대표적인 것이었다. 이들 형제는 이 사건으로 옥고를 치렀으며, 이후에는 고향인 덕촌리에서 야학운동을 벌이다 치안유지법 위반으로 다시 붙잡혀 복역하였고, 이후에는 청년운동 및 계몽운동에 투신하였다.

---

10) 『동아일보』, 1935년 6월 1일자, 「직업별 노조로 연구회 조직」.

Ⅳ. 신사참배반대운동

신사참배반대운동 중 여수지역과 관련된 인물은 강병담, 김순배, 손양원 등이다.

강병담 목사는 평양 숭실학교를 졸업하고 제주도에서 전도사로 있다가 여수군 남면 우학리교회 전도사를 지냈다. 이후 평양신학교를 졸업하고 순천군 해룡면 상삼리교회에 있었는데, 1940년 5월경 이 교회에서 10여 명의 교인에게 그리스도의 재림에 관한 설교를 하면서 "그리스도는 재림하여 지상에 평화로운 천국을 건설하고 만왕의 왕이 되어 세계 각국을 통치하는데, 신앙이 돈독한 자만 그 나라 백성이 될 수 있으니 신앙을 돈독히 하여 천국의 백성이 될 수 있도록 준비하지 않으면 안 된다"라며 말세사상을 전파하면서 일제를 비난하였다 하여 문제가 되었다. 즉 일제가 머지않아 패망할 것이라는 뜻으로 민족의식을 고취하였다는 것이다. 김순배 목사는 일찍이 3.1운동 때 투옥된 경력이 있었으며, 평양 숭실전문학교 문과와 평양신학교를 졸업하고 여수읍교회 목사로 부임하였다. 그 역시 평양신학교 재학 중 말세사상을 믿게 되어, 1939년 여수읍교회 교인 백여 명에게 "현재는 말세로서 그리스도의 재림이 가까웠으며 재림에 의하여 현존 세계는 멸망하고 그리스도는 지상에 천국을 건설하여 신자 및 불신자를 심판하는데, 신자만이 천국의 백성이 되고 불신자는 지옥에 빠진다. 그리고 재림은 언제 올지 예측할 수 없으므로 신앙을 돈독히 하여 재림에 의하여 건설되는 이 천국 백성이 되도록 준비하지 않으면 안 된다"는 뜻의 설교를 하여 일제의 탄압을 받게 된 것이다. 여수 출신은 아니지만 여수에서 목회 중 일제의 박해를 받은 기독교인도 있다. 그 대표적인 인물이 손양원과 이기풍이다. 손양원은 경남 함안 출신으로, 일찍이 칠원공립보통학교에 다니던 1915년 일제의 궁성요배를 거부하여 퇴학당했으며, 서울 중동중학교에 다닐 때에는 아버지가 3.1운동으로 투옥되자 다시 퇴학처분을 받았다. 이후 일본유학 중 기독교인이 된 그는 경남성경학원에 입학하여 1925년 졸업하였다. 이 무렵 초량교회의 주기철 목사와 교분을 나누었다. 1939년 평양신학교를 졸업하고 이듬해 7월 여수 나병원의 애양원교회 전도사가 된 그는 일제의 신사참배 강요에 끝까지 맞서며 일제의 폭정과 우상숭배를 비판하였다. 그 때문에 1940년 9월 일경에 연행되어 재판을 받고 옥고를 치르던 중 해방을 맞아 출옥하였다. 그는 여순사건 때 공산주의자들에게 두 아들이 살해되었으나 오히려 그 가해자를 용서하고 양아들을 삼은 일화로 유명하다.

이기풍 목사도 빼놓을 수 없다. 평남 평양 출신인 그는 1907년 평양신학교를 졸업하고 1928년 전라노회 소속 광주 북문안교회에 초대 목사가 되었으며. 이후 전남 순천과 고흥, 제주 등지에서 목회를 하다 1934년 70의 노구를 이끌고 여수군 남면 우학리로 자리를 옮겼다. 그는 돌산과 완도 등지에서 전도활동을 벌이던 중 1938년 일경에 검속되어 광주교도소로 압송되기 직전에 졸도하여 병보석으로 출감하였다. 하지만 그동안의 과로와 고문 등으로 건강을 해쳐 결국 1942년 6월 우학리 자택에서 세상을 떠났다. 이와 같은 순천노회 박해사건과 그에 따른 여수 지역 기독교인들의 수난은, 비록 그 자체가 직접적인 항일운동은 아니라 할지라도, 일제 황민화정책의 일환인 신사참배를 정면으로 거부하고, 나아가 일제가 머지않아 패망한다는 뜻을 담은 설교를 함으로써 결과적으로 민족의식을 고취시켰다는 점에서, 이것 역시 넓은 의미의 항일운동이라 할 수 있겠다.

여수시 박물관 건립을 위하여

정태균(연구소 연구부장)

여수세계박람회가 열리고 있는 올해, 다시 여수에 박물관 건립에 대한 논의가 뜨거워지고 있다. 그동안 박물관 건립의 필요성은 폭넓은 시민 공감대가 형성되어 왔고, 구체적인 계획을 세워 추진한 적도 있었으나 지방비 부담액 미확보, 특혜논란, 전시물 부족, 장소의 부적절성 등 여러 문제가 제기되어 확보되었던 국비까지 반납하는 등 여러 곡절을 겪어 왔다.

이후, 시민사회의 지속적인 건립추진 요구와 민선시장 5기 공약사항 등으로 박물관 건립에 대한 움직임이 재점화되어, 여수시는 지난 2011년 11월 여수시 중기지방재정계획에 반영하였고, 시민패널 여론조사를 통해 타당성 검토를 거쳐 현재 국비확보를 위한 중앙투융자심사를 진행 중인 것으로 확인되었다. 박물관 건립 예산은 국비지원이 절대적인 지방정부의 재정 형편상, 현재 여수시가 추진하고 있는 국비 확보를 위한 계획에 대해서는 충분히 이해한다. 그러나 과

거의 과오가 되풀이 될 수 있는 돌산청사 리모델링을 통해 대규모의 역사관을 갖춘 전라좌수영박물관 건립을 주요 골자로 추진하고 있는 점과 준비단계에서의 공동체 구성원간의 소통 부재에 대해 우려를 표하며, 우리 지역에 박물관이 반드시 건립되어야 한다는 당위성을 전제로 소견을 부분적으로나마 정리해 보았다.

본 글에서는 여수시 박물관 건립의 필요성을 확인하고, 현재까지의 추진상황과 발굴된 유물의 현황과 가치, 외지 유출 그리고 박물관 건립을 위한 제언을 통해 향후 다양한 논의의 장을 준비해 보고자 한다.

1. 여수시 박물관 건립의 필요성

여수시는 품격 있는 문화예술의 도시를 표방하고 있다. 그러나 현실적으로 문화 도시라 불릴 수 있는 기반 여건은 지극히 열악한 상태이다. 지역 문화수준의 척도를 알려면 박물관을 살펴보라는 말이 있듯이 그 지역의 전통문화가 얼마나 빼어났는지의 여부도 중요하지만, 조상으로부터 물려받은 유·무형의 자산을 얼마나 잘 가꾸고 있는지가 문화수준을 평가하는 중요한 척도가 되기에 현재 여수시의 현실이 더욱 안타깝게만 생각된다. 박물관 한 곳 없는 도시의 세계박람회는 대체 어떤 의미인가?

2012년 여수는 단순히 세계 박람회라는 지구촌 이벤트의 개념을 넘어 개최 도시의 철학과 미래의 모든 것을 보여 주는 단 한 번의 기회이다. 그러기에 여수의 인상, 그 자체대로 오랜 역사와 숨결을 압축 파일로 제공하는 곳이 바로 박물관이다.

박물관 건립은 여수에 산재한 문화적 자산과 가치에 대한 재조명을 통해, 지역민의 자긍심 고취 및 지역의 정체성을 구현하고, 지역 발전의 성장 동력으로 거듭나기 위해 꼭 필요한 것이다.

　여수시는 천혜의 자연환경과 온화한 기후 속에서 신석기 및 청동기시대부터 삼국시대를 거쳐 근·현대에 이르기까지 풍부한 역사·문화유산이 산재해 있다. 또한 청동기시대의 부를 상징하는 '옥'과 권력을 상징하는 '비파형 동검', 역사시대의 산물인 마한, 백제, 가야의 유물이 다량으로 출토된 지역이기도 하다.

　조선시대에는 순천, 고흥, 낙안, 광양 등 전라도 남동쪽 해안을 방어하는 수군의 본거지였으며, 임진왜란 당시에는 전라좌수영 함대가 경상도지역까지 출전하여 대승을 거둘 수 있게 한 삼도수군통제영 본영이었다. 전라좌수영이 폐영된 이후 여수는 목포, 마산과 함께 새로운 항구도시로 성장하게 되어 1949년에 시로 승격, 동년 여천군 설군, 1986년 여천시 승격 등 비약적으로 발전하였고, 1998년에 전국 최초로 주민발의에 의한 3여(여수시, 여천시, 여천군)가 통합되어 오늘에 이르고 있다.

　또한, 유네스코 세계자연유산 잠정목록에 등재된 중생대 백악기 공룡발자국 화석지와 백도 명승지 등 유려한 자연환경 속에 다양한 관광자원이 분포하고 있다.

　하지만 여수에는 역사와 문화를 체계적으로 보여 줄 수 있는 박물관이 없어 지역의 시민, 학생들이 문화탐방을 하기 위해 타 지역으로 나가는 실정이다. 더 심각한 것은 여수에서 출토된 소중한 유물이 수 천점에 이르고 있으나 전시하고 관리할 수 있는 박물관이 없어 외지로 반출되고 있어 귀중한 문화유산이 활용되지 못하고 있는 실정이다.

여수시와 성장 배경과 인구가 비슷한 목포시, 구 마산시에는 박물관과 미술관이 건립되어 운영된 지가 오래되었다. 2012여수세계박람회 개최지로서 박물관이 없다는 것은 도시 이미지 제고와 우리 지역민의 자긍심 저하, 지역민들의 타 지역으로의 문화탐방 현상, 향토자료 유출 등 문제점이 있다.

2. 여수시 박물관 건립 추진 상황

지난 민선 3기의 여수시는 '2010년 여수세계박람회 유치'라는 현안에 총력을 쏟고 있었으며, 박람회 유치 항목에 대표적인 문화기반시설 중의 하나로 박물관에 주목하였다. 그 당시 인구 30만의 도시에 박물관이 있어야 한다는 여론과 이미 타 지역의 지방자치단체에서는 지역을 특화하기 위하여 경쟁적으로 박물관 건립에 관심을 가졌던 분위기였기 때문에 토론회 등 활발한 논의가 전개되었다.

박물관은 역사와 문화유산을 체계적으로 발굴하고 수집하여 보존·전승하고, 전시와 사회교육 등을 통하여 역사를 배우는 학습공간이라는 분위기가 확산되면서 박람회 유치를 위한 명목으로 여수시를 중심으로 박물관 건립 계획이 수립되었다.

박물관 직제를 만들어 건립 기획, 국비 보조금 지원활동, 여수출토 유물조사, 향토자료 수집, 출토유물 도록 발간, 수장고 설치 등 박물관의 고유 업무를 수행하였다. 이를 위해서 구)여천군청 자리인 돌산청사를 리모델링하여 박물관을 건립코자 문화체육관광부로부터 국비 65억 원의 보조금을 확보하고, 시립박물관 건립 타당성조사,

기본계획 학술용역, 기본설계까지 완료하였다.

그러나 2006년 민선 4기에 들어서 박물관 건립에 대한 재검토 결과 당시 박물관 건립에 대한 시민공감대 미형성과 일부 반대 의견, 국비지원액 13억 원에 대한 지방비 부담액 31억 원을 확보하지 못하는 등의 사유로 사업을 포기하게 되었다. 아울러 시립박물관 건립사업에 따른 국비지원액 65억 중 교부된 5억 원을 제외한 60억 원의 국비 지원계획이 백지화되면서 여수시는 박물관 건립 지원에서 불이익을 받는 지방자치단체가 되었고 논의는 중단되었다.

이후, 2010년 여수지역사회연구소에서 개최한 민선 5기 당선자 초청 정책토론회에서부터 박물관 건립 문제가 다시 대두되었다.

재점화된 박물관 건립을 위해서는 지역의 문화와 정서를 대변해야 하기 때문에 여론 수렴과 공감대 형성을 시작으로 행정절차 이행 그리고 건립부지가 확보되어야 한다. 이를 위해서는 최소한 1년의 기간이 필요하다. 부지가 확보되어 있지 않으면 2~3년의 기간이 소요되고 부지 확보에 많은 예산이 있어야 한다. 박물관 건립비는 국비 지원이 가능하나 부지 확보에 소요되는 사업비는 국비 지원 대상이 아니다.

이러한 문제점이 있지만 박물관 건립은 민선 5기 시장 공약사항이고, 2012여수세계박람회 개최지 그리고 인구 30만의 도시, 우수한 관광자원과 찬란한 문화유산을 보유하고 있어 좋은 환경을 지닌 여수시에 박물관이 건립되어야 한다는 여론이 형성되어 가고 있는 듯하다.

민선 5기 출범과 함께 4,183명의 시민들로부터 가칭 '전라좌수영박물관 건립' 건의서가 접수되어 문화체육관광부에 제출된 바 있다. 이것은 박물관 건립에 대한 시민들의 공감대가 점차 형성되어 가고 있음을 입증해 주는 것이다.

여수시에서도 문화체육관광부를 방문하여 시의 계획과 시민들의 여론 등을 충분히 전달하였다.

박물관 건립을 위한 다양한 논의들이 이후 지속되어 폐교를 활용하여 농어촌 정서에 맞는 특화된 전시관 조성과 연구, 보존, 자료수집, 전시, 사회교육 등의 기능을 가진 역사박물관과 해양문화와 관련이 있는 테마박물관 등도 논의 중에 있다.

여수시 발굴 유물 특징과 외지 유출 현황

시대별	주요 특징
신석기시대	6000년 전 바다를 통해 일본과 중국 지역 교류를 알 수 있는 유물이 많이 출토되었으며, 발굴되지 않은 신석기시대의 유적이 30여 곳 이상이 분포되어 있다.
청동기 시대	현재 보고된 고인돌 중 세계에서 가장 큰 고인돌과 암각화가 새겨진 고인돌을 비롯한 다양한 형태의 고인돌이 있으며 권력의 상징인 비파형동검과 부의 상징인 옥(玉)이 우리나라에서 가장 많이 출토되었다.
마한 시대	주거지와 독특한 형태의 무덤에서 토기들이 출토되었다.
백제 시대	산성과 주거지, 무덤에서 많은 유물이 출토되었다. 중국과의 교류를 보여 주는 한나라 때의 동전인 오수전이 출토되어 여수가 동북아시아의 해상 교통의 요지임을 보여 주고 있다.
가야 시대	여수의 정체성을 보여 주는 소가야, 대가야계의 유물이 많이 출토되고 있으며, 아울러 가야가 일본과 교류를 했음을 보여 주는 철제 갑옷과 스에키 토기 같은 일본의 유물이 같이 출토되고 있다. 가야의 우륵이 작곡한 12곡 중 '달이'가 여수의 노래라는 것이 여수의 역사를 더욱 흥미롭게 한다.
신라 시대	산성과 와요지 등의 유적이 있고 토기류 등이 발굴되었다.
고려 시대	전체적으로 가장 적은 유물이 출토되고 있으나 청자와 분청사기가 출토되고 있으며 도요지가 있다. 고려가요 동동이 여수의 노래이다.
조선 시대	관방유적이 많고 임진왜란 관련 유물이 많다.
일제 강점기 시대	식민어촌과 강제 동원으로 만들어진 군사시설이 많이 남아 있다.
현대	여순사건을 중심으로 한 유적이 많다.

3. 발굴유물의 외지유출 현황

지금까지 여수시가 확보하고 있는 유물은 2006년 박물관 건립 중단 이후 구입한 향토자료(고문서, 호구단자, 준호구, 통문 등)와 민속자료 500점이 있고 외부에 유출되어 있는 유물이 2006년 박물관 중단 이전의 2,013점과 이후의 2,000여 점을 합하여 4,000점 이상이며 유물 유출 현황은 다음과 같다.

발굴유물 유출 현황 2004년까지

기관별	소계	종류
국립광주박물관	1,189	188
전남대 박물관	420	14
순천대 박물관	293	143
해군사관학교 박물관	61	25
성균관대 박물관	22	22
명지대건축문화연구소	17	16
목포대 박물관	11	9
총계	2,013	417

발굴유물 유출 현황 2005년 이후

기관별	소계
2005 여수 방답진성 (재)마한문화연구원	15
2006~2007 여수 화양지구 도로 개설공사 구간 내 마산 화동유적 (재)마한문화연구원	136
2007 여수 안도패총 국립광주박물관	458
2007 여수 석창성지 2차 발굴조사 (재)마한문화연구원	40
2007 여수 여흥-가장간 도로 확포장공사구간 (산수리 봉두마을) (재)마한문화연구원	미파악
2008 여수 죽림 택지개발 사업지구 내 (재)마한문화연구원	1,200

2008 여수국가산단 (화장~국도17호선 간) 도로개설 공사구간 내 동북아지석묘연구소	56
2010 여수 율촌 월산리 호산, 월림 유적 대한문화유산연구센터	시굴 당시 14 (보고서 정리 중, 미보고)
2010 여수 적량동 GS칼텍스공장 확정예정부지 문화유적 발굴조사 동북아지석묘연구소	30점 이상
총계	1949점＋2,013점=3,962점

4. 박물관 건립을 위한 제언

가. 문화밸리 조성

　박물관의 의미와 기능은 시대에 따라 변화되고 유형의 변화와 함께 주요 기능, 관람객들의 의식변화에 따른 요인들은 매우 여러 각도로 나타나고 있다. 기존의 박물관 활동에 추가하여 세부적이고 흥미로운 특별 프로그램과 부대행사를 기획할 수 있는 공간이 마련되면서 관람객들과 보다 입체적인 소통이 이루어지고 있다. 박물관의 시대적 트렌드를 반영하여 대규모 전시관을 중심으로 주변 부속 시설이 갖춰진 공간보다는 박물관 건립의 목적을 지역사회의 역사와 문화가 지속적으로 실천할 수 있는 문화복합공간이 어우러진 문화밸리 형태의 살아 움직이는 공간이어야 한다.

　또한, 박람회장 공간의 사후 활용을 통해 2012년 여수세계박람회의 주제를 미래의 대안적 가치로 현실화시켜 보여 줄 수 있는 주제를 박물관에 담아내어 다른 지역과 차별화되는 전략이 최우선적으로 검토되어야 할 시점이다.

나. 박물관 친구들

현재 국내외의 많은 박물관들의 화두 중 하나는 경영이다. 그동안 대부분의 박물관들은 사회적 수요에 발맞춰 다양한 시설의 보완과 컬렉션을 증가시켜 왔으며 규모를 확정하였다. 그러나 그와 비례하여 증대되는 관리 비용은 지속적인 운영의 커다란 장애요소가 되었으며, 급속히 변화하는 첨단 여가시설과 오락산업의 도전 등 환경적 요인은 더욱 공격적이고, 적극적인 박물관 경영을 요구하고 있다. 비영리를 전제한 만큼 외부 요인에 적응해 오는 데 상당한 어려움을 겪고 있는 것도 준비단계에 있는 여수시에서 우선 고려해야 할 사안이다.

우리 지역의 문화자원을 한 곳에 모아 소중한 학습 공간으로 활용하는 한편 지역의 문화유산 연구의 중심 기관으로의 기능 및 교육, 전시의 공간에서 나아가 시민을 위한 문화복합공간으로 활용될 수 있는 공연, 결혼, 학술회의, 카페, 레스토랑 등 자체 수익구조를 통해 시설 유지가 가능한 공간으로 구성해야 한다.

또한, 전문발굴기관의 부재와 보관, 처리시설의 미비로 인해 이미 발굴이 되어 대부분 외지로 유출된 유물은 발굴기관과 협조하여 구해 오거나 대여를 통한 기획전시의 방법에서 나아가 박물관의 역량을 강화하여 자체적으로 발굴, 수장, 전시할 수 있는 전문연구기관으로서의 역할이 필요하다.

다. 다양한 장소 모색

박물관은 Museum의 번역된 말이며 Museum은 'The temple of the Musues'라고 한다. 박물관의 '관(館)'이나 '뮤즈의 전당'이나 어

원적으로 건물을 뜻하고 있다. 그러나 박물관은 최근에는 널리 장소를 뜻하고 있다.

여수시에서는 폐교를 활용한 전시관 건립으로 율촌면 가장리 소재 율촌중앙초등학교 건물을 리모델링하여 향토민속전시관으로 운영할 예정으로 2011년에 전시물 제작 설치공사가 끝나면 2011년 12월경에 개관할 계획이다. 이곳에 전시될 유물은 여수시가 2007년도부터 수집하여 소장하고 있는 500여 점이 활용될 것으로 밝혔다.

또한, 현재 부지가 확보되어 있는 곳을 우선적으로 검토하고 있다. 돌산청사 주변 등(돌산소방서 일대 공한지 약 4만여㎡를 검토하고 있으며, 친환경적이면서도 접근성이 겸비된 제3의 장소도 모색해야 될 것으로 본다.

종합박물관인 경우 GS칼텍스 문화예술공원 예울마루와 연계해서 망마산 일원을 구상해 보는 것도 좋을 듯하다. 선사·고대 박물관은 고락산성 부근의 산록(山麓)에 나지막한 형태도 좋고 현재 화장동 전라남도학생교육문화회관 앞에 위치한 선사유적공원에 전시관이 없으므로 체험전시관을 건립하는 방법도 있다.

현대사 박물관은 일제강점기 일본군 비행장이 남아 있고 여순사건의 진원지 14연대 주둔지가 있었던 신월동 시유지가 적합할 듯하다. 통일로라고 명명된 도로명과 연관하여 상생과 화해를 위한 평화공원과 함께 일제강점기에 강제동원에 의해 만들어진 비행장, 격납고, 여순사건 현장을 결합하고 가막만의 경관을 활용한 지역의 랜드마크 또는 휴식의 장으로 구상해 볼 수 있다.

지난 2010년 8월 일본 도쿄에서 열린 세계박람회 일본인 관광객유치를 위한 심포지엄에서 성균관대 김인덕 박사가 발표에서 제시한 재일동포 에코 박물관을 주제로 엑스포 한국관을 박물관 용도로 설계한 한 후 박람회가 끝난 이후 활용하는 방안도 아주 현실적이고 구체적인 방법이라 여겨진다.

라. 활발한 타성

고풍스러운 건물 안에 지역에서 출토된 다양한 시대의 유물을 전시하는 대규모 전시공간도 좋지만, 시민들의 문화향유와 교육, 정체성을 발견할 수 있는 마인드 마크(Mind mark)의 공간으로 조성하는 목적이 기본 방향으로 설정되어야 한다. 또한, 현재 계획하고 있는 건축비 162억여 원의 지하 1층, 지상 3층 규모의 역사관을 갖춘 일반적인 박물관의 이미지 속 대형 건물보다는 예산을 조금 더 확보하더라도 박물관 건물 자체가 문화재적인 가치를 지닌 새로운 대안 건축의 신축 공간이 만들어져야 한다.

활발한 타성은 오랜 관행이 된 프레임을 벗어나지 못하고, 그 프레임이 오히려 덫이 되는 우를 범하는 행위를 말한다. 공동체의 행복한 삶을 위해 다양한 문화콘텐츠사업이 활발하게 진행되는 시기에 박물관을 추진하는 여수시의 모습이 그러하다. 여건이 변화했음에도 불구하고 과거에 했던 방식들을 더욱 가속화하는 형태가 매우 아쉽다.

마. 수평적 네트워크

중앙정부와 지방정부, 정치집단, 민간기업, 연구기관 및 학계전문가 집단, 시민사회단체 등이 참여하는 네트워크 중심의 수평적 의사결정 과정이 집단지성의 힘을 믿는 거버넌스다. 수평적 구조와 운영을 통해 내용을 채워 가고 자율성의 전제하에 각자의 역할에 대해 책임을 지는 모습이 필요하다. 이를 위해 박물관 건립 추진 주체에 시 중심의 행정적 추진과 더불어 전문가와 시민사회단체 구성원도 함께 참여하는 공청회나 설명회 등의 의견수렴과 조율 속에 다양성이 공존하며 시민들이 공감하는 구체적인 박물관의 모습을 만들어 가는 박물관 건립추진단 설치를 제안해 본다.

참고문헌 및 자료

최병식, 『뉴 뮤지엄의 탄생』, 동문선, 2010.
최병식, 『박물관 경영과 전략』, 동문선, 2010.
여수지역사회연구소, 「여수시립박물관 건립, 어떻게 할 것인가?」 - 2004년 박물관 정책포럼 자료집.
여수지역사회연구소, 「민선5기 지방선거 당선자 초청 토론회」 - 2010년 창립 15주년 기념 토론회 자료집.
여수시민협·여수지역사회연구소, 「박물관 어떻게 조성할 것인가?」 - 2010년 시민토론회 자료집.
남해안신문 3월 2일자 보도기사 "박물관 건립 재추진, 설립추진단 설치해야."
남해안신문 2월 23일자 보도기사 "국비반납한 대규모 박물관 건립 재추진."
사단법인 한국박물관협회 홈페이지 http://www.museum.or.kr

지형 특성에 기반한 여수시 사도일원의 생태관광 프로그램 구성[1]

이정훈 | 연구소 연구위원

1. 서론

1) 연구 목적

사도일원은 2000년 12월 중생대 백악기로 추정되는 공룡발자국 화석이 발견되어 전라남도 지정문화재로 지정된 곳이다. 여수시 사도일원은 국내는 물론 세계적으로 내놓아도 손색이 없는 공룡발자국화석지로서 세계최장 보행열의 발자국 화석을 보유하고 있다.

본 연구의 목적은 첫째, 생태관광자원 선정기준을 토대로 사도일원의 자연경관을 평가하여 생태관광자원을 도출하는 데 있다. 둘째, 생태관광자원에 대한 지형 및 지질 특성을 조사하여 생태관광지와 탐방경로를 구성하는 데 있다.

---

[1] 본고는 '한국지역지리학회지'(2011.12.)에 실린 논문을 요약한 것임.

이와 같은 연구목적을 달성하기 위해, 본 연구는 문헌연구와 현지답사를 실시하였다. 첫째, 생태관광에 관한 국내외 문헌을 체계적으로 검토함으로써 연구동향을 파악하고, 문제점과 대안을 도출하여 연구의 기본 틀을 확립했다. 검토대상 문헌은 지리학, 지질학, 생태학, 관광학, 환경교육 분야 등 여러 분야를 망라하였다. 둘째, 이러한 문헌연구의 토대 위에 연구지역의 생태관광자원이 될 수 있는 지형 및 지질 특성을 파악하기 위해 현지답사를 실시하였다(2010년 7월~8월, 2011년 2월)

2) 여수시 및 사도일원의 자연환경

지형적 측면에서 살펴볼 때 여수시는 리아스식 해안으로 형성된 천혜의 해안절경을 가지고 있으며, 다도해·한려해상국립공원의 수려한 자연경관과 해양·수산자원을 가지고 있다. 여수시의 도서지역은 각종 수산업과 양식업을 비롯하여 해양레저, 휴양시설의 입지로 적합한 자연적 조건을 가지고 있다.

또한 여수시는 온난 다습한 해양성 기후를 가지고 있다. 바다와 난류의 영향으로 비교적 한서의 차가 적고, 겨울기온이 온난하여 이지역의 관광개발에 매우 유리한 기후적 여건이 될 수 있다. 육지에서 볼 수 없는 도서지역의 독특한 자연경관과 온화한 해양성 기후, 그리고 동백나무, 후박나무 등 상록활엽수종으로 다른 지역과 비교우위의 관광자원을 갖추고 있다.

사도일원은 여수반도의 남서쪽에 위치하며, 지질은 중생대 백악기 화성암인 중성화산암류와 퇴적암이 대부분을 차지하고 있으며, 최고봉은 해발 49m이다. 섬 남쪽에 암석해안이 발달하였고, 중도와 시루섬(甑島) 사이에 육계사주가 발달하였다. 사도일원은 사도, 중도, 시루섬, 장사도, 나끝, 연목, 추도 등 7개의 섬으로 이루어져 있으며, 여수시 화정면 적금도·낭도·목도와 함께 공룡발자국화석이 발견된 바 있다.

2. 사도일원의 생태관광자원 분석과 특성

사도일원의 공룡발자국 화석지를 남해안의 다른 지역과 비교해 보면, 이 지역은 공룡이 가장 늦은 시기(6천5백만 년 전)까지 활동하던 지역으로서, 조각류(鳥脚類) 화석이 우세한 지역이며 세계 최장급 공룡발자국 보행열이 발견된 곳임을 알 수 있다(전라남도·해남군, 1998; 전남대학교 한국공룡연구센터·여수시, 2002; 경남 고성군, 2005).

이 지역의 공룡발자국 화석의 경우 시간이 경과됨에 따라 훼손이 심해 육안으로 식별하기 어려운 것도 있다. 특히 사도일원 같은 도서지역 해안가의 퇴적암들은 염풍화와 함께 파랑과 조류에 의한 풍화, 침식작용이 활발하여 급격히 파괴될 수 있다. 셰일층을 따라 스며들어 간 염분은 정출과정을 통해 암석의 박리현상을 일으킨다. 따라서 이들 지역에 대해서는 해남 우항리 공룡화석지처럼 화석 보존을 위한 적절한 보호각 등의 시설을 고려해 볼 필요가 있으나, 조석의 영향을 받는 지역에 위치한 화석들은 현실적으로 어려움이 많다. 따라서 화석층을 모사품(replica) 등으로 복제하여 보존하거나 화석층 자체를 떼어 내어 공룡박물관 등 안전한 장소에 보관하는 것도 적극 검토해 볼 필요가 있다.

    한편 사도를 비롯한 주변 지역의 퇴적층에는 연흔이 나타나는데, 연흔이란 흐르는 물이나 파도에 의해 퇴적물이 쌓이면서 퇴적물의 표면에 만들어지는 요철구조로, 주로 모래 퇴적물에 잘 발달한다. 사도의 연흔은 대칭형이 주를 이루며 대체로 직선에 가까운 모양을 보이는데, 이러한 특징은 이곳이 중생대 백악기 때에 호숫가였음을 시사한다(그림 1).

34°35′24″N/127°33′22″E, 2010.07.26. 촬영.

그림 1. 중도의 공룡발자국 화석(좌)과 연흔(우)

건열은 물속에서 쌓인 퇴적물이 수면 위로 노출되어 퇴적물 내에 들어 있던 수분이 증발됨에 따라 퇴적물이 수축되면서 나타나는 균열현상이다. 이러한 퇴적물 수축에 의한 균열현상은 응집력이 강한 점토질로 이루어진 진흙 퇴적층에 잘 나타난다. 또한 건열은 당시 고기후환경이 건조한 시기가 있었음을 시사한다. 따라서 사도일원은 건기와 우기가 반복되는 아건조 내지 건조기후였을 것으로 추정된다.

시루섬은 응회암층 노두, 암맥, 풍화혈, 육계사주, 해식애, 노치 등의 지형이 나타나는데, 이 중 대표성을 지닌 지형은 응회암층 노두와 '용미암(龍尾岩)'으로 불리는 암맥, 양면해수욕장의 육계사주 등이 있다. 특히 응회암층 노두는 화산활동이 활발하게 일어났던 시기와 화산활동이 휴지기에 들어갔던 시기의 반복에 의한 퇴적층으로 당시의 화산활동 양상을 보여 주는 대표적 노두이다.

전체적으로 화쇄류에 의해 쌓인 응회암층이며, 단애를 이루는 노두 하부에 화쇄난류의 특징인 사층리(斜層離, 경사를 이루는 층리)가 잘 관찰된다. 그 위에 화쇄류퇴적층의 특징인 분급이 불량하고 무질서한 퇴적층이 잘 나타난다(전남대학교 한국공룡연구센터・여

34°35′20″N/127°33′35″E, 2010.07.26. 촬영.

그림 2. 장사도 해안의 거력(좌)과 시루섬의 육계사주(우)

수시, 2002). 게다가 중도와 시루섬 사이에 모래톱과 거력(巨礫)으로 이루어진 육계사주가 관찰된다(그림 2). 모래는 패각사를 비롯한 조립질과 세립질의 모래로 구성되어 있다. 또한 거력이 나타나는 해안가의 바위에서 풍화혈이 잘 나타나는 것을 관찰할 수 있다.

3. 생태관광 탐방경로의 구성

본 절에서는 위에서 생태관광자원으로 발굴된 자연경관을 토대로 생태관광 탐방경로를 구성해 보고자 한다. 탐방경로의 구성을 위해 다음과 같은 사항을 고려하였다. 첫째, 관광이 지역사회에 미치는 사회적·생태적 영향을 최소화하기 위해 도보여행을 전제로 하였다. 둘째, 섬 내 관광편의시설을 고려하여 전체 탐방경로는 당일 관광에 적합한 코스로 선정하였다. 이는 섬 내에 음식점이나 숙박시설이 많지 않기 때문에 이로 인한 지역의 난개발을 막기 위함이다.

그림 3. 사도일원의 생태관광 탐방경로

	자연경관	생태관광자원		탐방 시간
1	사도 사빈과 해식애	해식애 (퇴적층 노두), 사빈	퇴적층의 특징과 사빈 구성 물질	30분
2	중도 해안	화석(공룡발자국 화석, 연흔, 건열)	화석의 유형, 고기후환경과 화성활동	30분
3	시루섬 (중도)	응회암층, 육계사주	응회암층의 형성과정과 화성활동, 육계사주의 구성 물질	30분
4	장사도	암맥, 풍화혈	신생대에 형성된 암맥의 특징과 대규모 풍화혈 지대의 특징	40분
5	나끝~추도	해할(海割) 현상	음력 정월~영등사리 시 7개의 섬이 'ㄷ' 모양으로 연결됨.	특정 시기

주: 나끝~추도' 구간의 해할 현상은 대략 음력 정월 대보름을 전후해서 볼 수 있음.

4. 요약 및 결론

사도일원은 블루벨트 지역으로서 천혜의 자연경관을 지닌 곳이며, 남해안 관광벨트의 중심지역에 입지하고 있다. 본 연구는 생태관광지 선정기준을 토대로 사도일원의 자연경관을 평가하여 생태관광자원을 도출하고자 하였으며, 생태관광자원에 대한 지형 특성을 조사하여 생태관광지와 탐방경로를 구성해 보고자 하였다. 기존의 생태관광에 관한 문헌연구와 지역의 관광현황을 파악하고 지역주민과의 심층면담을 통해 생태관광지를 선정하였고, 현지답사를 통해 탐방경로 구성과 관광해설의 틀을 마련하였다.

자연경관에 대한 평가는 환경부·국립환경과학원(2008)의 평가 항목을 토대로 실시하였으며, 생태관광자원을 추출한 결과 사도의 사빈과 해식애, 중도의 공룡화석지와 연흔·건열, 시루섬의 육계사주와 응회암층 노두·암맥, 장사도의 풍화혈과 암맥, 그리고 '나끝~추도 구간'의 해할 현상 등을 생태관광자원으로 선정하였다. 생태탐방경로는 사도 북쪽의 선착장에서 남쪽의 장사도로 이어지는 해안 루트를 따라 구성하였다.

관광객 수용태세 개선을 위한 2011 관광지별 맞춤형 컨설팅 결과

김유삼(연구소 연구위원)

Ⅰ. 조사 설계

1) 조사 대상: 여수시 8개 지구 관광지
2) 표본 크기: 전수
3) 조사 방법: 직접면접조사
4) 조사 시기: 2011. 7. ~ 8. (2개월간)
5) 의뢰 기관: 여수시
6) 조사 기관: (사)여수지역사회연구소

Ⅱ. 조사결과 총괄

우리나라 4대 관음기도처이자 남해안 최고의 일출명소로 손꼽히는 향일암 지구를 비롯하여 흥국사 지구, 모사금·만성리 해수욕장 지구, 오동도 지구, 사도 지구, 무술목 지구, 방죽포 해수욕장 지구, 삼산면(거문도) 지구 등 총 8개 지구를 대상으로 시설, 환경, 서비스 등의 개선을 통한 경쟁력강화를 통해 지역경제활성화와 관광도시 이미지 창출, 2012여수세계박람회 성공적 개최를 목적으로 실시된 이번 조사는 각 지구별로 업소와 그 주변시설에 대한 시설, 환경개선, 위생 점검 및 개선, 접근로와 주차여건을 개선하여 고객감동과 만족을 실현하기 위해 실시하였다. 이번 컨설팅을 통해 얻은 결과를 정리해 본다.

1. 업주 상대 관광지교육

각 지역별 업주 대다수가 관광에 대한 마인드 부족으로 관광만족도를 높이지 못하고 있고, 특히 단체 방문객들에게는 필요시 문화관광해설사의 도움으로 질 높은 관광을 구사하고 있지만 개인 및 소수 관광객들에게 관광지, 또는 여수에 대한 설명을 제대로 하지 못해 방문객들의 관심과 이해도를 높이지 못하고 있는 실정이다. 따라서 업주(식당 및 숙박 등)들을 대상으로 해당 관광지에 대한 교육(책자 제작 배포, 주민 상대 교육 등)을 통해 가이드화해서 관광 완성도를 높여야 할 것이다.

2. 협의회, 번영회 대상 관광교육 정례화 컨설팅 결과

상가 대부분이 관광객과 관광지에 대한 이해와 정보습득을 요구하거나 필요성을 인식하고 있지만 제대로 된 교육이나 정보제공자가 드물어 손님 응대에 한계가 많다. 따라서 지자체나 관련기관, 단체들이 상가번영회나 마을협의회를 돌며 연 1~2회 관광과 관련된 정보전달과 교육을 통해 관광마인드와 손님 응대 등에 필요한 지식과 정보를 전달해야 할 것이다.

3. 외국인 방문객 대비 철저(언어, 시설물 보완)

2012세계박람회 개최로 여수는 해양관광 수요가 증가할 가능성이 크며 외국인 또한 여수에 대한 관심과 방문기회가 잦을 것으로 판단된다. 그러나 주요 관광지 대부분 외국인 방문 시 도움을 줄 수 있는 창구나 인력, 시설이 전무하여 국제도시 품격에 걸맞지 않은 문제가 있다. 따라서 외국인 방문객 대비에 만전을 기해야 할 것이다.

1) 언어부분: 관광지별 최소한 영어, 일어, 중국어 가능자가 상주하면 좋지만 여건상 여의치 않을 경우 시와 지역별 상호 협조체계(시나 지원 부서에 통역요청 등)를 구축하여 소통에 불편함이 없도록 해야 할 것임.

2) 시설부분: 관광안내도나, 업소 방문 시 이해도를 도울 수 있도록 각종 안내, 메뉴 문구에 최소 영문이라도 표기하는 것이 바람직함.

4. 음식폐기물, 쓰레기 분리수거 대책 수립

관광지 대다수가 도심을 벗어나 위치하는 바람에 쓰레기 분리, 수거가 제대로 이루어지 지지 않고 있다. 때문에 불법소각이나 심한 악취로 관광객들의 눈살을 찌푸리게 하고 깨끗하고 맑은 도시 이미지를 크게 해치고 있는 것이 현실이다. 따라서 관광지별 예산지원을 통한 자율협의체에 위탁해 쓰레기, 음식물 분리수거를 제때하거나 방문객들에게 쓰레기는 반드시 되가져가야 한다는 등의 해법을 제시해야 할 것이다.

5. 특색 있는 메뉴판 도입(관광도시 이미지 정립)

많은 지자체가 디자인 개념을 도입해 심지어 건물마저 아름다움과 자연과의 조화를 주제로 시설하고 있는 데 반해 관광객들이 가장 많이 접근하는 메뉴판, 알림판 등은 여수는 물론 관광지별 특성이 전혀 고려되지 않고 주류 제조업체가 광범위하게 제작, 배포한 메뉴판을 사용하고 있는 경우가 대 다수이다. 따라서 권역별(예: 돌산지역은 갓김치, 일출, 향일암, 해수욕장 등)을 삽입한 특색 있는 메뉴판, 알림판을 만든다면 여수이미지는 물론 관광객들의 만족도가 크게 향상 될 것으로 판단된다.

6. 평시 관광지 관리대책 소홀(인력, 재원확보 시급)

여수지역은 따뜻한 기후와 바다가 위치한 특성상 관광은 사계절 관광이 용이하므로 이에 준하는 관광지 관리대책이 뒤따라야 하는 데 관광지 대부분은 관광 특수철인 봄이나 여름에 집중한 나머지 가을이나 겨울 등 비수기에는 적절한 관리가 되지 않아 풀이나 쓰레기가 산적한 공간이 많다. 따라서 쓰레기 수거, 잡초제거 등 관광지별 관리에 필요한 재원과 인력을 확보하여 사계절 관광지 특성을 살리는 방안을 필수적으로 마련해야 한다.

7. 관광지별 재미, 흥미시설 개발

보며 스쳐 가는 관광지라는 단점을 보완하고 지역경제 활성화와 탐방객들에게는 추억을 담을 수 있는 흥미시설물의 개발과 설치가 필요하다.

8. 관광지 관리창구 일원화 시급

관광지 관리가 사안에 따라 연안관리과와 관광과가 맡고 있는 데 따른 상가주민들의 불만이 많아 효율적인 관리를 위한 관리 개발 창구 일원화가 시급하다.

Ⅲ. 관광지별 운영 실태 현황

1. 향일암 지구

- 우리나라 4대 관음기도처
- 남해안 최고의 일출명소
- 탁 트인 수평선과 해풍

1) 컨설팅 평가

• **시설, 환경분야:** 여수지역 대표 관광지답게 정리정돈이 잘 된 편이나, 손님맞이를 위한 환경의식이 열악한 편이며, 공공시설물 역시 재원부족과 관리소홀로 주변과의 조화나 관광객 편의를 제공하는 데 있어서 다소 부족한 편임.

• **친절, 서비스분야:** 식당이나 숙박, 관광관련 종사자 대부분이 연령층이 높은 여성이 많은 특징을 보이고 있으며 친절과 서비스는 보통 수준 정도임.

• **위생, 청결분야:** 업소 내부의 경우 손님맞이를 위한 정리정돈은 잘 된 편이나, 업소 대다수 외부는 불필요하거나 미관을 해치는 물건이 적재된 사례가 많아 개선이 필요함. 특히 관광객이 먹고, 자고 직접 부딪히는 공간은 어느 정도 위생과 청결은 신경 쓰고 있지만, 사각지대는 업체 편의와 자의적으로 쓰고 있는 곳으로 청결이나 위생이 잘 지켜지지 않고 있음.

• **관광마인드 분야:** 손님맞이를 위해 위생복이나 별도의 복장을 착용하지 않고 일상복이나 평상복을 입고 서비스를 제공하고 있으며, 관광지와 관광 여수에 대한 전반적인 지식 습득이 적은 편임. 그러나 관광지이므로 친절과 서비스, 위생, 청결, 정리정돈 등 방문객에게 필요한 서비스는 제대로 해야 한다는 자세, 마음가짐은 강한 편임.

• **협의체 활동분야:** 마을 청년회와 젊은 사람들이 주축이 된 협의회 탓에 관광지 관리나 업체들의 점검사항 전달에 긍정적이며 속도가 빠른 편임. 특히 향일암 행사나 법회 시에는 마을 공동판매를 통한 수익 분배를 하는 등 왕성한 조직 활동을 보여 영업활동을 하는 43개 대부분의 업소가 협의회에 가입하고 있는 등 화합과 단결이

우수한 편임. 그러나 최근 다도해 해상국립공원이 관리했던 입구 주차장을 두고 차량 출입을 둘러싼 의견이 분분함.

2) 실태

• **숙박**: 최근 신축한 건물들이 많아 깔끔하고 정돈된 이미지가 강함. 많은 관광객 유입에다 업소마다 오랜 노하우로 관광객들이 필요한 물품이나 비품 비치가 잘 되어 있음. 미로로 인해 민박집을 찾기 어렵고 혼돈을 주는 출입구도 존재함. 적당한 수납공간을 마련해 정리정돈이 양호하나 일부 업소 간판이 오래돼 보수와 개선이 요구됨. 바닷가에 위치한 특성상 경관 조망권은 우수하지만 업소 상당수가 어업과 관련된 일을 하고 있어 그물이나 어구 등이 잘 정리되지 않아 미관상 좋지 않음. 간판 정리가 잘 되어 있음.

• **음식점**: 바닷가와 관련된 메뉴가 주종을 이루는 바람에 업소 상당수의 철재류 부식이 진행되고 있어 미관상 좋지 않음. 메뉴판은 주류업체에서 일괄 공급한 것이어서 특색이나 특성이 없어 아쉬움. 돌산 갓김치의 특산물 유명세에 힘입어 많은 식당에서 상품으로 내놓고 있으나 청결과 위생상 다소 문제가 있음. 손님들이 많을 것을 대비해 업소마다 평상이나 앉을 만한 도구들을 거리에 내놓는 바람에 어수선함. 업소 주변마다 불필요한 물건이나 흉물들을 마구 방치하고 있어 미관상 좋지 않음. 각종 부착물들이 무질서하게 벽에 붙어 있어 어지러움. 스카프와 앞치마가 보급돼 위생상 보기에 좋으나 착용하는 업소가 많지 않음.

• **공공시설 및 편의시설**: 해오름 전망대가 신설돼 단장된 이미지는 제공하나 여름철 차광시설이 없고 녹지공간이 없어 삭막한 느낌

이 듦. 거북이 등 위치에 자리한 해오름 조형물의 경우 설명서가 없어 관광객들의 이해도를 떨어뜨리고 있음. 해오름 조형물 주변은 관광객들이 몰래 버린 쓰레기와 음식물이 즐비해 관광이미지를 손상시키고 있음. 펜스에 설치해 놓은 일출 안내 설명서가 없어져 낙서판으로 전락하고 있음. 향일암을 향하는 매표소 인근 오르막길은 급경사로 해년마다 미끄럼에 의한 안전사고가 발생하고 있음. 임포마을 입구에 다도해해상국립공원 측이 운영했던 주차장이 사업권을 철수하면서 관리에 적잖은 어려움을 겪고 있음. 공중화장실은 매일 점검과 청소를 하면서 청결하게 잘 유지되고 있음. 그러나 일부 부착물들이 훼손이 되면서 미관상 좋지 않음.

　•**환경 및 청결**: 음식과 환경오폐수 정화시설이 미약해 바다 환경오염이 우려됨. 직사광선이 맞닿는 곳에 각종 김치를 상품으로 전시하는 경향이 있어 위생과 미관상 좋지 않음. 안내 방송을 통해 마을 주민들이 공동으로 청소를 하고 있어 비교적 깨끗함.

3) 제안사항

- 현대적 감각에 걸 맞는 간판 정비작업이 이뤄져야 함.
- 관광객들이 즐겨 찾는 포인트마다 쓰레기통을 설치해야 할 것임.
- 매표소로 향하는 오르막길에 미끄럼방지 보강공사를 통해 안전사고를 방지해야 할 것임.
- 관광지 쓰레기 관리, 수거대책을 위한 인력, 재원대책 수립
- 업소마다 명찰패용으로 관광지와 업소 신뢰도를 높이는 것이 바람직함.
- 건물(업소)외 부수적으로 설치한 시설물에 대한 지도점검으로

청결방안 강구
- 임포마을 입구 주차장 관리대책 강구

2. 흥국사 지구

- 문화재가 산재한 호국사찰
- 야경이 아름다운 여수국가산단과 인접
- 시원한 계곡이 위치한 피서지

1) 컨설팅 평가

- **시설, 환경분야**: 중흥지역 대부분이 이주대상지역으로 흥국사 주변 상가 역시 보상이 마무리되어 2011년 말 이전할 계획에 있어 관광지 주변 상가들의 시설 및 환경에 대한 투자 의지나 계획은 적음. 일부 해체된 건물은 삭막한 분위기마저 연출하고 있음. 특히 공공시설물이나 주변 환경은 제때 관리가 되지 않아 관광객들에게 불편을 주고 있음.
- **친절, 서비스, 관광마인드 분야**: 이주로 인한 문을 연 상가가 드물며 근무 인원도 적어 친절이나 관광을 위한 컨설팅에는 약간의 한계가 있음.
- **위생, 청결분야**: 위생과 청결을 위한 재투자가 어렵고 단순히 정리정돈 위주의 위생, 청결 상태를 보여 주고 있음.
- **협의체 활동분야**: 상가협의체가 와해되어 특징적인 활동이 적음.

2) 실태

• **숙박**: 가든 형식의 식당에서 민박을 운영 중에 있으나 수요층이 적고 시설과 환경이 열악해 민박은 거의 이뤄지지 않고 있음. 특히 이주대상지로 투자 계획은 사실상 전무함.

• **음식점**: 흥국사 주변 상가 대부분이 이주 대상이어서 영업 중인 업소가 적으며 이주한 업소 탓에 삭막한 분위기마저 연출되고 있음. 간판이나 시설물 정비는 물론 주변 환경 개선은 거의 이뤄지지 않고 있으며 손님맞이에 나서도 수동적으로 관광지 주변업소에 필요한 손님 응대 의지가 약한 편임.

• **공공시설 및 편의시설**: 흥국사와 상가 진입로 입구에서부터 잡초와 폐기물들이 즐비해 관리가 제대로 이뤄지지 않고 있음을 입증. 도로변을 물론 주차유도선 역시 희미한 데다 장마기를 거치면서 나무그늘 노면은 움푹 파여 어린이나 노약자들의 안전사고 우려마저 제기되고 있음. 벤치는 노후하여 페인트가 벗겨지고 부식되는 현상을 보이고 있으며 주변 대부분은 잡초가 무성해 이주로 인한 주변 상가분위기와 더불어 침체된 느낌이 강함. 경내 표지판의 경우 일관성이 없고 시대에 뒤떨어진 문구와 내용이 많아 개선이 요구됨. 경내 가로등이 사찰과 관련이 없거나 이미지와 잘 부합되지 않음.

• **환경 및 청결**: 흥국사는 계곡 피서지로 유명한데 계곡 정비 사업을 하면서 콘크리트를 사용, 정비하여 관광 상품성을 떨어뜨리고 있음. 흥국사 진입로나 경내 진입로는 우거진 숲이 인상적이나 주변 정화작업이 잘 이뤄지지 않아 이미지를 실추시키는 경향이 있음.

3) 제안사항

- 이주 후 관광객 편의를 위한 상권 및 편의시설 정비에 행정력 집중
- 경내(흥국사) 역시 사찰 측과 협의 후 환경, 시설, 주차장 정비 계획 필요
- 호국문화관광지라는 특성은 사계절 관광이 용이한 관광자원이므로 상시 관리할 수 있는 프로그램이나 인력확보가 절실함.
- 계곡 정비 시 친 환경적 요소를 살리는 방안을 검토해야 할 것임.
- 숲길 주변 상시 정화작업 실시

3. 모사금 해수욕장

- 모래가 고운 아담한 백사장과 몽돌 밭
- 직접 채취한 수산물
- 해양경찰학교 인접

1) 컨설팅 평가

- **시설, 환경분야:** 피서철, 즉 해수욕장 개장 전후에 따라 시설물 관리, 운영이 판이하게 다르게 운영되고 있음. 특히 음수대의 경우 연일 폭염이 계속되고 있음에도 해수욕장을 아직 개장하지 않았다는 이유로 공급이 중단된 상태임. 협의회 차원에서 잘 관리되고 있으나 인력지원, 예산지원 문제 등에 대한 지자체와의 약간의 의견차로 효과적인 관리에 어려움이 있음. 해수욕장 이미지답게 정리 정돈이 잘되어 깔끔한 인상을 받음.

• **친절, 서비스분야:** 업소를 운영하는 업주 대부분이 고령층이며 대체로 상냥한 편이나 손님 응대를 위한 특별한 교육은 받지 않음.

• **위생, 청결분야:** 특별한 방법보다 일상적인 생활 범위에서 정리 정돈하는 수준임. 청결, 위생 개념 정립보다 정리하는 수준을 벗어나지 못하고 있음. 생활 오폐수가 직접 유입되고 있어 바다오염은 물론 수족관 등에서 사용하는 호스가 잘 정리되지 않음.

• **관광마인드 분야:** 해수욕장에 대한 자부심은 강한 편이나 관광여수, 대의적 관광개념은 약한 편임.

• **협의체 활동분야:** 관광객 편의를 위해 마을 어촌계를 중심으로 해수욕장 청소와 관리를 하고 있음. 그러나 지자체와 해수욕장 운영에 따른 이견이 많아 개장시기가 늦어지는 등 부작용이 있음.

2) 실태

• **숙박:** 펜션개념의 숙박시설은 현대식이어서 깔끔하지만 주변 환경에 대한 정비를 하지 않아 미관상 좋지 않은 경우가 많음. 민가에서 운영 중인 민박시설의 경우 침구류, 샤워시설, 화장실 등 시설이 열악한 반면 펜션은 피서나 휴양에 지장이 없을 정도로 잘 갖춰져 있음. 일부 횟집, 민박집은 간판이나 이정표가 없어 찾기 힘듦.

• **음식점:** 업소가 적은데다 수산물 위주의 식단으로 많은 해수욕장을 찾는 관광객들이 주 고객이라고는 볼 수 없음. 주류업체에서 제공한 일률적인 메뉴판에다 종사자들의 복장, 조리 상황, 제공되는 용기 등이 비위생적으로 관리, 운영되고 있으며 시설, 환경 역시 열악한 수준임. 대부분 영세한 업소여서 시설이나 환경투자가 전혀 이뤄지지 않고 있음. 별도의 반찬 냉장시설은 위생과 청결 모두 신뢰

도를 높이고 있음.

• **공공시설 및 편의시설**: 진입로 주변도로 정비로 제대로 되지 않고 지장물들이 많아 미관을 해치고 통행을 방해하고 있음. 해수욕장과 마을안내도는 식별이 안 될 정도로 너무 낡아 보수 또는 정비가 요구됨. 그늘 막 조성을 위해 해수욕장에 식재한 20여 그루의 느티나무 가운데 12그루가 고사해서 미관을 해치고 있음. 각종 재해발생 시 피해요령을 담은 안내판은 제목에만 영어, 일본어, 중국어 등 외국어가 표기되어 있을 뿐, 정작 내용은 한글로만 표기돼 형식적인 안내판으로 전락하고 있음. 주차시설이 협소하여 많은 방문객이 찾을 시 주차난이 우려됨.

• **환경 및 청결**: 가져온 쓰레기는 되가져 간다는 교육이 안 돼 해수욕장이나 주변 쓰레기를 방치하는 사례가 많음. 쓰레기 분리수거가 제때 이뤄지지 않아 미관을 해치고 악취로 불편을 야기하고 있음. 몽돌 밭에 밀려드는 해상 쓰레기로 몸살을 앓고 있음.

3) 제안사항

• 바다로 유입되는 오폐수 관로 정비
• 사계절 관광이 가능한 해수욕장 지역이므로 연중 관리 인원, 재원 확보방안 방구
• 시와 협의회 간 유기적인 관계 유지를 위한 방안 마련
• 외국어를 혼합한 안내판 재정비 시급
• 해수욕장에 식재한 수목관리 철저
• 진입로 확장 절실 - 성수기 시 차량 출입에 어려움.

4. 만성리 검은 모래 해변

■ 찜질 효과가 탁월한 검은 모래 해변
■ 해수욕이 가능한 넓은 백사장
■ 2012세계박람회장과 인접

1) 컨설팅 평가

• **시설, 환경분야:** 국도, 철도, 2012여수세계박람회장 정비, 건설사업 등으로 인해 만성리 상권 주변은 건설 붐이 조성 중이나 상가나 상가 주변은 도시계획에 묶여 특별한 시설, 환경개선사업이나 의지를 보이고 있지 않고 이에 따른 불만이 많음. 특히 상권이 여름철 성수기에 집중되는 바람에 기존의 민박이나 식당이 줄어들고 미관상 좋지 않은 시설물들이 철거, 보수되지 않고 방치되고 있음.

• **친절, 서비스분야:** 오랫동안 영업활동을 해 온 터라 손님에 대한 친절이나 서비스 질은 양호한 편임.

• **위생, 청결분야:** 식당이나 민박 내부 정리정돈은 청결한 편이나 건물외부나 주변 공터에 대한 관리가 제대로 되지 않아 불쾌감을 주고 있음.

• **관광마인드 분야:** 검은 모래에 대한 자부심과 도심과 가까운 피서지임을 인식하고 있으나 영업활동에 주를 두고 있는 나머지 관광마인드는 다소 부족한 편임.

• **협의체 활동분야:** 해수욕장관리위원회를 구성하여 해수욕장을 중심으로 보존, 관리를 하고 있으며 상가번영회는 친목단체 성격으로 운영되고 있음.

2) 실태

• **숙박:** 만성리 검은 모래해변을 중심으로 펜션이나 민박 건물들이 최근 새롭게 들어서 깔끔한 인상을 주고 정리정돈은 물론 냉·난방시설이 잘 갖춰져 있음. 그러나 기존 민박집들의 경우 관리가 부실하고 통풍이 제대로 되지 않아 습하고 쾌쾌한 느낌이 듦. 또 간판이나 현수막이 낡거나 조잡해 관광지 이미지에 걸맞지 않으며 건물 주변 공한지 청소 역시 소홀한 편임. 가스통과 수돗물 등이 뒤엉켜 관광객들의 심리적 불안감을 유발하고 비위생적임.

• **음식점:** 대로변을 중심으로 깔끔하게 정리 정돈되어 있음. 특히 일부 업소의 음식에 책임보험 가입은 소비자에게 신뢰를 주고 있음. 이미지 그림(갈매기)을 광고 사인물로 쓰고 있어 특징과 이미지를 잘 살리고 있음. 음식명가, 엑스포지정업소, TV 출연업소 등의 적절한 광고 문구를 사용해 영업활동에 도움을 주고 있음. 대로변을 중심으로 늘어선 상가들은 도시계획에 묶여 비좁아 그릇이나 각종 비품을 쌓아 두는 실정으로 어수선하고 지저분하다는 인상을 주고 있음. 횟집이 많아 수족관을 대부분 사용하고 있지만 내부 청소를 제때 하지 않은 경우가 많아 미관과 청결에 좋지 않음. 메뉴판이 특색이 없고 위생복을 입지 않는 사례가 많음.

• **공공시설 및 편의시설:** 도로가에 설치된 편의시설 안내도가 노후해 전혀 식별이 되지 않음. 상가번영회 표식과 새길 안내판이 겹쳐 미관, 용도 모두 부적합. 불법 광고스티커 부착. 모래 평판작업이 제대로 되지 않아 각종 안전사고 우려. 공중화장실은 최신식에다 여수관광을 적절히 잘 홍보하고 있어 관리가 잘 되고 있음. 일부 백사장이 사유지여서 주민 간 갈등이 잔재하고 있음. 해수욕장 관리주체

가 종전 관광과에서 연안관리과로 넘어왔지만 각종 홍보나 축제 등은 관광과에서 담당하고 있어 관리 이원화로 인한 주민 불만이 많음.

· **환경 및 청결:** 밀려오는 바다쓰레기에도 불구 백사장 관리는 잘 이루어지고 있음. 도로가에 각종 폐기물이 많고 진입로 주변 사계청소가 되지 않음. 쓰레기 분리수거는 잘 되고 있는 편임. 하수종말처리장과 연결된 중계펌프장이 없어 생활하수와 폐수가 하천으로 직접 유입돼 오염은 물론 악취가 심하게 발생하고 있음.

3) 제안사항
· 오염원을 줄이기 위한 하수처리시설 운영
· 백사장 내 사유지 해결방안 강구
· 민박, 식당 등 상가 환경정비 – 광고물 및 건물 외부
· 사계절 관광에 필요한 해수욕장 관리 인력 상시 운영
· 편의시설 안내도 교체
· 해수욕장 관리방안 일원화

5. 오동도지구

■ 여수대표 관광지 오동도
■ 시원한 분수대, 동백나무숲, 보트장, 등대, 전망대 등 잘 갖춰진 관광시설
■ 조망권이 탁월한 자산공원 전망대
■ 2012여수세계박람회장 관문

1) 컨설팅 평가

• **시설, 환경분야:** 2012세계박람회장 공사로 상가 분위기는 어수선한 편임. 그러나 박람회장과 인접하고 대부분 대로변에 위치한 업소의 특성상 시설을 개선하려는 경향이 많으며 새로운 호텔이 들어서는 등 상가환경이 급속도로 변하고 있음. 간판 정비, 거리 정비 등을 통해 오동도 진입로 주변은 잘 정비되어 있으나 보행자 통행에 불편을 초래하고 있음.

• **친절, 서비스분야:** 호텔과 대형 모텔이 들어서면서 직원들에 대한 교육이 잘 이뤄지고 있으며 오동도 주변 상가 역시 오랜 경험과 노하우로 손님 응대에 친절하고 잘하는 편임.

• **위생, 청결분야:** 여수관광의 중심지답게 위생과 청결부분에 업소 대부분이 적극 참여하고 있음.

• **관광마인드 분야:** 2012여수세계박람회장의 중심 상권지역으로 시민으로 자부심과 자긍심이 강한 편임. 그러나 영세업소는 관광마인드에 대한 인식이 다소 부족해 교육이 필요함.

• **협의체 활동분야:** 상가번영회를 중심으로 상가 및 관광지 관리지침, 정보 등을 하달하고 있으나 각자의 이익과 영업에 치중하는 경향이 강하며 명목상 활동을 도모하는 경향이 강함. 개인주의 성향이 강하고 협의체 활동이 형식적임.

2) 실태

• **숙박:** 민박보다 숙박개념의 장급, 모텔들이 주를 이루고 있어 현대화된 시설은 물론 관광객 유치에 큰 어려움이 없음. 다만 오래된 여관이나 모텔들은 정리정돈이 잘 되어 있기는 하지만 시설물과

사용되는 물건 등이 오래돼 보수와 교체가 필요함. 또 인근 오동도는 여수의 대표적 관광지인 데다 박람회장이 들어설 경우 숙박에 대한 수요가 급격히 증가할 것으로 예상돼 이에 대한 대책 마련이 시급함. 그러나 자연재해로 인한 절개지 붕괴가 우려돼 상가와 주민들의 불안이 가중되고 있음.

• **음식점:** 크게 오동도 입구와 오동도 내 상가로 이분화되어 있으며 단체 손님을 맞이하기 위한 대형식당과 횟집이 많은 편임. 도심과 가깝고 오랫동안 영업을 해 온 업소가 많아 정리정돈을 비롯한 관리나 위생 상태는 양호한 편임. 정리정돈은 잘 되어 있지만 불필요한 비품과 물건을 함께 적재해 미관상 좋지 않음. 그러나 가판을 설치하고 호객행위를 하는 사례가 아직 근절되지 않고 있음.

• **공공시설 및 편의시설:** 오동도 입구 주변 상가의 경우 주차시설이 없어 매일 주차난에 따른 전쟁을 치르고 있음. 낙석위험에 따른 주택과 상가주민들의 불안감이 큼. 2012여수세계박람회장과 인접한 탓에 그동안 거리 조형물을 비롯한 가로수, 보도블록, 화장실 등에 대한 지속적인 관리, 정비 등이 뒤따라 타 관광지보다 시설관리가 우수한 편임. 다만 오동도 내 카멜리아 상가의 경우 3층은 오랫동안 비어 있고 관리가 되지 않아 썰렁한 분위기마저 연출되고 있음. 잡초 제거를 하지 않은 화단과 수목관리가 제대로 되지 않아 관광지 이미지를 실추시키고 있음. 버스정류장이 비좁고 시설이 열악할 뿐만 아니라 회차에 따른 안전사고마저 우려됨. 김치 가판대를 무단 방치하고 절개지에 오래 방치된 시설물이 미관을 저해하고 있음.

• **환경 및 청결:** 바다에서 유입된 해상쓰레기가 경관을 다소 해치고는 있지만 대부분의 업소, 상가, 관광지 등의 쓰레기 분리, 수거활

동이 잘 이뤄지고 있으며 청소상태도 양호함. 대대적인 광고 사인물 정비로 깔끔한 이미지를 연출하고 있으며 최근 설치된 광고물들이 이와 배치돼 일관성이 떨어지고 어수선한 느낌이 들고 있음.

3) 제안사항
- 절개지 붕괴 우려에 따른 안전대책 강구
- 주차장 확보 시급
- 대로변에 대한 정비
- 광고 사인물 재정비
- 오동도 내 상가 활성화 방안 강구
- 상가 대상 관광마인드 교육

6. 사도지구

- 세계가 주목하는 공룡발자국 화석지
- 잘 보존된 퇴적층, 지구과학의 살아 있는 교과서
- 매년 연등사리 때 갈라지는 신비의 바닷길
- 섬 주위를 돌며 느림의 미학을 즐길 수 있는 사도 둘레길

1) 컨설팅 평가
- **시설, 환경분야:** 공룡 화석지와 자연생태계의 교육장으로서의 가치가 확대되면서 관광객 편의시설 등이 대폭 확충되고 현대화되었음.
- **친절, 서비스분야:** 마을 20여 가구가 모두 민박에 직·간접으

로 참여하고 있으며 넉넉한 시골 인심을 느낄 수 있을 정도로 친근
감이 강함.

• **위생, 청결분야:** 섬 둘레가 바닷가라는 점 탓에 어구, 농작물
등이 마구 널려 있지만 관광지로서의 기능이 강화되고 정비 사업이
진행된 이후 마을 전체가 청결한 이미지를 보여 주고 있음.

• **관광마인드 분야:** 대부분 고령으로 생활의 불편을 호소하는 경
향이 많으며 관광마인드 자체를 인식하지 못함.

• **협의체 활동분야:** 번영회를 중심으로 10여 명이 마을 대소사나
마을 공동현안에 대해 논의, 대처하고 있음.

2) 실태

• **숙박:** 마을 입구 민박(숙소)과 관련된 상세 안내도를 설치하여
관광객들의 편의를 돕고 있음. 인근 낭도에서 상수도물을 보급받고
있지만 제대로 보급되지 않아 물 부족으로 인한 생활불편은 물론 관
광객들의 만족도를 충족시키지 못하고 있음. 민박집마다 여수관광에
필요한 정보 제공을 잘하고 있음. 가스통이나 불필요한 물건들이 정
리정돈이 제대로 되지 않은 경우가 많음. 각종 부착물들이 어지럽게
붙어 있음.

• **음식점:** 횟집과 편의점이 있기는 하지만 섬 지역 특성상 메뉴
개발이 쉽지 않고 물품구입 역시 다양성을 추구하는 데는 한계를 보
이고 있음. 음식용기와 위생 상태가 청결한 편이며 손님 응대도 잘
되고 있음.

• **공공시설 및 편의시설:** 관광지 특색을 살린 각종 안내판이 잘
설치되어 있음. 자전거 10대를 도입하여 섬 일주도로 하이킹을 할

수 있도록 했으나 자전거 타이어 펑크 등 고장으로 인한 수리가 이 뤄지지 않고 도로 역시 자갈밭이 많아 오히려 불편하고 무용지물로 전락하고 있음. 해수욕장 모래가 부족해 모래를 유입하는 공사를 벌 이고 있지만 방파제 옆에서 모래를 퍼 해수욕장으로 유입하는 바람 에 양측 모두 모래가 부족함은 물론 훼손으로 미관을 해치고 있음. 이국적인 섬 조성을 위해 식재한 일명 워싱턴나무 잎이 고사해 흉물 로 전락하고 인공섬 조성에 따른 관광객들의 불만이 높음. 돌담정취 가 물씬 풍겨 문화재 367호로 지정된 사도마을 돌담이 정비 공사를 하면서 사도마을 자연석이 아닌 강 지역 돌을 가져와 콘크리트와 병 행, 시공하는 바람에 자연미를 잃고 문화재로서의 가치를 오히려 떨 어뜨리고 있음. 일부는 붕괴된 사례도 있음. 사도와 중도를 잇는 사 도교를 넘어 조성된 둘레길 가에 식재된 소나무는 사도마을 식생과 맞지 않고 밀식으로 주민들과 관광객들의 원성을 사고 있음. 각종 편의시설 및 안내판은 설치가 잘되어 있으나 안내판이 일부 훼손된 사례도 있음. 인도를 점령해 차광막과 의자, 탁자를 설치해 보행자 들의 통행을 가로막고 있음.

• **환경 및 청결**: 섬 지역이지만 쓰레기 분리수거함을 운영, 잘 관 리하고 있음. 해수욕장 주변에 유류통을 방치하고 백사장에는 폐기 물 등이 방치되고 있어 미관을 해치고 안전사고마저 우려됨.

3) 제안사항

• 섬마을 정비 사업 시 정확한 진단이나 고증 후 사업 추진
• 식재된 조경수에 대한 재정비
• 물 부족 사태해결을 위해 낭도마을과의 원만한 협의 추진

· 물품 운송을 위한 리어카 제공(관광객 편의 도모)

7. 무술목 지구

■ 이순신 장군의 역사와 함께하는 유원지
■ 피서와 해수욕이 가능한 몽돌 밭과 송림
■ 수산역사를 전시한 전라남도 해양수산과학관 소재

1) 컨설팅 평가

· **시설, 환경분야:** 화장실, 샤워실 등 탐방객 편의를 위한 시설물들은 최근 설치된 것이 많아서 쾌적하고 이용해 불편함이 없는 반면 무술목 유원지 관리가 제대로 되지 않아 미관, 이미지를 크게 실추시키고 있음. 특히 많은 예산을 들여 설치한 조각공원 조형물들이 작품으로 이해되기보다 편의시설로 사용되고 있어 당초 취지를 살리지 못하고 흉물로 전락할 가능성이 있음.

· **친절, 서비스분야:** 오랫동안 영업을 해 온 영업장들이 많고 손님 응대에서부터 안내까지 대체로 친절한 편임.

· **위생, 청결분야:** 무술목 상가번영회와 시가 지원한 사람을 중심으로 청소활동과 공공 시설물관리가 잘 이뤄지고 있음. 그러나 범위가 넓고 작업량이 많아 효과는 다소 미흡함. 민박이나 식당 등 개인업소의 경우 일부 시설물 보수를 위한 공사가 이뤄지고 있는 가운데 정리정돈과 상품진열 등이 잘 유지되고 있으며 주변청소도 잘하고 있음.

· **관광마인드 분야:** 무술목 탐방객의 경우 여수시민들이 70% 안

팎, 외지인이 **30%** 수준으로 파악되고 있어 관광지 개념보다 유원지 개념에 따른 인식이 더욱 강함. 정화, 정비 사업이 정비될 경우 돌산 지역 관문이자 관광 중심지로 탈바꿈될 가능성이 커 업소나 번영회 등을 상대로 한 관광마인드 함양 교육이 절실함.

• **협의체 활동분야**: 1년에 2회 정기모임을 가지며 무슬목 현안과 관리방안에 대해 논의, 활동하고 있으며 추진력이 좋음. 단 무슬목 앞 주차장 부지문제로 지주와 시 사이에 불만이 표출

2) 실태

• **숙박**: 도심과 가까운데다 펜션과 신축건물이 많고 주차장까지 잘 정비되어 있어 단정하고 깔끔함. 내부역시 각종 비품과 도구들이 잘 비치되어 있으며 쾌적한 분위기가 연출되고 있음. 바다와 맞물려 찾는 이가 많음. 지속적 관리방안이 뒤따라야 함.

• **음식점**: 호객행위를 위해 설치한 현수막, 차광막 등이 무질서하고 보기에 좋지 않음. 시선이 직접 가는 식당 입구임에도 술병과 대형 물통 등을 방치하는 등 환경관리에 아쉬운 점이 많음. 쓰레기 수거가 되고 있지만 길가에 쓰레기를 무분별하게 방치하고 있는 사례도 있음. 특색이 없는 메뉴판에다 물통이나 비품들을 식당 통로 비치해 통행과 미관을 해치고 있음.

• **공공시설 및 편의시설**: 많은 이용객이 있음에도 화장실 청소 관리는 잘 이뤄지고 있음. 전라남도 수산종합과학관과 무슬목 건너편 주차장 등 운영 중인 주차장은 질서가 확립되어 있는 반면 구석구석마다 무질서한 주차로 유원지 분위기가 어수선함. 솔잎 채취 경고판은 부서져 있고 공한지나 몽돌 밭 주변은 제초작업을 제대로 하지

않아 곳곳마다 쓰레기 투기장으로 변질되고 있음. 해안 벽을 따라 그려진 벽화는 여수분위기와 바다정서를 표현해 이목을 끌고 있음. 조각공원에 설치된 조형물 가운데 이순신장군 동상은 해상구조대 장비로 채워지고 바닷가에 설치된 바람개비는 고장이 나서 작동하지 않고 있음. 역시 조각공원에 설치된 작품 사이사이에 제초작업을 하지 않아 관리에 허점을 보이고 있음. 몽돌 밭 특성상 걷기가 불편함을 해소하기 위해 시설한 우레탄 길은 탐방객들에게 인기를 얻고 있음.

· **환경 및 청결:** 마을 부녀회와 해양경찰이 유원지 청소활동을 도와 유원지가 비교적 깨끗한 편임. 또 쓰레기 분리수거는 잘되고 있지만 탐방객들이 버린 쓰레기가 곳곳에 방치되면서 악취가 발생함. 해양쓰레기를 수거하지 않아 보행자 불편과 미관을 크게 해치고 있음. 몽돌 밭에 고사된 고목과 콘크리트 홀이 그대로 남아 안전사고 위험이 높음. 몽돌 밭 정비가 되지 않아 기능과 역할이 미흡

3) 제안사항
· 투자 우선순위 고려 후 정비사업 추진
· 주차장부지 확보방안 강구
· 몽돌 밭과 주변 정화사업 추진
· 노후상가 정비사업 권장
· 조각공원 활용방안 강구

8. 방죽포해수욕장 지구

■ 200년 이상 된 송림으로 안락한 휴식처 제공

■ 탁 트인 바다와 어우러진 고운 모래사장
■ 여수대표 특산물 돌산 갓김치 주 생산지

1) 컨설팅 평가

• **시설, 환경분야:** 피서지, 휴양지로 부각되면서 시설, 환경 분야 개선이 지속적으로 이루어져 깔끔하고 단장이 잘 되어 있음. 특히 백사장과, 송림은 관리자가 매시간 단위로 쓰레기 및 이물질을 직접 수거하고 있어 보기에 좋음.

• **친절, 서비스분야:** 손님맞이를 위한 자세나 친절은 여느 관광지 업소 못지않게 잘 되고 있음. 특히 넉넉한 시골인심이 느껴질 만큼 정감이 있고 방죽포 해수욕장을 관리를 위해 맡은 바 임무에 충실함. 그러나 주차장을 관리하면서 탐방객과 일부 실랑이가 벌어지는 점은 아쉬움. 식당이 거의 없고 편의점 3개소에서 인스턴트식품을 판매함으로 먹을거리가 다소 부족한 반면 민박은 20여 개에 이르고 시설도 최신시설이 많아 관광객 유치에 불편함이 없음.

• **위생, 청결분야:** 식당이나 민박집에서 제공되는 용기, 침구류는 평범한 수준으로 위생적이지만 약간의 개선을 요함. 특히 매점에서 판매되는 식품 등의 경우 진열이 제대로 되지 않아 어수선한 느낌이 강함.

• **관광마인드 분야:** 대의적 측면에서의 관광마인드는 다소 부족하지만 해수욕장을 마을의 보배이자 주민이 스스로 관리해야 한다는 사명감이 강함. 이용 요금표를 안내판을 통해 공개하므로 투명성과 신뢰성을 주고 있음.

• **협의체 활동분야:** 협의회와 부녀회를 주축으로 주차장, 쓰레기

수거, 화장실, 샤워장 등을 각기 맡아 해수욕장과 시설물 관리를 체계적으로 잘 관리하고 있음.

2) 실태

• **숙박**: 협의체 중심으로 가격을 정해 바가지요금을 근절하고 있음. 식당(횟집)과 민박을 동시에 영업하는 업소 대다수가 차광막을 마구 치고 둘건들은 어지럽게 널려 있어 미관을 저해하고 있음. 신축된 펜션과 민박촌은 깔끔하게 단정돼 관광객들이 선호함.

• **음식점**: 종전 2~3개소였던 음식점 모두가 건강과 경영상의 어려움을 이유로 모두 폐업하고 편의점과 매점 3개소만이 영업 중임. 그러나 영업장을 폐쇄했음에도 건물은 그대로 방치되고 있고 냉장고와 가스통이 직사광선에 노출돼 안전상 문제가 있음. 매점과 편의점의 경우 현수막이 오래돼 보기에도 좋지 않으며 인스턴트식품을 매점 앞에서 섭취하는 경우가 많은데 바닥은 먼지가 일어 위생에 문제가 있는 경우도 있음. 진열과 정리정돈이 되지 않아 어수선하고 청결과 위생에 문제가 있음. 또 평상과 차광막을 무분별하게 설치하고 현수막도 낡아 미관을 해치고 있음.

• **공공시설 및 편의시설**: 화장실은 최신식 건물로 일일점검표를 설치하고 부녀회에서 청소 및 관리를 잘하고 있음. 그러나 이용자 많아 화장지가 부족해 관리에 애를 먹고 있음. 특히 주차장 끝에 설치한 화장실은 깔끔하게 관리되고 있지만 이용자가 없어 위치 선정에 다소 문제가 있어 보임. 공공 안내판 아래 상업광고 현수막을 설치해 관광지 이미지를 실추시키고 있음. 인명 구조함을 설치해 피서객들의 안전을 도모하고 있음. 송림 뒤편에 마련된 텐트촌은 폐기물

이 야적돼 있고 간판은 형식적이어서 관리가 되지 않고 있음.

• **환경 및 청결:** 쓰레기 투기장소가 없고 방죽포해수욕장 관리사무소 매점에서 개인적으로 위생봉투를 구입한 후 쓰레기를 개인적으로 처리하고 있음. 매 시간 담당이 백사장과 송림을 돌며 쓰레기를 수거하고 있어 탐방객들의 신뢰를 얻고 있음. 해수욕장 주변 천변에 대한 수초 제거작업을 하지 않아 벌레들의 산란처로 이용될 가능성은 물론 미관상 좋지 않음. 쓰레기 수거함이 비치되어 있음에도 쓰레기 무단 투기행위는 여전히 근절되지 않고 있음. 백사장과 송림을 중심으로 청결활동은 잘 이뤄지고 있음.

3) 제안사항
• 화장실에 필요한 비품 지원 대책 마련(화장지, 비누 등)
• 주차장 정비사업 추진
• 간판 등 광고 사인물 정비
• 매점과 주변 정비작업

9. 삼산면(거문도) 지구

■ 기암괴석과 천혜의 절경으로 국가명승지 7호인 백도 소재
■ 이국적 명품 올레길, 녹산 등대 가는 길 소재
■ 수산업 전진기지, 다양한 섬 자원 보유
■ 남해안 최초의 거문도등대, 영국군묘지 등 역사. 문화가 공존

1) 컨설팅 평가

• **시설, 환경분야**: 상가를 중심으로 한 간판과 환경정비로 깔끔한 느낌을 주고 있음. 특히 이 같은 추세와 더불어 환경정비를 하려는 주민들의 참여도도 높아지고 있음.

• **친절, 서비스분야**: 섬 특유의 정감과 표정으로 탐방객들의 만족도를 높이고 있음. '덤 문화', 수산물산지에 대한 인지도까지 겹쳐 쌍방향 호감도를 갖는 편임.

• **위생, 청결분야**: 탐방객들이 대거 늘면서 위생과 청결부분에 대한 인식이 높아지고, 실천하려 애를 쓰고 있음.

• **관광마인드 분야**: 섬에 대한 자부심이 강하지만 상업적 성향이 두드러져 관광객이 많고 적음에 따라 태도가 달라지는 경향이 아쉬움.

• **협의체 활동분야**: 바다와 관련된 생업이 많고 바빠서 5년 전 협의체 활동이 중단되었고 그 역할을 지역발전위원회에서 맡고 있어 활동이 잘 이뤄지지 않고 관 주도아래 관리와 행사를 기획되고 있음.

2) 실태

• **숙박**: 현대식 건물이 많아 청결하고 이용에 큰 불편은 없음. 그러나 방이 비좁아 수납공간이 적어 이부자리나 베개 등을 그냥 구석에 적재하는 바람에 통풍이 제대로 되지 않아 불쾌감을 줄 수 있음. 냉·난방시설과 샤워시설, 화장실 등 이용시설은 잘 되어 있으나 정리 정돈에 약간 소홀함. 건물이 밀집되는 바람에 창문을 열어도 통풍이 되지 않는 등 약간 답답한 면이 있음.

• **음식점**: 건물과 시설물 정비로 단장된 느낌을 주고 있음. 횟집이 주를 이루고 있지만 테이블에서 생선을 요리하는 것이 아니라 바

닥에서 하는 사례가 있어 위생상 문제가 있음. 천혜의 자연환경을 액자 등에 끼워 이를 홍보하는 것은 좋지만 실내와 조합이 안 되고, 효과도 반감됨. 많은 손님들이 오고 가는 실내에 선반을 만들어 식기, 그릇을 쌓아 관리하는 식당이 많은데 손님들에게 불안감과 비록 정리한 것이어도 어수선한 느낌이 강함. 위생복 차림을 한 업소가 적고 집기류와 어구가 식당 주변에 방치된 사례도 적지 않음. 메뉴판은 가는 집마다 달라 어수선하며 조잡하다는 느낌이 들어 통일성이 부족함.

• **공공시설 및 편의시설:** 녹산 등대가는 길안내 표지판이 같은 지점에서 출발함에도 한쪽은 1.5km로 또 다른 이정표는 0.5km로 잘못 표기되어 혼선을 주고 있음. 녹산 등대 가는 길에 야간 조명시설을 요구하는 주민들이 많음. 민박과 식당가 대부분이 어업과 밀접한 관련이 있는 터라 어구가 어지럽게 널려 있어 통행 불편과 미관을 저해하고 있음. 인력부족으로 관광지 주변 사계청소와 쓰레기 수거가 제대로 되지 않고 있음. 거문도등대로 가는 길 중 목넘이 부분에 데크로 설치한 길 소재는 철재로 만든 나머지 해수로 부식이 진행되고 있는 등 소재 선택과 관리에 문제가 있음.

• **환경 및 청결:** 실내외 환경과 청결활동은 대체적으로 양호한 편이나 탐방객보다 생활편의 위주의 물건, 물품 적재가 많은 편임. 바다풍경이 상품인데도 상가를 비롯한 대로변에 어구들과 불필요한 물건들이 정리정돈이 되지 않은 채 마구 널려 있음. 쓰레기 분리수거가 되고 있기는 하나 쓰레기를 상가 앞에 내놓은 경우가 많음.

3) 제안사항

• 해양공원 내에 서울, 부산, 제주, 일본 등 방향과 거리를 표시하는 방향표시 방안 강구

• 녹산 등대 가는 길 탐방로 및 인어해양공원에 조명시설 보강 방안 강구

• 여객선 대합실이 낡고 전 근대적이어서 편의시설을 포함한 환경 개선이 뒤따라야 할 것임.

• 외국어와 병기된 거문도지구 고유의 메뉴판 개발, 보급

• 관광마인드 교육 필요

Ⅳ. 건의사항

1. 업주 상대의 관광지교육으로 관광완성도를 높여

• 각 지역별 업주가 관광에 대한 마인드 부족으로 관광만족도를 높이지 못하고 있음. 특히 단체 방문객들에게는 필요시 문화관광해설사의 도움으로 질 높은 관광을 구사하고 있지만 개인 및 소수 관광객들에게 관광지와 여수에 대한 설명 부족으로 방문객들의 관심과 이해도를 높이지 못하고 있는 실정임. 따라서 업주들을 대상으로 해당 관광지에 대한 교육(책자 제작 배포, 주민 상대 교육 등)을 통해 가이드화한다면 관광 완성도를 높이는 데 효과적일 것으로 판단됨.

2. 협의회, 번영회 대상 관광교육 정례화

• 컨설팅 결과 상가 대부분이 관광객과 관광지에 대한 이해와 정보습득의 필요성을 인식하고 있지만 제대로 된 교육이나 정보제공자가 드물어 손님 응대에 한계가 많음. 지자체나 관련기관, 단체들이 상가번영회나 마을협의회를 돌며 연 1~2회 관광과 관련된 정보전달과 교육을 통해 관광마인드와 손님 응대 등에 필요한 지식과 정보를 전달하는 것이 바람직함.

3. 외국인 방문객 대비 철저 – 언어, 시설물 보완

• 2012세계박람회 개최로 여수는 해양관광 수요가 증가할 가능성이 크며 외국인 또한 여수에 대한 관심과 방문기회가 잦을 것으로 사료됨. 그러나 주요 관광지 대부분 외국인 방문 시 도움을 줄 수 있는 창구나 인력, 시설이 전무하여 국제도시 품격에 걸맞지 않음. 따라서 외국인 방문객 대비에 만전을 기해야 할 것임.

1) **언어부분**: 관광지별 최소한 영어, 일어, 중국어 가능자가 상주하면 좋지만 여건상 여의치 않을 경우 시와 지역별 상호 협조체계(시나 지원 부서에 통역요청 등)를 구축하여 소통에 불편함이 없도록 해야 할 것임.

2) **시설부분**: 관광안내도나, 업소 방문 시 이해도를 도울 수 있도록 각종 안내, 메뉴 문구에 최소 영문이라도 표기하는 것이 바람직함.

4. 음식폐기물, 쓰레기 분리수거 대책 수립

• 관광지 대다수가 도심을 벗어나 위치하는 바람에 쓰레기 분리, 수거가 제대로 이루어지지 않고 있음. 때문에 불법소각이나 심한 악취로 관광객들의 눈살을 찌푸리게 하고 깨끗하고 맑은 도시 이미지를 크게 해치고 있음. 관광지별 예산지원을 통한 자율협의체에 위탁해 쓰레기, 음식물 분리수거를 제때하거나 방문객들에게 쓰레기는 반드시 되가져가야 한다는 등의 해법을 제시해야 할 것임.

5. 특색 있는 메뉴판 도입 −관광도시 이미지 정립

• 관광객들이 가장 많이 접근하는 메뉴판, 알림판 등은 여수는 물론 관광지별 특성이 전혀 고려되지 않고 주류 제조업체가 광범위하게 제작, 배포한 메뉴판을 사용하고 있는 경우가 대다수임. 따라서 권역별(예: 돌산지역은 갓김치, 일출, 향일암, 해수욕장 등)을 삽입한 특색 있는 메뉴판, 알림판을 만든다면 여수이미지는 물론 관광객들의 만족도가 크게 향상될 것으로 사료됨.

6. 평시 관광지 관리대책 소홀 −인력, 재원확보 시급

• 여수지역은 따뜻한 기후와 바다가 위치한 특성상 관광은 사계절 관광이 용이하므로 이에 준하는 관광지 관리대책이 뒤따라야 함. 그러나 관광지 대부분은 관광 특수철인 봄이나 여름에 집중한 나머지 가을이나 겨울 등 비수기에는 적절한 관리가 되지 않아 풀이나

쓰레기가 산적한 공간이 많음. 따라서 쓰레기 수거, 잡초 제거 등 관광지별 관리에 필요한 재원과 인력을 확보하여 사계절 관광지 특성을 살리는 방안 마련이 필수적임.

7. 관광지별 재미, 흥미시설 개발

• 보며 스쳐 가는 관광지라는 단점을 보완하고 지역경제 활성화와 탐방객들에게는 추억을 담을 수 있는 흥미시설물 개발과 설치가 필요함.

8. 관광지 관리창구 일원화 시급

• 관광지 관리가 사안에 따라 연안관리과와 관광과가 맡고 있는 데 따른 상가주민들의 불만이 많아 효율적인 관리를 위한 관리 개발 창구 일원화가 시급함.

Ⅴ. 총평

• 사업기간이 짧은 데다 업소 방문 시 조사로 인한 피해를 의식한 업주들의 비협조로 구체적인 접근을 하는 데는 어려움이 많았음.
• 2012세계박람회 개최 도시로 인한 관광 파급효과가 상당할 것이라는 전망과 함께 국내외 관광객들이 반드시 여수를 찾을 것이라는 기대심리가 높음.

• 화장실은 물론 건물 내·외부에 대한 노후화가 심하고 임의로 적재된 물건이 어지럽게 널려 있어 미관을 크게 해치고 있어 환경 및 위생 정비가 시급함.

• 유원지나 관광지 관리에 대한 의존도가 협의회나 번영회에 위탁할 수밖에 없는 구조상, 재원과 인력확보 문제로 해당 지역 주민들의 불만이 많음.

• 시설물 관리에 대한 적극적인 행정으로 화장실을 주축으로 한 편의시설은 대폭 확충돼 관광객들의 호응을 받고 있지만 휴식 개념의 쉼터 등은 마련되지 않아 만족감이 소멸되는 경향이 있음.

• 바다라는 관광인자는 사계절 관광이 가능한 특수성을 가지고 있음에도 대부분의 관광지나 유원지 관리는 관광철, 휴가철 단위로만 이루어지고 있어 관광의 한계를 보이고 있음.

• 숙박업소의 경우 모텔급 이상은 가격이나 시설물관리에 비교적 양호한 편이나 일반 민박촌은 요금체계가 명확하지 않은 점이 파악돼 성수기 시 바가지요금에 따른 탐방객들의 민원발생과 관광이미지 훼손이 우려됨.

• 관광지별 업소 대다수는 생계형으로 영세한 경우가 많아 시설물 관리, 보완에 적극 투자하지 못하고 있음. 특히 시설물 보완 역시 지역적이고 친환경적인 개념보다 미적 감각에 중점을 두고 있어 단정한 느낌은 들지만 관광지만의 특징을 살리는 데는 다소 아쉬움이 많았음.

• 종사자 상당수가 나이가 많아 손님 응대나 관광도시 여수 이미지를 살릴 수 있는 관광마인드, 의식이 다소 부족한 면이 없지 않았음.

• 바닷가에 위치한 대부분의 관광지 특성상 해산물 위주의 먹을

거리가 많았는데 가격 면에서 다소 부담이 되는 식당이 많은 점과 인접한 청청해역에서 생산한 신선하고 싱싱한 재료임에도 이를 소개하는 어떠한 문구나 내용이 없어 정작 여수 특산품에 대한 홍보가 제대로 이뤄지지 않고 있음.

• 마을별 보고, 즐기기 위한 외지 관광은 이뤄지고 있지만 '관광 마인드 함양', '관광지 관리 및 업소 운영방안' 등 관광지에 필요한 목적관광이나 선진지 견학 등의 외지 방문 컨설팅은 전무해 관광에 대한 인식과 이해도가 낮은 편임.

2011 김성곤·주승용 국회의원 초청 정책토론회

정리: 김유삼, 오충호(연구소 연구위원)

(사)여수지역사회연구소가 주관한 2011년 정책토론회는 이영일 소장의 사회로 김성곤, 주승용 국회의원이 참석하여 시, 도, 국정을 중심으로 민생과, 경제, 정치 분야 등 8가지 의제를 선정하여 약 2시간 동안 열띤 토론을 진행하였다. 의제의 내용은 먼저, 여수의 인구감소 요인과 그 해결방안, 기업형 슈퍼마켓인 SSM 입점에 따른 규제방안, 지방자치단체의 세수익 증대와 재정자립을 위해 여수산단 본사 이전 추진 방안, 조세 제도 중 부가가치세 개선 방안, 여수광양항만공사 설립에 따른 대책 방안, 박람회 사후 활용방안 등에 대한 토론이 이루어졌다. 이 외에도 전남도 F1국제자동차대회와 오현섭 전 시장의 비리사건과 관련한 의제도 토론할 예정이었으나, 시간 관계상 생략하였다. 주요 토론 내용은 다음과 같다.

- 일　시: 2011. 6. 24.(금) 18:00 ~ 20:20
- 장　소: 동원예식장
- 토론자: 이영일 소장, 김성곤 의원, 주승용 의원
- 주　관: (사)여수지역사회연구소

모두 발언

- **주승용 의원:** 여수시가 해야 할 많은 일들을 연구소가 진행한

것에 대하여 감사하게 생각한다.

• **김성곤 의원:** 지역을 위해 연구소가 앞으로도 더 많은 역할을 기대한다. 정치는 국민들을 행복하게 하는 것이며, 자신의 정치관은 중도 개혁, 실용과 상생인데, 상생은 강자와 약자, 중앙과 지역을 구분하지 말고 함께 잘 사는 것이라고 생각한다.

토론

• **이영일 소장:** 法이란 한자로 풀어보면 물 水변에 갈 去, 즉 물이 흘러가는 것을 형상화한 것이다. 물은 지형에 따라 무상하게 변화하면서도 위에서 아래로 흐른다. 따라서 법은 원칙을 지켜야 하고, 물 같은 유연성을 보여 주어야 하는 것이 법의 생명이다.

법의 규범성에 비추어 '사회가 있는 곳에 법이 있다'고 일컬어지는 것과 같이 인간의 사회생활 보장과 질서의 규범이 법이다. 따라서 법은 어떠한 형태로든 국민들과 직·간접적인 영향을 미치기 마련이다.

따라서 법은 국민을 위해 존재하기 때문에, 법 제정에 앞서 공청회 등을 통해 여론 수렴을 해야 하며, 특히 지역민과 관계되는 법이라면 더욱 그러하며, 이러한 절차는 어떠한 경우에도 소홀히 해서도 안 되고 무시되어서도 안 된다.

1. 인구 감소 원인과 대책

• **이영일 소장:** 세대는 늘어나는데 인구는 감소하는 현상, 전국적인 현상이라고 하지만 이는 곧 정치력의 약화를 의미하며, 두 분 의원

에게도 상당한 정치적 부담을 느낄 것이며, 국회의원 선거구도 1개로 축소될 상황인데, 해결 방안은 무엇인가? 어떤 정책이 필요한가?

• **김성곤 의원:** 인구감소는 심각한 문제이다. 여수 인구는 현재 29만 5천 명이며, 이 중 노령 인구는 13%이다. 절대 인구와 상대 인구가 있는데, 여수의 인구 감소는 대한민국 출산율 저하와 관련이 있다. 문제는 상대 인구인데, 전남과 여수가 다른 지역에 비해 인구가 빠르게 줄고 있으며, 지방에서 수도권으로 인구가 이동하고 있다. 순천과 광양은 인구가 늘고 있지만, 상대적으로 여수는 줄어들고 있다.

방안으로는

1) 교육 시스템 정비와 좋은 고등학교를 유치하는 것인데, 이것은 한계가 있을 것이다.

2) 기업 유치와 일자리 창출로 상생할 수 있는 산업구조를 마련해야 한다.

3) 남해안 선벨트의 중심이 여수이므로 박람회 이후 해양도시로 발전하도록 인구 유입을 해야 할 것이다. 여수 시장은 은퇴도시라고 말하는데, 요양도시의 조성을 하면 좋을 듯하다. 이렇게 특성화사업을 통해 유동인구를 늘리는 것이 이상적인 방법이 될 수 있다.

• **주승용 의원:** 김의원님이 문제점과 대책에 말씀을 잘 해 주셨다. 수도권에 집중적으로 인구가 증가하고 있고, 전반적으로 저출산, 고령화 시대로 가고 있어 인구가 감소하고 있다. 특히 서울·경기·인천은 면적은 12%이지만 인구는 42%로 국가적인 문제이다. 상대적으로 전남의 인구는 190만이 붕괴되고 노인 인구 증가로 초고령 사회로 진입하고 있다. 2000년에 여수시 인구가 33만이었는데, 10년

만에 29만 5천 명으로 3만 5천 명이 감소하였다. 2010년도 여수지역의 차량은 8만 9천 대로 10만 대 시대에 접어들고 있다. 차가 증가하는 이유는 대중교통이 불편해서이다.

인구감소는 시장이 아무리 시정을 잘해도 인구가 감소하면 의미가 없다. 지역경제와 시장의 활성화 등 모든 시정의 궁극적인 목표는 인구증가가 최우선이다. 순천, 광양이 인구가 증가하는 이유는 살기 편하기 때문이다. 여수는 국토의 남단이므로 서울을 기준으로 보면 교통과 지리적 접근이 매우 불편하다. 해상교통이 발달될 때에는 전남동부권의 중심이었으나 지금은 육상교통 위주여서 인구가 줄어들고 있다. 교육 문제에 너무 소홀이 한 듯한데, 매년 중학교 졸업생 300명이 외부 학교로 가고 있다. 학교 설립은 시간 오래 걸리고, 정부 방침에도 맞지 않다.

여수에서 소득을 창출하여 순천으로 이동하고 있는데, 산단에 다니는 사람들 대다수가 순천으로 이전하는 실정이다. 여수산단 노동자 3천여 명이 순천에서 출퇴근하고 있는데, 4인 가족으로 보면 1만 2천 명이 되는 인구이다. 이를 인구 비례해 보면 국가에서 교부받는 지방지원금 60억 원(200만 원*3천 명)을 손해 보고 있다. 그래서 시민운동 등을 통해 인구 유입과 증가에 노력해야 한다. 또한 여수산단에서 지역 거주자에 대한 취업우대를 하면 주소지 이전을 통해 인구 증가효과가 있을 것이다.

2. 지자체 재정자립 위한 여수산단 기업의 여수 이전과 조세 제도 중 부가세 개선방안

• 이영일 소장: 광양만권 주요 도시 기초통계를 아래와 같이 제시하면서, 인구증가와 재정자립도에 있어서 여수만 인구가 감소하고 있고, 또한 여수산단이 있음에도 불구하고 재정자립도도 낮게 나타나고 있다. 고용과 실업률도 순천과 광양에 비해 낮다.

또한 지방자치단체의 세 수익 증대와 재정자립을 위한 방안으로 여수산단 본사 이전 추진 방안이 있을 수 있다. 이전부터 시민사회가 주장하는 것이지만, 여수산단의 연간 매출액이 52조 9천억인데 추정영업이익 중 법인세가 본사 이전으로 세 수익이 된다면 재정자립은 쉽게 해결될 수 있지 않을까 생각한다. 참고로 여수시 2011년도 예산액 7,800억 원이다.

인터넷과 정보화 사회로 대변되는 오늘날, 공단 본사가 굳이 수도권에 있을 필요성을 있는가? 지역 균형발전을 위해 정부주요부처와 기관을 정책적으로 추진하는 것처럼 여수 공장의 본사들을 지역에 유치할 수 있는 방안이 있는지?

광양만권 주요 도시 기초통계

(단위: %)

구분	여수	순천	광양
인구 증가율	-0.18	0.23	0.29
재정자주도	58.8	63.3	68.1
재정자립도	28.9	20.8	37.8
고용률	52.2	55.0	59.1
실업률	3.2	2.0	2.8
경제활동참가율	53.9	56.1	60.8

참고자료: 전남동부지역사회연구소 광양만권 발전 지표(2011.5.)

또한 재정자립의 방안으로 조세제도를 검토할 필요가 있다. 예를 들어 일본은 5%의 소비세(우리나라의 부가가치세) 중 1%(25/100)를 지방세로 부과하고 있고, 여기에 지방세분 지방교부세(남은 4% 중에 29.5%인 1.18%)를 포함하면 2.18% 정도를 지방재원으로 사용하고 있는 반면, 우리나라는 10%의 부가가치세 중 0.5%(5/100)만 지방세로 부과하고 있다. 지방소비세 부분은 취약한 지방재정 구조를 위해서도 지방세 부과를 일본과 같은 비율로 지방세법과 관련 세법인 부가가치세법을 개정하여 도입해 볼만하다고 생각되는데 이에 대한 견해는?

한일 부가가치세 비교

(단위: %)

구분	한국	일본(소비세)	비교
부가가치세	10	5	5
지방세 부과	0.5(5/100)	1(20/100)	△0.5
+α 계	0.5	2.18	△1.68
설 명		지방세분지방교부세(남은 4% 중 29.5%=1.18%)	

• **주승용 의원:** 여수는 산단이 있어도 인구 감소하고 있고, 순천은 산단이 없음에도 인구가 증가하고 있다. 여수산단의 특성은 장치산업인데 고용효과가 낮다. 지금은 기업을 유치해서 인구를 늘리는 시대가 아니다. 고용 없는 성장시대, 많은 일자리가 없다. 오히려 서비스 산업, 복지산업이 고용증대와 함께 인구를 늘린다.

순천은 소비도시이다. 여수에 비해 서비스 산업이 발전해서 인구가 늘어나고 있다. 그래서 여수도 그런 쪽으로 방향을 전환해야 한다.

여수산단의 본사 이전 문제는 강제할 수 없다. 또한 산단의 본사가 이전한다 해서 세수 증대에 큰 효과가 있는 것은 아니다. 예를 들어 GS칼텍스가 내는 국세가 1조 3천억 원인데, 이 중 부가세 1조 2천억 원, 지방세는 60억 원에 불과하다. 문제는 국세와 지방세의 비율이 8:2로 지방세가 20%에 불과하다. 기재부가 예산의 지방이전은 하지 않고 있다. 복지세는 늘어나는데 분권 교부세는 늘어나지 않고 있다.

한일 부가가치세 비교에 있어서 한국은 부가세 10%를 낸다. 부가세를 비교하면 한국이 적지만, 내국세로 보면 더 많다. 민주당은 국세를 지방세로 전환해서 1%를 올리는 데 노력하고 있다(1%는 12조 정도). 주소지만 옮기는 것은 도움이 되지 않고, 본사 인원을 옮기고 건물을 지을 때에 세 수익과 재정자립에 도움이 된다고 본다.

• **김성곤 의원:** 세금문제는 전문적인 지식이 필요하다. 대한민국은 정치력, 경제력 등 중앙에 집중되어 있다. 세제를 바꾸는 것은 어려운 문제이다. MB 정부가 취득세와 종부세를 인하하였고, 이로 인해 지방정부의 재정은 타격을 받고 있다. 전국의 137개 자치단체가 지방세 수입으로는 인건비조차 해결하지 못해 허덕이고 있다. 지방교부세 교부율이 19.24%인데, 이를 1~2%를 올려서 지방재정을 낮게 하는 방법이 있다. 또한 매칭 펀드 방법이 있는데, 돈을 주어도 자치단체는 매칭 펀드를 할 수 없어 중앙에 돈을 다시 돌려준다. 매칭 비율도 지방 재정의 여건에 따라 차이를 두어야 한다. 지방경제가 튼튼해지기 위해서는 기업 유치, 일자리 만들기에 나서야 한다. 서비스 산업과 요양산업은 지역 특성화사업으로 활성화시켜 취업률도 높이고 지방재정에 도움이 되게 해야 한다. 여수는 관광 요양도시, 서비스 산업에 주력해야 한다고 본다.

• **주승용 의원:** 만약 GS가 여수로 본사 이전을 한다면 협력업체

들이 같이 내려와야지 그렇지 않고 남해화학처럼 주소만 옮겨 놓는 것은 의미가 없다. 이명박 정부는 소득세와 법인세에 대해 감세 정책을 실행하고 있는데, 감세 정책을 펴면 대기업과 부자들이 이득을 보는 것이다. 소득세, 법인세가 줄어듦으로서 주민세 13조가 줄어들고 있다. 이에 따라 교부세 의존도가 높은 전남은 엄청난 손해를 받고 있다. 지방세가 줄어드는 것은 아무 의미가 없다. 민주당은 감세 정책을 철회하고 소득세법 개정을 요구하고 있다.

3. 기업형 슈퍼마켓(SSM) 지역 입점에 대한 대책

• 이영일 소장: EU FTA(한·유럽연합 자유무역협정) 발효와 국내 대자본으로부터 중소 상인들을 보호하기 위한 기업형 슈퍼마켓인 SSM 규제 법안인 '유통산업발전법 개정안'이 지난 5월 3일 국회 지식경제위원회를 통과했다. 개정안의 주요 내용은 시장, 군수, 구청장이 전통시장이나 전통상가의 경계로부터 1km 이내의 지역을 전통산업보존구역으로 지정할 수 있게 하고, 규제의 시한은 3년에서 5년으로 연장하게끔 하는 법안이다. 우리 지역에서도 5월 초부터 상인들과 시민사회 및 시의회까지도 1달 보름 이상을 연일 시위와 집회를 통해 지역경제를 파탄 내고 있다고 입점 반대 항의를 하고 있다. 문제는 '유통산업발전법 개정안'이 통과된다 하더라도 이미 입점한 SSM에 대한 소급 적용 등 여러 후속조치와 관련한 법안 개정이 필요한데 이해 대한 견해와 방안은?

지난 5월 31일 여수시의회는 유통산업발전법 및 대중소기업 상생협력촉진법 재개정 촉구를 위한 건의안을 제출
1. 전통상업보존구역을 500m에서 1km로 개정
2. 준대규모점포인 SSM을 500m 이외 지역에서도 규제할 수 있도록 허가제로 개정
3. 대기업유통사업자가 아닌 일반개인사업자가 운영하는 400m 이상 1,000㎡ 미만의 일반준대규모점포에 대해서도 규제할 수 있도록 개정
4. 현행 권고사항인 사업조정심의제도를 권고사항이 아닌 강제사항으로 개정
5. 법 위반 시 강력히 조치할 수 있는 벌칙 조항 강화
6. 법의 실효성 담보를 위해 지방자치단체 조례입법권 확대

• **김성곤 의원:** 지난 6월 23일 국회에서 관련법 개정이 되었다. 순수 가맹점이 문제이다. 현재는 법적 규제는 어렵다. 순수 가맹점을 운영하는 분은 여수 시민이다. 제가 구조를 보니 순수 가맹점이더라도 골목 상권은 쇠퇴할 것이므로 롯데 쇼핑 이사에게 더 이상, 여수에 롯데슈퍼가 들어와서는 안 된다고 말했다. 소비자들이 다양하고 값싼 서비스를 원하는 한 대기업의 슈퍼는 확장하는 것을 막기는 어려울 것이다. 자본주의 시장경제를 하는 한 근본적으로 막기는 어려울 것이다.

다만 몇 가지 길은

첫째, 우리 사회가 양극화, 중산층 약화, 서민층 확대로 이어져 결코 대기업에 도움이 되지 않을 것이다. 스스로가 발전하기 위해서라도 영세슈퍼와 상생. 강구, 마케팅 전략을 강구해야 하며, 이렇게 서민층이 늘어남에 따라 진보정치와 진보정당이 더 유리해질 것이다.

둘째, 물리적으로 거리 규제는 어렵다. 규제 3.5년도 의미 없다. 중소유통업자 스스로가 방법을 강구해야 하는데 경쟁력 강화가 관건이다. 경영교육, 영세상인 공동 조합마련, 단체구입, 판매전략 등의 방법을 모색해야 한다. 또한 시와 시의회가 방법을 찾아야 할 것

이다. 예를 들어 광남일보 6월 24일자 기사를 보면 영암에 마트가 과일, 채소를 보다 신선하게 구입하여 초반에는 기업형 슈퍼마켓에 밀리다가 6개월 만에 반전했다고 전한다. 이렇게 차별화될 수 있는 마트의 전략이 필요하다. 전통시장특별법 제13조 문화자원과 특성화 지정할 수 있고 지방자치단체가 지원할 수 있다.

• **이영일 소장**: SSM 규제 법안을 놓고 유통, 재개정 촉구, 구조적인 문제해결을 위해 법 개정을 통해 방어해 보자는 것을 어떻게 수용할 것인가?

• **주승용 의원**: 세계가 자유무역시대로 접어들어 국가와 자치단체가 중소 상인들을 보호하는 방안을 만들고 있다. 당장 7월부터 한·유럽 FTA가 발효되면 유통법과 상생법이 무력화될 수 있다. 재래시장을 전통상업보존구역이라고 규정하고, 500m를 1km로 개정하였다. 유통법이 2010년 11월 제정되어도 자치단체 조례가 만들어져야 하는데, 발 빠른 170여 개 시는 2011년 4월 말 이전에 조례를 만들었다. 하지만 여수시는 늦게 조례를 만드는 바람에 진남시장 한복판에 롯데 슈퍼가 들어서는 일이 발생했다. 비집고 들어온 민간업자의 도덕성도 문제도 있고, 시 행정의 문제도 있었다. 이미 들어온 기업형 슈퍼마켓을 막아 낼 방법은 현실적으로 사업조정제도의 심의이기 때문에 90일 이내에 시가 사업조정심의를 해서 풀어 나가야 한다.

• **이영일 소장**: 시와 의회가 왜 위임조례를 제정하지 못한 것은 큰 문제이다. 일종의 직무유기 아닌가, 오현섭 비리게이트와 비리 시·도의원들로 인해 의회가 제 역할을 못해 안타깝다.

4. 여수지역 정치현안 여론조사 결과

• 이영일 소장: 차기 총선에서 현역 국회의원 교체 희망이 최근의 여론조사에 의하면 내일신문이 52%, 경향신문이 48.2%가 지지하지 않겠다고 응답하였다. 특히 광주/전라지역은 57.3%가 물갈이를 희망하고 있는 것으로 조사되었는데, 어떠십니까? 나는 아니라고 자신하십니까? 여론조사 결과를 보겠습니다.

• 박강석 연구소 사회여론조사센터 센터장:
  연구소 여론조사 결과 발표

1) 선거구별 정당 지지도

선거구별	한나라당	민주당	자유 선진당	민주 노동당	진보 신당	기타 정당	지지 정당 없음	계
갑 선거구	3.2	47.2	0.9	2.4	0.9	1.2	44.2	100.0
을 선거구	5.1	38.0	0.3	5.1	-	2.1	49.4	100.0
전체	4.2	42.6	0.6	3.7	0.4	1.6	46.8	100.0

2) 19대 총선 시 지역구별 현 국회의원 지지도

선거구별	적극 지지	지지 함	유보	지지하지 않음	절대 지지 하지 않음	계	5점 척도
갑 (김성곤)	19.4	20.7	48.2	7.7	4.0	100.0	3.44 (68.8)
	40.1			11.7			
을 (주승용)	24.5	16.8	46.5	8.6	3.7	100.0	3.50 (70)
	41.3			12.3			
전체	22.0	18.7	47.3	8.1	3.8	100.0	-
	40.7			11.9			

5. 항만공사 설립에 따른 대책 방안

• **이영일 소장:** 해운업이 여수경제의 많은 비중을 차지하는데, 토론회 모두에 법은 여론 수렴의 과정이 필요하다고 했다. 국회는 지난 4월 29일 제299회 임시국회 제8차 본회의를 열어 우윤근 의원이 대표발의하고 주승용 의원 등이 공동 발의해 170번째 안건으로 상정된 '한국컨테이너부두공단법폐지법률안'을 의결한다. 이날 컨부두 폐지법률안이 국회를 통과함에 따라 여수광양항만공사 설립 논의가 가시화될 것으로 보인다. 이에 따라 여수광양항항만공사 설립법으로 인한 지역 경제 피해 대책 방안이 시급하다.

– 차선책으로 사후약방문이지만 8월 19일에 설립되는 항만공사를 여수에 유치하는 방안을 적극 검토하고, 또한 효율적인 행정을 위해 해양항만청과 같은 지역에 본청을 유치(이순신대교 15분 거리에 불과)하는 방안은 어떤가?

• **주승용 의원:** 항만공사가 8월에 출범한다. 저는 찬성 입장이고, 김성곤 의원은 반대의 입장이었다. 미래 불확실한 예측을 하는 것은 장단점이 있다. 찬성이유로는

첫째, 시대적 흐름이다. 여수, 광양항의 해운물동량은 우리나라에서 2번째이다. 부산 1위, 인천 3위 등 부산, 인천, 울산은 항만청이 설립이 되어 있고, 여수만 없는 없어서 형평성에도 어긋난다.

둘째, 빚이 1조가 넘는다고 하는데, 항만공사는 100% 정부가 출자하고 있다. 빚이 많으면 아무래도 사업량이 줄어들지만 1조 5백억 중 실제 광양항만공사가 져야 할 빚은 4천5백억 정도이며, 다른 지역도 빚을 지고 출범하였다. 오히려 설치하지 않았을 때 빚이 더 증

대된다는 용역결과도 있다. 부채 대책으로 광양항은 이미 투자가 다되어서 이제는 큰 빚이 늘어날 요인이 없다. 자금도 345억 원을 여수에 사용하는 것은 아니며, 345억 원이 광양항에 전부 투자되는 것도 아니다. 여수는 다른 투자를 받아야 한다.

셋째, 항만시설사용료는 국토해양부의 승인을 받게 되어 있다. 부산과 인천 항만시설사용료가 2배로 높다. 항만공사가 설립되면 사용료가 인상되어 수입이 증대될 것이다.

넷째, 국토해양부의 항만공사 설립에 관한 연구용역 결과가 나오지 않았다. 항만공사 전환 전후의 비교 용역 결과가 9월에 나온다.

저는 광양과 여수가 같은 권역이라고 생각한다. 저도 여수 지역구 의원으로서 비리 정치인들 때문에 마음속으로 죄의식을 갖고 있고, 시민들에게 죄송하다. 국토해양부에서 주도적으로 항만공사를 추진하고 있는데, 광양항은 열악한 환경 때문에 정부가 그동안 미루어 왔던 것이다.

• 이영일 소장: 주 의원님이 의정보고회에서 시민들을 잘 설득해 주시기 바란다. 서운한 것은 시민 공청회 등 공론화 작업이 적었다.

6. 여수세계박람회 준비와 사후 활용 방안

• 이영일 소장: 2010 여수세계박람회가 이제 323일 남았습니다. 성공적인 대회를 기대하면서 또 한편 사후 활용계획 역시 아주 중요한 우리의 과제라고 생각하는데 이에 대한 두 분 의원님의 견해는?

• 김성곤 의원: 엑스포 사후활용과 관련한 공청회가 오는 30일에 있다. 다른 나라 사후활용을 살펴보아야 한다. 일본은 공원으로, 포

르투갈은 도시로 활용하였다.

첫째, 여수시가 공익적인 측면을 앞으로 살려 나가야 한다. 환경, 기후를 테마로 하는 교육장소로 써져야 한다. 예산이 관건이지만 공익과 상업성 두 가지를 동시에 살려야 한다. 사업적인 측면에서는 부지 수익성 창출, 빅 5포함, 국가항, 해양 레저스포츠, 해양레저스포츠유통단지 등의 수익을 창출할 수 있는 시스템으로 공익과 상업성 두 가지를 살려야 한다. 또한 여수박람회가 끝나고 중앙정부에 갚아야 할 금액이 5천억 원인데, 중앙정부에선 부지를 팔아서 갚으라고 요구하고 있어 구체적인 방법은 없고 해결방안을 모색하기 위해 현재 고심 중이다.

• **주승용 의원:** 우리 여수는 박람회를 통해 SOC 확충이나 관광도시라고 내세울 수중은 어느 정도는 됐다. 물론 성공 개최가 중요하지만, 여수가 계속 잘살 수 있도록 해야 한다. 이제 정부가 줄 것은 다 주었다고 생각하고, 앞으로는 사후활용에 신경을 써야 한다. 박람회장에서 무엇을 보존하고, 무엇을 폐지해야 하는지 고민을 해야 한다. 박람회 사후활용 특별법을 만들어서 수익성과 공익성을 따져서 우리가(여수시가) 잘 해야 한다. 저는 박람회와 남해안 선벨트 사업이 연결하여 사후 활용을 한다면 더 좋은 결과가 있을 것이라고 본다.

방청객 질의

1. 율촌 제2, 3산단 조기조성에 대한 대책
2. 용기공원, 이순신 광장의 명칭 변경
3. 전남대 통합조건으로 한의대 유치조건 등에 대한 질의와 응답

• **김성곤 의원:** 한의대는 인기가 떨어지고 있는 학과로서 큰 도움이 안 되고 국동 캠퍼스를 은퇴자를 위한 공간을 만드는 것도 하나의 방법이다. 여수산단은 매립을 계속하고 있지만, 여전히 공장 부지가 부족한 현실이다. 율촌 제2, 3산단은 전남도와 국토해양부와 협의해서 빨리 착공될 수 있도록 하겠다.

• **주승용 의원:** 율촌산단은 전남동부권의 노른자위로서 활성화를 위해 율촌 2산단, 3산단을 동시에 추진해야 할 것이다. 돈이 없다 보니 준 설토 대립장으로 하고 있고 최근 현대건설과 전남도가 2산단 조성 계약을 하였다. 둔덕 재에서 광양으로 이어지는 산업도로가 있으며, 동부권은 율촌산단 활성화를 위해 노력해야 할 것이다.

시정은 시장과 시의원들이 하는 것이고, 국회의원은 정책 자문과 입법기관으로서의 역할에 주력해야 한다. 모든 시정은 충분히 의견 수렴해서 의희와 상의해서 하면 될 것이다.

지명(역사) 변경은 역사성을 따져 봐야 할 것이다.

용기공원 사업은 도심 녹지를 훼손하는 것은 원칙적으로 바람직하지 않다. 여수시통합청사는 문예회관 터에 나중에 지으면 되고, 용기공원에 통합청사 조성은 반대한다.

전남대 통합시 한의대 유치 조건은 국립대에 한의대가 없으며, 대신 간호학과가 없어 간호학과 배정은 전남에 100명을 받아 한영대 25명, 전남대 25명 배정이 6월에 교과부 배정이 있을 것이다.

마무리 멘트

• **김성곤 의원:** 정치는 다음 선거를 걱정하고 정치가는 다음 세대를 걱정한다. 다음 선거를 걱정하는 정치가가 아닌 다음 세대를 걱

정하는 정치인이 되었음 한다.

• **주승용 의원:** 지방정치에서 중앙정치로 입문하여 시민들께 지속적인 고마움을 느끼고 있다. 앞으로도 청렴하고 부지런하게 뛰겠다. 오현섭 시장과 비리 시·도의원의 문제는 책임지고 있는 정치가로서 시민들에게 송구스럽게 생각한다.

• **이영일 소장:** 지난 1월 31일 두 분 의원을 포함하여 여순사건 재조사, 추가 조사, 위령사업 및 재단 설립 등의 제주4·3특별법과 같은 여순사건 특별법을 공동 발의하여, 향후 법사위원회와 본회의 일정이 남았는데, 이에 대한 두 분 의원의 각별한 관심과 입법 추진을 위한 특별한 노력을 당부 드리면서 지금까지 토론에 임해 주신 두 분 의원님께 다시 한번 감사의 말씀을 드리면서 연구소 주관 정책토론회 모든 순서를 마치겠습니다. 감사합니다.

지방행정체제 개편과 광양만권 도시 통합

연구소 시민위원회

　지난 4월 13일, 지방행정체제개편 추진위원회(이하 위원회)는 그동 안 분과별로 논의해 온 지방행정체제 개편안을 비공개 본회의를 열 어 의결하였다.

　의결 내용은 인구와 면적이 기준에 미달하는 서울과 광역시의 자 치구 10곳을 묶고, 전남 여수・순천・광양, 경북 안동과 예천, 충남 홍성・예산 등 7곳을 3개 자치단체로 묶는 방안과 함께, 또 서울과 광역시 6곳의 구의회・군의회 74곳(전국 기초의회의 32%)을 폐지 하고, 광역시의 구청장은 선거로 뽑지 않고 광역단체장이 임명하는 안건도 의결하였다.

　하지만 의결의 내용이 사안의 중대성에 비해 너무나 문제가 많다 는 지적이다. 예를 들어, 서울・광역시의 과소 자치구 10곳의 통합 안건은 정원 27명 중 22명만이 참석해 그 과반에도 모자라는 8명의 찬성으로 통과시켰고, 나머지 2개 안도 각각 13명, 11명이 찬성해 겨우 절반을 넘기는 등 충분한 공감대 없이 일방적으로 통과시켰다는 비판이 나왔다.

위원회는 이번에 결정된 의결안을 중심으로 오는 6월 30일까지 종합계획을 확정해 대통령과 국회에 제출할 계획이다. 그러나 일부 위원들이 '지방자치제를 파괴하는 결정'이라고 사퇴하는 등 반발이 거세지고 있다.

이에 따라 해당 자치단체와 정치권도 주민의견 수렴이 없는 일방적 행정주의에 대한 비판이 거세게 쏟아지고 있다.

이 같은 사실이 알려지면서 우리 지역에서의 반발은 더욱 높아지고 있다. 이미 여수시의회는 지난달 16일 전체의원 간담회를 통해 "행정구역 통합은 지역의 명운을 결정하는 중차대한 일로 지역민의 의사가 존중되고 적극적으로 반영돼야 하며 여수, 순천, 광양 3개 지방자치단체의 통합은 반대한다"는 입장을 분명히 했다.

광양시의회도 지난달 20일 "일방적인 도시통합 추진 의도에 깊은 우려와 유감이다"며 "정부나 특정 집단의 일방적 의도대로 추진된다면 광양시민과 함께 강력히 저지해 나갈 것이다"라고 밝힌 바 있다.

순천시의회의 경우 "통합을 위한 전제 조건으로 3개시 시민들이 통합에 대한 공감대를 형성하고, 충분히 합의함으로써 준비된 절차에 따라 통합을 이뤄야 더욱 발전하는 광양만권 도시로 거듭날 수 있을 것이다"라는 입장을 전했다.

그렇다면 왜 이렇게 정부는 지방행정체제 개편 정책을 밀어붙이는 것일까? 그동안 이와 관련한 정책 논의가 어떻게 전개되었던 것일까? 하기야 정부 주도의 정책이 비단 이것뿐만이 아니라 새삼스러울 것도 없지만, 이명박 정부의 임기 말 레임덕 현상이 일어나고 있는 이 시기에 또 다른 강수를 택한 그 정책적 의도가 궁금할 따름이다.

2011년 11월 11일 기준의 우리나라 지방행정체제 현황은 다음과 같다. 16개 광역자치단체[특별시(1), 광역시(6), 도(8), 특별자치도(1)]와 228개 기초자치단체[시(73), 군(86), 자치구(69)]를 토대로 제주특별자치도에 설치한 2개 행정시와 50만 이상의 시에 설치한 33개 행정구 및 3,477개의 읍면동으로 구성되어 있다. 요약하면 다음과 같다.

광역자치단체(16): 특별시(1), 광역시(6), 도(8), 특별자치도(1)

기초자치단체(228): 시(73), 군(86), 자치구(69)

행정시(2) * 제주특별자치도에 설치

행정구(33) * 50만 이상의 시에 설치

읍면동(3,477): 읍 215, 면 1,201, 동 2,061

한편 우리나라의 지방행정체제 변천사를 고대에서부터 현재에 이르기까지 살펴보면 다음과 같다.

신라가 고대 3국을 통일하고 685년인 신문왕 때에 9주 5소경을 토대로 117개군, 293개현을 두었으며, 1009년 고려의 현종이 경기 5도 2계를 토대로 4경 4도호부 8목을 두고 15부 129군 335현 29진을 두어 비로소 대략적인 행정구역 완비를 하였다.

이후 조선시대에는 3번에 걸쳐 지방행정체제를 개편하였는데, 1413년 태종 때에 고려의 5도 2계를 한성부 개성부 8도로 개편하여 2부 4대도호부 20목 44도호부 82군 175현으로, 1895년과 1896년 고종 때에는 연이어 한성부 13도를 토대로 7부 1목 329개군 구조를 갖추면서 인위적인 획정을 토대로 근대적이고 중앙집권적인 개편을 전면 단행하였다.

일제 강점기인 1914년, 행정구역 규모와 명칭을 체계화하였는데, 13도를 유지하며 12부 218군 2도가 그것이다.

해방 이후 우리나라는 지방행정체제를 3번에 걸친 전면 개편과 4번에 걸친 부분 개편을 하였다. 1949년 제1, 2공화국 때에 1특별시 9도를 토대로 19시 139군·구를 구성하여 도·특별시-시군-읍면제를 확립하였다.

1961~1987년 26년 동안 1특별시 4직할시 9도를 토대로 56시 138군 38구를 갖춰 직할시 및 군자치제를 도입하였으며, 1995년 1특별시 5광역시 9도를 토대로 67시 98군 65자치구를 구성하여 본격적인 민선 지방자치시대를 맞아 도농통합형 지방행정체제를 출범시켜 왔다.

이후 1997년에는 울산광역시를, 1998년에는 통합 여수시를, 2006년에는 제주특별자치도를 설치하고, 2010년에는 창원, 마산 진해를 통합한 창원시를 설치 개편하였다. 이상의 내용을 도표화하면 다음과 같다.

우리나라 지방행정체제 변천사

시대	실시 연도	계층 수	지방행정계층구조				비고
			1계층	2계층	3계층	4계층	
통일 신라	685 (신문왕)	2	9주 5소경	117군	293현	-	-
고려 시대	1009 (현종)	42	경기 5도 2계	4경 4도호부 8목	15부 129군 335현 29진	속군 속현	대략적인 행정구역 완비
조선 시대	1413	2	한성부 개성부 8도	2부 4대도호부 20목 44도호부 82군 175현	(面·坊·社)	동·리	고려 5도양계의 변천

시대	연도						비고
조선시대	1413	2	한성부 개성부 8도	2부 4대도호부 20목 44도호부 82군 175현	(面·坊·社)	동·리	고려 5도양계의 변천
	1895	2	23부	329군	(面·坊·社)	"	근대적이고 중앙집권적인 개편
	1896	2	한성부 13도	7부 1목 329군	(4,338 面·坊·社)	"	인위적인 획정에 대한 전면개편 단행
일제시대	1914	3	13도	12부 218군 2도	2518면 ※지정면 (1917)	"	행정구역 규모와 명칭 체계화
대한민국	1949 (제1, 2공화국)	3	1특별시 9도	19시 139군, 구	75읍 1,448면	"	도·특별시-시군-읍면제 확립
	1961~1987	3	1특별시 4직할시 9도	56시 138군 38구	189읍 1,265면	"	직할시 및 군자치제 도입
	1995	3~4	1특별시 5광역시 9도	67시 98군 65자치구	(23구)	193읍 1,241면 2,324동	민선자치 본격 출범 도농통합
	1997	울산광역시 설치(중구, 남구, 동구, 북구, 울주군)					
	1998	전라남도 여수시+여천시+여천군 = 여수시					
	2006	제주특별자치도 설치(자치1계층, 시군통합, 행정시 설치) 제주시+북제주군=제주시(행정시), 서귀포시+남제주군=서귀포시(행정시)					
	2010	경상남도 창원시+마산시+진해시 = 창원시					

위원회가 지방행정체제 개편을 추진하는 배경은 다음과 같다.

1) 지방행정체제를 환경변화와 시대 흐름에 맞게 바꾼다.

현재의 지방행정체제의 주요골격은 농경시대였던 100여 년(1896년 13도제 실시) 전에 정해진 것으로 그동안의 교통·통신·인터넷

등의 획기적인 발전을 반영할 필요가 있으며, 1948년 정부수립 이후, 인구의 증가와 농촌·도시 간의 인구 이동, 자치단체 간 역량 차이의 심화 등 사회적·경제적 변화와 함께 현행 지방행정체제의 문제점을 개선하여 주민편익 증진 및 행정의 효율화, 실효성 있는 지방분권과 지방자치의 정착, 세계화 추세에 걸맞은 지역단위 경쟁력 확보를 위해 개편을 추진한다.

2) 생활권과 행정구역을 일치시켜 주민생활을 편리하게 하고자 한다.

교통과 통신의 발전으로 주민의 생활권이 확대되고 있으며, 생활권과 행정구역의 일치로 주민의 생활영역을 아우르는 자체단체의 포괄적 문제해결 능력을 향상시킨다. 예를 들어 ○○군민 22% 정도가 계란 노른자위처럼 자리 잡은 △△시로 출퇴근하거나 통학하고 있으며, 인근 자치단체의 화장장을 이용하거나, 시내버스로 자치단체의 경계를 넘을 때 추가비용을 내고 있기 때문이다.

3) 지방자치단체의 경쟁력과 자생력을 높인다.

농촌지역은 지속적인 인구 감소와 급속한 고령화로 국가 재정의 도움 없이는 유지하기가 어려우며, 시·군·구의 49.6%가 지방세 수입으로 인건비 해결조차 어려울 만큼 재정력이 취약하다. 또한 도시 지역의 발전에 필요한 가용면적의 부족은 공공·산업시설의 유치에 걸림돌이 되고 있는데, 예를 들어 군(郡) 지역의 65세 이상 인구가 1997년 12%에서 2007년 20.1%로 10년 사이에 8.1%p가 증가되었으며, 면(面)의 평균 면적인 62.5㎢보다 작은 시가 10곳이나 있다는 것이다.

4) 지방행정체제 개편으로 행정의 효율성과 삶의 질이 높아진다.

시·도－시·군·구 간 중복된 업무처리가 개선됨으로 행정계층 간 갈등이 해소되며 인력과 예산이 효율적으로 쓰이며, 가까운 자치단체와 공설운동장, 상하수도 시설 등 공공시설을 공동 활용하여 예산을 절약할 수 있다는 것이 행정체제 개편의 배경과 논리인 것 같다.

이를 요약하여 핵심적으로 정리하면, 도를 폐지하여 국가 광역행정청으로 통합하여 설치하고, 시·군·구는 50~100만 규모의 광역시로 통합하는 것이 그 골자인데, 즉 없어지는 시군은 행정구로 존치, 읍면동은 준자치단체화한다는 것이다. 이는 행정계층은 줄지 않고, 자치권은 약화되며(도 폐지 → 국가기관화, 시군구 통합), 경쟁력만 위축되는 결과를 초래할 것으로 우려된다. 이를 도표로 정리하면 다음과 같다.

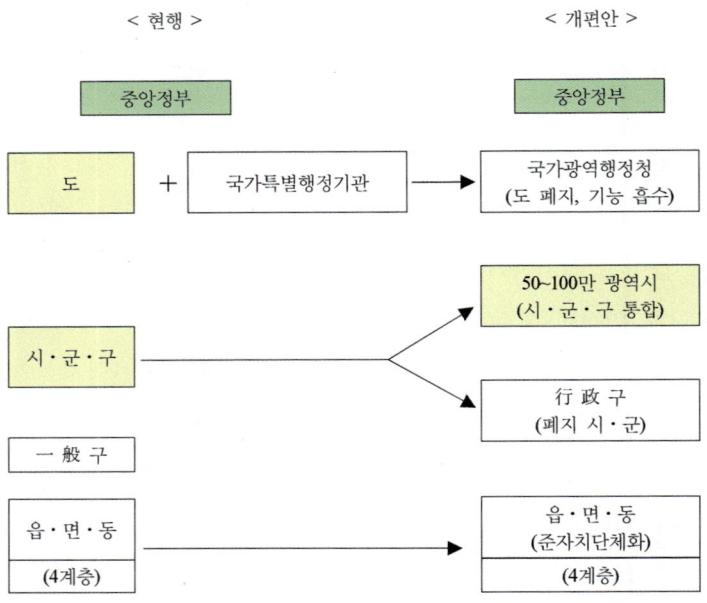

이와 같은 지방행정체제 개편 논의에 대해 정창무 교수(열린 도시계획 연구실)는 경기도의 입장에서 개편 논의의 문제점을 다음과 같이 제기하고 있다.

1) 지나치게 효율성을 중시하여, 지방자치의 근간인 역사성·정체성을 무시하였다. 지방행정체제는 합리성보다는 역사성, 정체성 등이 바탕인데, 인간 본성을 무시한 엘리트 중심의 지나친 합리성만을 중요시한 것이 공산국가 붕괴 이유이다.

따라서, 100년이 넘는 역사는 개편이유가 아니라 존중되어야 할 가치임에도 정치권에서는 100년이 넘은 것을 개편 이유로 지나치게 부각하고 있다.

2) 사실상 계층은 축소되지 않고 자치권의 약화, 신중앙집권화로 재구성된다. 도를 폐지하면서 국가기관으로 『광역행정청』을 설치하고, 시군구를 통합하면서 없어지는 시·군은 『행정구』로 존치 운영된다. 이렇게 되면, 도가 폐지되고, 시·군이 3~4개가 통합되어 국민들의 도, 시군 모두 『직접 선택권』이 상당부분 축소된다. 따라서 道의 폐지는 곧, 道기능이 국가광역행정청으로 이관되는 것으로 이는 자치권의 약화와 중앙권한의 강화로 회귀된다.

3) 2계층의 세계적 보편타당성을 등한시한 결과로 대도시권의 경쟁력이 상실된다. 세계 모든 국가가 2계층을 채택하여, 광역을 초광역화하는 추세인 데 반해 글로벌시대를 맞이하여 대도시 간의 경쟁으로 가는 추세를 감안할 때, 도를 폐지할 경우, 3~4개 시군이 통합

되어도 세계 대도시와의 경쟁에는 한계가 있다.

4) 중앙과 시군 간, 시군과 시군 간의 완충 및 조정자 역할이 부재한다.
조정기능을 국가행정기관에서 관장함으로써, 지방입장이 아닌 중앙입장에서 갈등을 조정할 우려가 있다. 예산도 지방에 전가할 것으로 예상된다.

5) 심각한 사회적 갈등과 비용이 발생한다.
새로운 명칭 선정과 청사 유치문제 등으로 심각한 사회적 갈등이 발생할 우려가 있으며, 시청사와 광역단위 산하 행정·공공기관, 중앙기관 설치로 국고 손실과 함께 각종 명부·대장, 국내외 자료 수정의 불가피함으로 인해 수조 원의 비용이 발생한다.

한편 연구소에서도 지난 3월, 위원회가 추진하고 있는 준광역권의 지방자치단체 통합과 관련된 의견을 제시하였다.

1) 통합대상 지방자치단체인 여수, 순천, 광양시는 이미 통합의 경험을 한 도농복합형 통합자치단체들로서, 통합에 따른 장단점들을 서로 잘 알고 있는 자치단체들이다. 그러므로 통합과정에서 통합을 반대하는 세력[기득권층: 정치권(국회시도의원및단체장), 토호세력]의 조직적인 반발이 만만치 않음을 경험하였다.

2) 따라서 통합과 관련된 다음의 전 단계 과정의 정지 작업이 조건부로 선행되어야 3개 시의 통합은 그 첫걸음을 할 수 있다.

가. 국회·시·도의원 및 단체장에 대한 선거구 획정이 있어야 하며, 농어민 정책을 위한 국회·시·도의원 지분이 반드시 보장되어야 한다. 그렇지 않으면 현행 선거법에서처럼 선거구 축소 위험이 상존하여 그 추진이 현실적으로 매우 어려울 수 있다.

나. 통합대상 지방자치단체마다 연담도시 기능의 특성을 살린 전면적인 도시개발계획이 종합적으로 수립되어야 한다. 예를 들어 여수는 해양관광문화도시와 산업도시, 수산도시, 순천은 교육문화도시, 광양은 물류와 산업도시 기능을 살리면서 인구의 분산과 집중 효과를 유발하여 도시의 균형적인 발전을 도모할 수 있다. 이는 도시 인구의 증가와 함께 지역 정치력의 확보이기도 하다.

다. 광역 통합과 관련한 그동안의 각종 여론조사에 의하면, 해당 주민들이 통합에는 원칙적으로 동의를 하는 편인데, 대체적으로 순천 >여수 >광양 순으로 동의를 하고 있다. 그러나 위에서 적시한 내용들을 주민들은 잊지 않고 조건부 동의를 하고 있음을 상기하기 바란다. 이는 당위가 아닌 현실이기 때문이다. 결론적으로 조건부 동의가 아니면 이를 동의하기 어렵다는 의견을 제시한 바 있다.

따라서 현행 정부가 추진하고 있는 지방행정체제 개편은 민선 지방자치시대에 맞지 않는 중앙집권적 사고방식이며, 지방자치의 근간인 역사성·정체성을 무시하여 지나치게 효율성만을 강조하고 있을 뿐 아니라, 자치단체 간 행정 조정기능조차도 현장 행정을 무시한 중앙의 관료주의적 입장에서 갈등을 조정할 우려로 인해 민주주의가 과거 권위주의로 크게 후퇴하게 될 것이라는 의견이 지배적이다. 아무리 좋은 정책이라도 국민의 의견수렴 과정이 반드시 필요하며 이를 위해서는 '한 사람의 열 걸음보다 열 사람의 한 걸음'이 더 중요할 수 있음을 중앙정부가 이를 간과하지 않았으면 한다.

청소년교육정책 공개 메니페스토 약정 체결식 이행에 대한 여론조사 결과

박강석(연구소 사회여론조사센터장)
서희종(연구소 사회조사부장)

Ⅰ. 조사 설계

1) 표집 대상: 광양시, 나주시, 목포시, 순천시, 여수시의 중·고등
   학생

2) 표본 크기: 717명(표집 대상 중의 0.75%)

3) 표집 방법: 지역별 학생수에 비례한 무작위표집

4) 조사 방법: 직접면접조사

5) 조사 시기: 2011. 7. 22. ~ 8. 8. (18일간)

6) 표집 오차: ±1.82P (95%의 신뢰도)

7) 의뢰 기관: 전남청소년YMCA협의회

8) 조사 기관: 여수지역사회연구소

Ⅱ. 조사대상자의 일반적 특성

본 조사는 2011년 7월 22일부터 8월 8일까지 18일간 광양시, 나주시, 목포시, 순천시, 여수시의 중·고등학생을 대상으로 실시하였다. 전체 95,006명 중에서 지역별 학생수 비례에 의해 717명을 직접 면접조사방식을 통해 장만채 전남도 교육감의 청소년교육정책에 대한 수용 여부와 공약사항에 대한 이행여부를 파악하고자 실시하였다. 본 조사의 표집오차는 95%의 신뢰수준에 ±1.82p이다.

여론조사결과 지역별로 여수시, 순천시, 목포시, 광양시, 나주시 순으로 표집되었으며, 중고등별로는 중학생이 41.7%, 고등학생이 58.3%로 표집되었다. 성별로는 남학생이 406명인 56.6%, 여학생이 311명인 43.4%로 여학생보다는 남학생이 많이 표집되었다.

1. 지역별

지역별	광양	나주	목포	순천	여수	Total
응답	89	68	124	179	257	717
응답률	12.4	9.5	17.3	25.0	35.8	100.0

2. 중고등별

중고등별	중학교	고등학교	Total
응답	299	418	717
응답률	41.7	58.3	100.0

3. 성별

성별	여학생	남학생	Total
응답	311	406	717
응답률	43.4	56.6	100.0

Ⅲ. 조사결과 분석

1. 전인적 성장지원이나 민주적 시민양성을 위한 교육 이수

"전인적 성장지원이나 민주적 시민양성을 위한 교육을 받아 본 적이 있는가?"라는 질문에, '그렇지 않다' 32.8%, '보통이다 32.2%, '전혀 그렇지 않다' 19.0%, '그렇다' 12.1%로 순으로 조사되었다. 조사결과 전체적으로 '부정적'으로 응답한 비율이 51.8%이고 '긍정적'인 응답이 14.7%로 나타났다. 성별분석 결과 남학생보다는 여학생들에게서 '부정적'인 응답비율이 높았다. 중·고등별로 살펴보면 고등학생들이 중학생들에 비해 상당히 많은 수가 교육을 받은 적이 없다는 '부정적'인 응답을 보였다. 한편 고등학교에서도 실업계보다는 인문계에서 부정적이 응답이 상당히 많은 수가 나타났는데 이는 인문계 고등학교에서 입시중심의 교육이 이루어지고 있어 전인교육 혹은 민주시민교육에 대한 교육이 잘 이뤄지고 있지 않기 때문으로 분석된다. 지역별로 보면 나주, 광양, 순천, 여수, 목포의 순으로 긍정적인 응답이 많았다.

	전혀 그렇지 않다	그렇지 않다	보통 이다	그렇다	매우 그렇다	무응답	Total	5점 척도
응답	136	235	231	87	19	9	717	2.46
응답률	19.0	32.8	32.2	12.1	2.6	1.3	100.0	

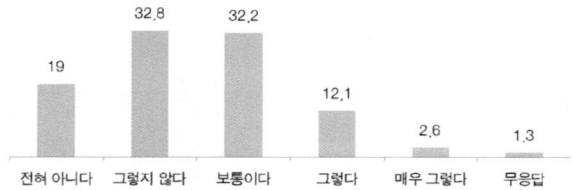

전인적 교육 혹은 민주적 시민양성 교육

2. 소규모 학교(시골 작은학교)에 대한 지원

"소규모 학교 혹은 시골 작은학교에 대한 지원이 잘 이뤄지고 있는가?"라는 질문에 대해, '보통이다' 42.9%, '그렇지 않다' 23.9%, '그렇다' 12.1%, '전혀 그렇지 않다' 10.7%로 순으로 조사되었다. 조사결과 전체적으로 '부정적'으로 응답한 비율이 '긍정적'으로 응답한 비율에 비해 2배 이상 높게 나타났다. 성별분석 결과 여학생보다는 남학생들이 '긍정적'으로 응답하였으며, 중·고별로 살펴보면 고등학생들이 중학생들에 비해 '부정적'인 응답을 보였다. 지역별로 보면 나주, 목포, 광양, 여수, 순천의 순으로 소규모 학교 혹은 시골 작은학교에 대한 지원이 부족하다고 응답하였다. 특히 나주의 경우 다른 지역에 비해 상당히 많은 학생들이 지원이 부족하다고 응답하였다.

	전혀 그렇지 않다	그렇지 않다	보통 이다	그렇다	매우 그렇다	Total	5점 척도
응답	53	119	247	60	18	497	2.74
응답률	10.7	23.9	49.7	12.1	3.6	100.0	

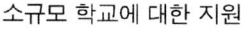

소규모 학교에 대한 지원

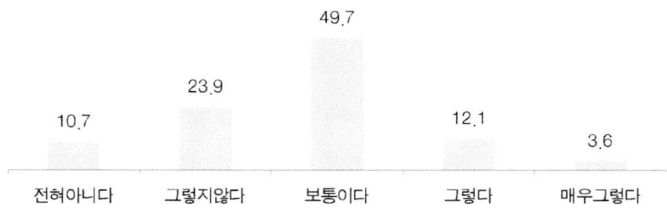

3. 진로탐색을 위한 수업 이수

"교과과정 중에 진로탐색을 위한 시간이 포함되어 있거나 수업을 받은 적이 있는가?"라는 질문에 대해, '그렇다' 38.6%, '보통이다' 25.7%, '매우 그렇다' 18.0% 순으로 조사되었다. 전인적 성장지원이나 민주적 시민양성을 위한 교육에 대한 설문과 비교해 보면, '긍정적'으로 응답한 학생이 '부정적'으로 응답한 학생에 비해 상당히 많았다. 성별 및 중·고등별 결과를 보면 거의 '긍정적'인 응답과 '부정적'인 응답이 전체적인 평균과 비슷한 결과를 보여 주었다. 지역별로 보면 목포, 광양, 여수, 순천, 나주의 순으로 진로탐색을 위한 교육이 잘 이루어지고 있는 것으로 조사되었다.

	전혀 그렇지 않다	그렇지 않다	보통이다	그렇다	매우 그렇다	무응답	Total	5점 척도
응답	51	64	184	277	129	12	717	3.52
응답률	7.1	8.9	25.7	38.6	18.0	1.7	100.0	

진로탐색을 위한 교육

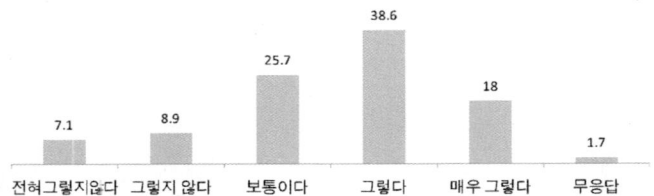

3-1. 진로탐색을 위한 교육과 자원봉사활동과의 연계

"3번 설문 교과과정 중에 진로탐색을 위한 시간이 포함되어 있거나 수업을 받은 적이 있는 학생 중에서 이러한 수업과 자원봉사활동이 연계하여 이루어지고 있는가?"라는 질문에 대해, '그렇지 않다' 35.5%, '보통이다' 31.2%, '그렇다' 21.8%, '전혀 그렇지 않다' 5.8%, '매우 그렇다' 5.6% 순으로 조사되었다. 조사결과 진로탐색을 위한 교육과 연계하여 이루어지고 있지 않다는 '부정적'인 응답이 '긍정적'으로 응답한 학생에 비해 약간 높게 나타났다. 성별분석 결과 여학생들은 대체적으로 '긍정적'으로 응답한 반면 남학생들은 '부정적'으로 응답하였다. 중·고등별로 살펴보면 고등학생들이 중학생들에 비해 '부정적'인 응답을 많이 보였다. 지역별로 보면 광양, 나주, 순천, 여수, 목포 순으로 연계활동이 잘 이루어지고 있다고 응답하였다.

이 중 광양은 다른 지역에 비해 상당히 많은 학생들이 진로탐색을 위한 교육과 자원봉사활동의 연계가 잘 이루어지고 있다고 응답하였다.

	전혀 그렇지 않다	그렇지 않다	보통 이다	그렇다	매우 그렇다	Total	5점 척도
응답	23	140	123	86	22	394	2.86
응답률	5.8	35.5	31.2	21.8	5.6	100.0	

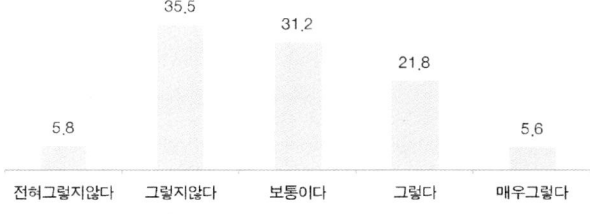

진로탐색 수업이 자원봉사활동과 연계

4. 실업계고교의 경쟁력 강화를 위한 지원

"실업계고교의 경쟁력 강화를 위한 적극적 지원이 이루어지고 있다
고 생각하는가?"라는 질문에 대해, '보통이다' 44.4%, '그렇지 않다'
28.6%, '그렇다' 16.7%, '전혀 그렇지 않다' 7.5% 등의 순으로 조사되
었다. 전체적으로 '부정적'인 응답이 '긍정적'으로 응답에 비해 많았다.
성별로 분석해 보면, 남학생들이 여학생들에 비해 '부정적'인 응답이
많았고, 중·고등별로는 고등학생들이 중학생들에 비해 '부정적'으로
생각하는 것으로 나타났다. 이 설문의 경우 중학생과 인문계 고등학생
들 상당수가 '해당 없음'으로 응답하였고, 특성별로 인문계 학생들보
다는 실업계 학생들이 '부정적'인 응답을 하였다. 실제 직접대상자인
실업계 고등학생들이 느끼는 지원은 미비하다고 보아야 할 것이다.
지역별로 보면 광양, 여수, 순천, 나주, 목포의 순으로 실업계고교
에 대한 지원이 잘 이루어지고 있다고 응답하였다.

	전혀 그렇지 않다	그렇지 않다	보통 이다	그렇다	매우 그렇다	Total	5점 척도
응답	19	72	112	42	7	252	2.78
응답률	7.5	28.6	44.4	16.7	2.8	100.0	

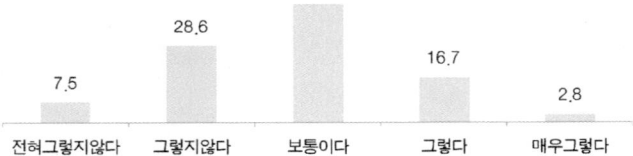

실업계 고교의 경쟁력 강화를 위한 적극적인 지원

5. 방과 후 수업에 대한 자발적 참여

"방과 후 수업을 스스로 희망해서 참여하는가?"라는 질문에 대해, '전혀 그렇지 않다' 31.1%, '그렇지 않다' 23.5%, '보통이다' 20.0%, '그렇다' 19.0%, '매우 그렇다' 6.5% 순으로 조사되었다. 전체적으로 상당히 많은 학생들이 방과 후 수업을 자신의 의지와 상관없이 참여하고 있음을 보여 주고 있다. 중·고등별로는 중학생들의 경우 긍정적인 응답과 부정적인 응답이 비슷하게 나온 반면, 고등학생 중 절반 이상은 방과 후 수업을 스스로 희망하지 않음에도 불구하고 참여하고 있다고 응답하였다. 지역별로 보면 순천, 광양, 나주, 목포, 여수의 순으로 방과 후 수업에 자율적으로 참여하고 있는 것으로 나타났다.

	전혀 그렇지 않다	그렇지 않다	보통이다	그렇다	매우 그렇다	Total	5점 척도
응답	168	127	108	103	35	541	2.46
응답률	31.1	23.5	20.0	19.0	6.5	100.0	

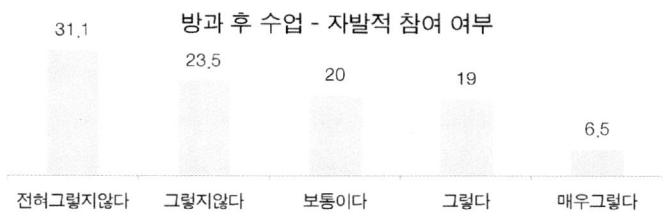

방과 후 수업 - 자발적 참여 여부

6. 야간자율학습에 대한 자발적 참여

　"야간자율학습을 스스로 희망해서 참여하는가?"라는 질문에 대해, '전혀 그렇지 않다' 37.8%, '그렇지 않다' 21.8%, '보통이다' 20.1%, '그렇다' 15.8%, '매우 그렇다' 4.6% 순으로 응답하였다. 방과 후 수업과 마찬가지로 상당수의 학생들이 야간자율학습에 자신의 의지와 무관하게 참여하고 있다고 응답하였다. 성별로 보면 남학생들이 여학생들보다 약간 더 자발적으로 야간자율학습을 참여하고 있다고 응답하였고, 중·고등별로는 중학생에 비해 고등학생이 야간자율학습에 자율적 참여에 '극히 부정적'으로 응답하였다. 지역별로 보면 여수, 목포, 나주, 광양, 순천의 순으로 야간자율학습에 비자발적으로 참여하고 있다고 응답하였다.

	전혀 그렇지 않다	그렇지 않다	보통이다	그렇다	매우 그렇다	Total	5점 척도
응답	182	105	97	76	22	482	2.28
응답률	37.8	21.8	20.1	15.8	4.6	100.0	

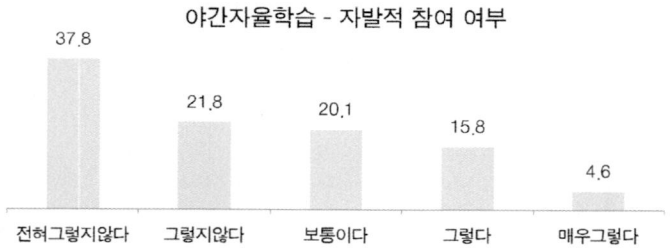

야간자율학습 - 자발적 참여 여부

7. 국가수준학업성취도평가(일제고사) 응시 여부

"최근 1년간 국가수준학업성취도평가(일제고사)를 치른 적이 있는가?"라는 설문에 대해 '치렀다' 86.3%, '치르지 않았다' 13.7%로 대다수의 학생들이 일제고사를 치룬 경험이 있는 것으로 조사되었다. 중·고등별로 살펴보면 중학생보다는 고등학생이 좀 더 많이 일제고사를 치렀다고 응답했으나 일제고사와 다른 시험을 혼동하여 응답한 경우도 적지 않았으리라 판단된다.

	치렀다	치르지 않았다	Total
응답	434	69	503
응답률	86.3	13.7	100.0

일제고사 시행여부

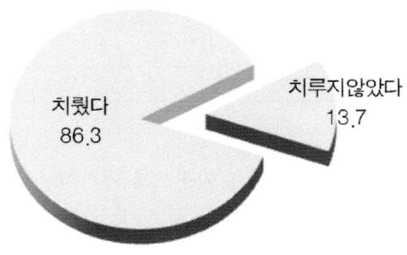

치렀다
86.3

치루지않았다
13.7

8. 전남교육공동체 인권조례 인지 여부

"전남교육공동체 인권조례에 대해서 어느 정도 알고 있는가?"라는 질문에 대해, '모른다' 40.3%와 '전혀 모른다' 20.9%를 합치면 전남교육공동체 인권조례를 알지 못하는 학생이 61.2%나 되는 것으로 나타났다. '알고 있다' 7.3%와 '매우 잘 알고 있다' 2.1%로 전남교육공동체 인권조례에 대해 알고 있는 학생들이 10%에도 미치지 못했다. 이는 아직까지 전남교육공동체 인권조례에 대해 학생들에게 홍보가 많이 부족한 것으로 파악된다. 성별로 살펴보면 남학생과 여학생의 인지 여부는 거의 유사하고, 중·고등별로는 고등학생이 중학생에 비해 오히려 전남교육공동체 인권조례를 잘 알지 못하고 있는 것으로 나타났다.

	전혀 모른다	모른다	보통이다	알고 있다	매우 잘 안다	무응답	Total	5점 척도
응답	150	289	206	52	15	5	717	2.29
응답률	20.9	40.3	28.7	7.3	2.1	0.7	100.0	

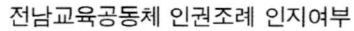

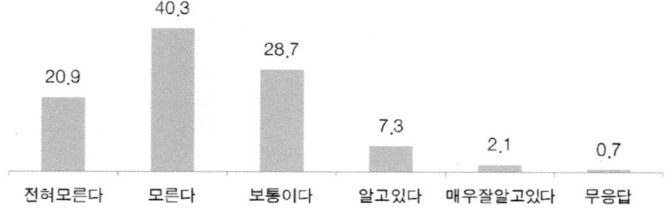

전남교육공동체 인권조례 인지여부

9. 전남교육공동체 인권조례 제정에 대한 찬반

"전남지역에서 학생인권조례를 대신해서 교육공동체 인권조례를 제정하는데 어떻게 생각하는가?"라는 질문에 대해, 찬성 의견이 29.4%로 반대 의견 14.1%보다 2배 정도 높게 나타났다. '보통'이라고 응답한 학생들이 절반이 넘는데, 이는 전남교육공동체 인권조례를 알지 못하는 학생들이 대부분 '보통'으로 응답하였기 때문이다. 성별로 살펴보면 여학생보다 남학생이 약간 더 찬성하는 입장으로 나타났다. 중·고등별로는 중학생보다 고등학생이 전남교육공동체 인권조례 제정에 찬성하는 입장을 보였다. 지역별로는 나주 지역의 학생들이 전남교육공동체 인권조례 제정에 많이 알고 있으며 찬성하는 입장을 보였다.

	매우 반대	반대	보통	찬성	매우 찬성	무응답	Total	5점 척도
응답	37	64	393	143	68	12	717	3.20
응답률	5.2	8.9	54.8	19.9	9.5	1.7	100.0	

전남교육공동체 인권조례 제정에 대한 찬반

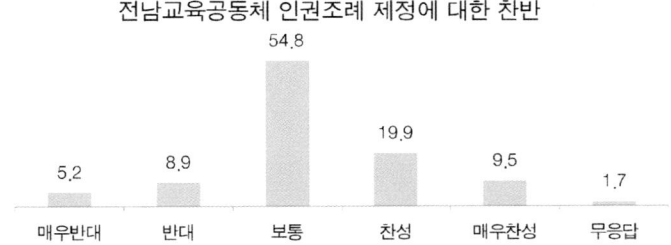

10. 지구촌 시민교육 이수

 "지구촌 시민교육이 교과과정에 포함되어 있거나 수업으로 받은 적이 있는가?"라는 질문에 대해, '보통이다' 33.2%, '받은 적이 없다' 32.1%, '전혀 받은 적이 없다' 19.0%, '받았다' 12.8% 등의 순으로 조사되었다. 전체적으로 '부정적' 응답이 51.1%로 절반을 넘고, '긍정적' 응답은 14.8%로 낮게 나타났다. 성별로 살펴보면 여학생보다 남학생이 지구촌 시민교육을 약간 더 받은 것으로 나타났다. 성별로는 거의 차이가 없고, 중·고등별로 살펴보면 고등학생이 중학생보다 지구촌 시민교육을 받은 경험이 적다고 응답하였다. 지역별로는 광양, 순천, 여수, 나주, 목포 순으로 교육을 많이 받았다고 응답하였다.

	전혀 그렇지 않다	그렇지 않다	보통이다	그렇다	매우 그렇다	무응답	Total	5점 척도
응답	136	230	238	92	14	7	717	2.46
응답률	19.0	32.1	33.2	12.8	2.0	1.0	100.0	

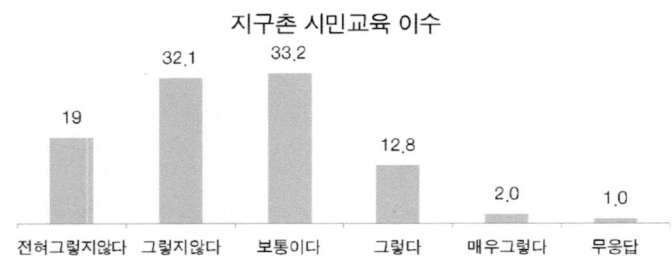

11. 인권에 대한 교육 이수

"인권에 대한 교육이 교과과정에 포함되어 있거나 수업으로 받은 적이 있는가?"라는 질문에 대해, '보통이다' 37.4%, '받은 적이 없다' 21.1%, '받은 적이 없다' 20.2%, '전혀 받은 적이 없다' 14.4% 등의 순으로 응답하였다. '부정적' 응답이 '긍정적'인 응답보다 약간 많다. 성별로 살펴보면 여학생보다 남학생이 약간 더 찬성하는 입장으로 나타났다. 위의 지구촌 시민교육과 마찬가지로 성별로는 거의 차이가 없고, 중·고등별로 중학생이 고등학생보다 인권에 대한 교육을 받은 경험이 많은 것으로 나타났다. 지역별로는 광양이 인권에 대한 교육을 받은 학생수가 가장 많고 목포가 가장 적었다.

	전혀 그렇지 않다	그렇지 않다	보통이다	그렇다	매우 그렇다	무응답	Total	5점 척도
응답	103	151	268	145	44	6	717	2.83
응답률	14.4	21.1	37.4	20.2	6.1	0.8	100.0	

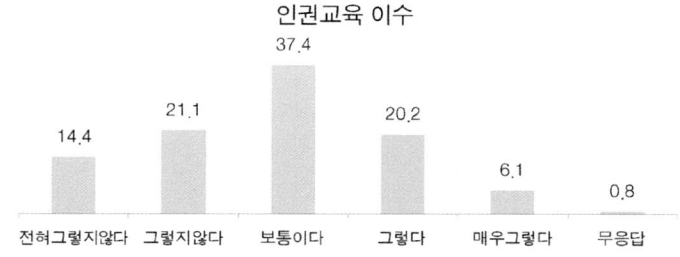

인권교육 이수

12. 심야학습제한 조례에 대한 찬반

"현재 학원심야학습을 밤 12시까지 제한하는 심야학습제한조례에 대해 어떻게 생각하는가?"라는 질문에 대해, '보통이다' 22.7%, '매우반대' 22.6%, '반대' 22.0%, '찬성' 16.9%, '매우 찬성' 15.1% 순으로 응답하였다. '부정적' 응답이 44.6%로 '긍정적'인 응답 32.0%보다 높게 나타났다. 성별로 살펴보면 여학생들의 경우 '매우 찬성'과 '매우 반대'가 '찬성'과 '반대'보다 높게 나타나 그래프 곡선이 양끝에서 위로 올라가는 접시 형태로 나타나고 있어 특이하다. 중·고등별로 살펴보면 중학생이 고등학생보다 심야학습제한조례에 대해 찬성한다고 응답하였다. 지역별로는 나주, 순천, 광양, 목포, 여수의 순으로 심야학습제한조례에 찬성하는 것으로 조사되었다.

	매우 반대	반대	보통	찬성	매우찬성	무응답	Total	5점 척도
응답	162	158	163	121	108	5	717	2.80
응답률	22.6	22.0	22.7	16.9	15.1	0.7	100.0	

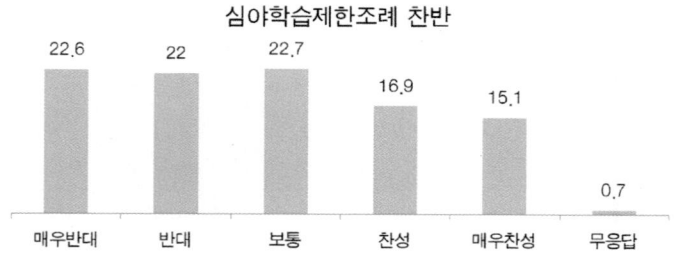

심야학습제한조례 찬반

13. 다문화학생을 위한 교육 지원

　"다문화 학생들은 위한 다양한 교육과 학습지원이 이루어지고 있는가?"라는 질문에 대해, '부정적'인 응답이 42.4%로 '긍정적'인 응답 14.3%보다 높게 나타났다. '보통'이라는 응답이 41.7%인 것을 감안하면 많은 학생들은 다문화학생들을 위한 지원에 대해 부정적인 의견을 피력하고 있다고 보아야 할 것이다. 성별로는 남학생들이 여학생들에 비해 지원이 미비하다고 응답하였고, 중·고등별로는 중학생이 고등학생보다 다문화학생에 대한 지원이 잘 이뤄지고 있다고 응답하였다. 지역별로는 5개 지역에서 거의 비슷한 비율로 나타났다.

	전혀 그렇지 않다	그렇지 않다	보통이다	그렇다	매우 그렇다	무응답	Total	5점 척도
응답	103	201	299	82	21	11	717	2.60
응답률	14.4	28.0	41.7	11.4	2.9	1.5	100.0	

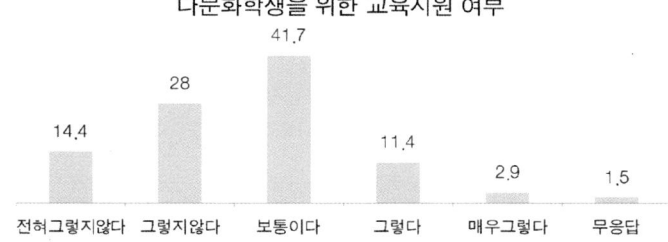

다문화학생을 위한 교육지원 여부

14. 학업중단 청소년을 위한 교육 지원

"학업중단 청소년들은 위한 지원이 이루어지고 있는가?"라는 질
문에 대해, '부정적'인 응답이 53.7%로 '긍정적'인 응답 10.3%보다
높게 나타났다. '보통'이라는 응답도 33.3%로 높게 나타났다. 성별
로는 여학생들이 남학생들에 비해 지원이 잘 이루어진다고 응답하
였고, 중·고등별로 고등학생들이 중학생에 비해 다문화학생 지원
이 잘 이루어지지 않는다고 부정적으로 응답하였다. 지역별로는 나
주지역의 학생들이 다른 지역에 비해 부정적인 응답을 많이 하였다.

	전혀 그렇지 않다	그렇지 않다	보통이다	그렇다	매우 그렇다	무응답	Total	5점 척도
응답	155	230	239	55	19	19	717	2.36
응답률	21.6	32.1	33.3	7.7	2.6	2.6	100.0	

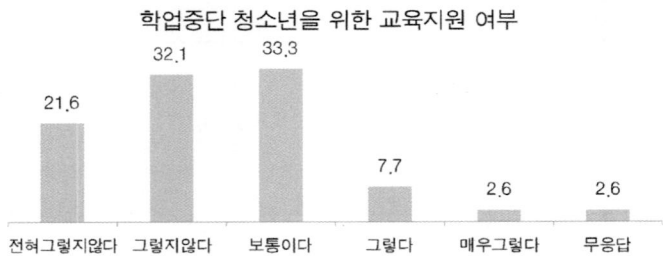

학업중단 청소년을 위한 교육지원 여부

15. 친환경무상급식 지원

"우리 학교에서 친환경무상급식이 이루어지고 있는가?"라는 질문에 대해, 친환경무상급식이 '지원된다' 19.9%, '지원되지 않는다' 54.0%로 친환경무상급식이 지원되지 않고 있다고 응답한 학생들이 더 많았다. 중·고등별로 살펴보면 중학생들이 고등학생들보다 친환경무상급식 지원이 더 많이 지원된다고 응답하였다. 친환경무상급식의 읍면지역 학생들을 대상으로 많이 이루어지고 있기 때문에 시 단위가 아닌 군 단위까지 조사가 추가되었다면 좀 더 자세한 결과를 얻을 수 있었을 것이다.

	전혀 그렇지 않다	그렇지 않다	보통이다	그렇다	매우 그렇다	무응답	Total	5점 척도
응답	230	157	181	87	56	6	717	2.41
응답률	32.1	21.9	25.2	12.1	7.8	0.8	100.0	

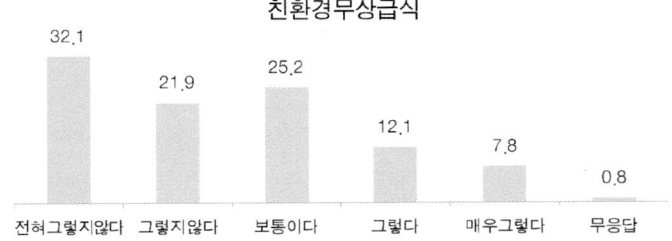

16. 교복 공동구매

"우리 학교에서 교복을 공동구매하고 있는가?"라는 질문에 대해, '그렇다' 28.3%, '보통이다' 21.1%, '매우 그렇다' 18.1%, '전혀 그렇지 않다' 16.9%, '그렇지 않다' 14.8% 순으로 조사되었다. 교복공동구매에 대해 '긍정적'인 응답 46.4%, '부정적'인 응답 31.7%로 긍정적인 응답이 높게 나타났다. 지역별로 살펴보면 나주시는 상당수의 학생들이 교복을 공동구매하지 않는다고 응답한 반면, 목포는 교복공동구매를 많이 하고 있다고 응답하였다.

	전혀 그렇지 않다	그렇지 않다	보통이다	그렇다	매우 그렇다	무응답	Total	5점 척도
응답	121	106	151	203	130	6	717	3.16
응답률	16.9	14.8	21.1	28.3	18.1	0.8	100.0	

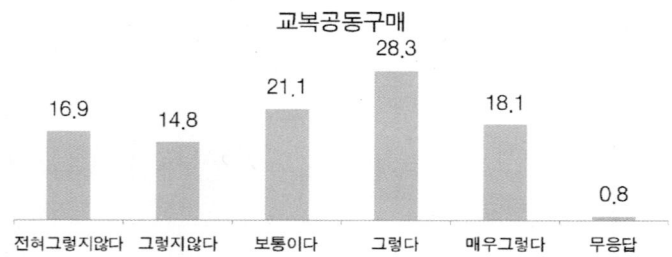

17. 부교재 및 기타 학습준비물에 대한 무상지원

　"부교재를 비롯한 기타 학습준비물을 학교에서 무상으로 지원하는가?" 질문에 대해, '전혀 그렇지 않다' 30.5%, '그렇지 않다' 27.3%, '보통이다' 26.1%, '그렇다' 11.7%, '매우 그렇다' 3.3% 순으로 부정적인 응답이 주를 이루었다. 고등학생들보다는 중학생들이 부교재 및 기타 학습준비물에 대한 무상지원이 조금 더 많이 있다고 응답했으며, 남학생보다는 여학생들이 약간 더 많이 부교재 및 기타 학습준비물을 무상지원해 주고 있다고 응답하였다. 지역별로 광양, 순천, 여수, 목포, 나주의 순으로 무상지원이 많이 이루어진다고 응답하였다.

	전혀 그렇지 않다	그렇지 않다	보통이다	그렇다	매우 그렇다	무응답	Total	5점 척도
응답	219	196	187	84	24	7	717	2.29
응답률	30.5	27.3	26.1	11.7	3.3	1.0	100.0	

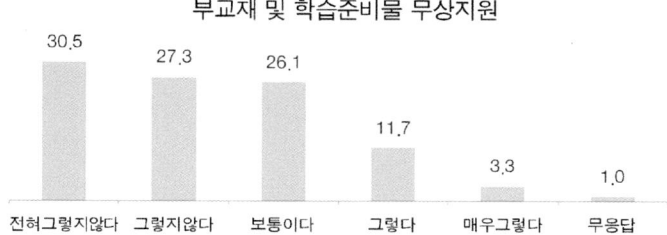

부교재 및 학습준비물 무상지원

18. 학생회의 의견 반영

"우리 학교에서 학생회의 의견을 얼마나 인정해 주고 있는가?"라는 질문에 대해, 긍정적인 응답이 22.2%, 부정적인 응답이 34.3%로 학생회의 의견이 학교에 많이 반영되지 않는 것으로 조사되었다. 성별과 지역별로는 전체 결과와 거의 비슷한 결과를 보여 주고 있고, 중·고등별로 살펴보면 중학생보다는 고등학생들이 학생회의 의견을 많이 반영해 주지 않는다고 부정적인 응답을 많이 했다.

	전혀 그렇지 않다	그렇지 않다	보통이다	그렇다	매우 그렇다	무응답	Total	5점 척도
응답	107	139	305	137	22	7	717	2.76
응답률	14.9	19.4	42.5	19.1	3.1	1.0	100.0	

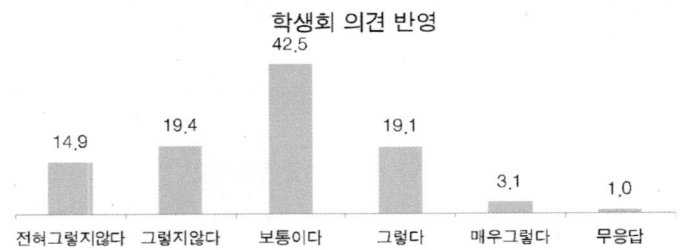

19. 동아리의 활동 참여

"동아리활동은 얼마나 자유롭게 참여하고 있느냐?"라는 질문에 대해, '보통' 37.1%, '자유롭게 참여' 30.0%, '제한적으로 참여' 13.7%, '매우 제한적으로 참여' 9.5%, '매우 자유롭게 참여' 9.1% 순으로 조사되었다. 전체적으로 보면 긍정적인 응답이 39.1%, 부정적인 응답이 23.3%로 동아리 활동에 대해 학생들은 대체적으로 자유스럽게 참여하는 것으로 조사되었다. 동아리의 활동에 참여방식에 대해서도 성별과 지역별은 비슷하지만 중학생들에 비해 고등학생들이 약간 많이 자유롭게 참여하지 못한다고 응답하였다.

	매우 제한적 참여	제한적 으로 참여	보통	자유롭게 참여	매우 자유롭게 참여	무응답	Total	5점 척도
응답	68	98	266	215	65	5	717	3.16
응답률	9.5	13.7	37.1	30.0	9.1	0.7	100	

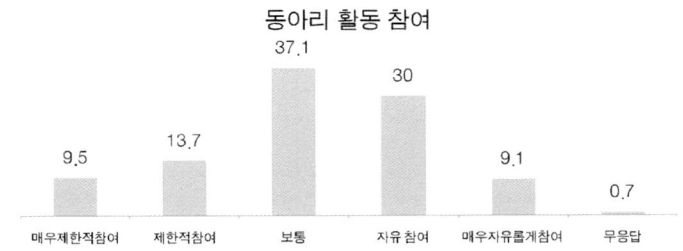

20. 적성에 맞는 봉사활동에 대한 연계

"적성에 맞는 봉사활동을 할 수 있도록 학교에서 연계해 주고 있는가?"라는 질문에 대해, '보통' 36.0%, '그렇지 않다' 21.8%, '전혀 그렇지 않다' 20.2%, '그렇다' 15.9%, '매우 그렇다' 5.2% 순으로 조사되었다. 전체적으로 보면 부정적인 응답이 42.0%, 긍정적인 응답이 21.1%로 학교에서 적성에 맞는 봉사활동과 연계해 주지 않는다고 학생들은 생각하고 있다. 이 설문 역시 성별과 지역별은 거의 차이가 없지만 고등학생들은 중학생들에 비해 봉사활동과 적성에 맞지 않는다고 응답하였다.

	전혀 그렇지 않다	그렇지 않다	보통이다	그렇다	매우 그렇다	무응답	Total	5점 척도
응답	145	156	258	114	37	7	717	2.64
응답률	20.2	21.8	36.0	15.9	5.2	1.0	100.0	

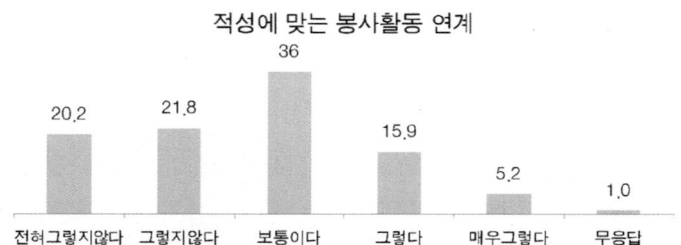

적성에 맞는 봉사활동 연계

설문지

- 청소년교육정책 공개 메니페스토 약정 체결식 이행에 대한-

안녕하세요. 전남청소년YMCA협의회(이하 청소년YMCA)입니다.
'전남청소년YMCA협의회'는 광양, 나주, 목포, 순천, 여수, 화순, 해남 등 7개 지역으로 구성된 YMCA청소년 회원들입니다.
다름 아니라, 지난 2010년 4월 10일 청소년YMCA에서는 전남도 교육감 선거 후보자들에게 우리 청소년들의 다양한 생각을 모아 청소년이 희망하는 교육정책이 실현될 수 있기를 바라는 마음으로 청소년 교육정책제안서를 후보자에게 전달하였습니다.
이에 1년이 지난 후 교육감에 당선된 장만채 교육감님이 16개의 청소년교육정책에 대한 수용 여부와 공약사항에 대한 실행여부에 대해 알고자 본 설문을 준비하였습니다. 다소 번거로우시더라도 아래의 모든 항목에 빠짐없이 다음의 설문 기재 요령에 의해 응답하여 주시면 고맙겠습니다.

2011년 7월

전남청소년YMCA협의회
여수지역사회연구소

설문 기재 요령

1. 모든 설문은 번호에 ∨로 응답 표시를 한다.
2. 기초 설문에 빠짐없이 번호에 ∨로 표시를 한다.
3. 본 설문은 설문항목별로 공통, 인문, 실업난의 해당되는 설문에만 ∨로 표시한다.
4. 본 설문 중 해당되지 않는 항목은 ⓞ 해당 없음 안에 ∨로 표시를 한다.

기초 설문

지역별	① 광양	② 나주	③ 목포	④ 순천	⑤ 여수	⑥ 화순	⑦ 해남
학교별	① 중학교	② 고등학교					
학년별	① 1학년	② 2학년	③ 3학년				
성 별	① 남학생	② 여학생					
특성별	① 인문계	② 실업계					

구분	교 육	①공통	②인문	③실업	항 목				
1	전인적 성장지원이나 민주적 시민 양성을 위한 교육을 받은 적이 있습니까?	●			① 매우 그렇다	② 그렇다	③ 보통이다	④ 그렇지 않다	⑤ 매우 그렇지 않다

구분	교 육	①공통	②인문	③실업	항 목					
2	소규모 학교(시골 작은학교)에 대한 많은 지원이 이루어지고 있습니까?(도심지 학교 제외)	●			① 매우 그렇다	② 그렇다	③ 보통이다	④ 그렇지 않다	⑤ 매우 그렇지 않다	◎ 해당 없음
3	교과과정 중 진로 탐색을 위한 시간이 포함되어 있거나 수업을 받은 적이 있습니까?	●			① 매우 그렇다	② 그렇다	③ 보통이다	④ 그렇지 않다	⑤ 매우 그렇지 않다	
3-1	(문항 3에서 ①②에 답한 경우) 수업을 받은 적이 있다면 이 수업이 자원봉사활동과 연계하여 이루어지고 있습니까?	●			① 매우 그렇다	② 그렇다	③ 보통이다	④ 그렇지 않다	⑤ 매우 그렇지 않다	◎ 해당 없음
4	실업계고교의 경쟁력 강화를 위한 적극적 지원이 이루어지고 있다고 생각합니까?			●	① 매우 그렇다	② 그렇다	③ 보통이다	④ 그렇지 않다	⑤ 매우 그렇지 않다	◎ 해당 없음
5	방과 후 수업은 스스로 희망해서 참여하고 있습니까?		●		① 매우 그렇다	② 그렇다	③ 보통이다	④ 그렇지 않다	⑤ 매우 그렇지 않다	◎ 해당 없음
6	야간자율학습은 스스로 희망해서 참여하고 있습니까?		●		① 매우 그렇다	② 그렇다	③ 보통이다	④ 그렇지 않다	⑤ 매우 그렇지 않다	◎ 해당 없음
7	우리 학교에서 지난 1년간 국가수준 학업성취도평가(일제고사)를 치른 적이 있었습니까?		●		① 치렀다	② 치르지 않았다				◎ 해당 없음
8	전남교육공동체 인권조례에 대해서 어느 정도 알고 있습니까?	●			① 매우 잘 안다	② 잘 안다	③ 보통이다	④ 모른다	⑤ 전혀 모른다	
9	전남지역에서는 학생인권조례를 대신해서 교사, 학부모, 학생을 포함한 교육공동체 인권조례를 제정한다고 합니다. 이에 대해 어떻게 생각합니까?	●			① 매우 찬성	② 찬성	③ 보통이다	④ 반대	⑤ 매우 반대	

구분	교 육	①공통	②인문	③실업	항 목					
10	지구촌 시민교육이 교과과정에 포함되어 있거나 수업으로 받은 적이 있습니까?	●			① 매우 그렇다	② 그렇다	③ 보통이다	④ 그렇지 않다	⑤ 매우 그렇지 않다	
11	인권에 대한 교육이 교과과정에 포함되어 있거나 교육을 받은 적이 있습니까?	●			① 매우 그렇다	② 그렇다	③ 보통이다	④ 그렇지 않다	⑤ 매우 그렇지 않다	
12	학원심야학습을 밤 10시까지 제한하는 심야학습제한 조례에 대해 어떻게 생각합니까?	●			① 매우 찬성	② 찬성	③ 보통이다	④ 반대	⑤ 매우 반대	
13	다문화 학생들을 위한 다양한 교육과 학습지원이 이루어지고 있습니까?	●			① 매우 그렇다	② 그렇다	③ 보통이다	④ 그렇지 않다	⑤ 매우 그렇지 않다	
14	학업을 중단한 청소년에 대한 지원이 이루어지고 있습니까?	●			① 매우 그렇다	② 그렇다	③ 보통이다	④ 그렇지 않다	⑤ 매우 그렇지 않다	
15	우리 학교에서 친환경 무상급식이 이루어지고 있습니까?	●			① 매우 그렇다	② 그렇다	③ 보통이다	④ 그렇지 않다	⑤ 매우 그렇지 않다	
16	우리 학교에서는 교복을 공동구매를 하고 있습니까?	●			① 매우 그렇다	② 그렇다	③ 보통이다	④ 그렇지 않다	⑤ 매우 그렇지 않다	
17	부교재를 비롯한 기타 학습준비물을 학교에서 무상으로 지원하고 있습니까?	●			① 매우 그렇다	② 그렇다	③ 보통이다	④ 그렇지 않다	⑤ 매우 그렇지 않다	
18	우리 학교에서는 학생회의 의견을 얼마나 인정해 주고 있습니까?	●			① 매우 인정	② 인정	③ 보통이다	③ 인정 안함	④ 전혀 인정 안 함	
19	동아리활동을 얼마나 자유롭게 참여하고 있습니까?	●			① 매우 자유롭 게 참여	② 자유롭게 참여	③ 보통이다	④ 제한적 참여	⑤ 매우 제한적 참여	
20	적성에 맞는 봉사활동을 할 수 있도록 학교에서 연계를 해 주고 있습니까?	●			① 매우 그렇다	② 그렇다	③ 보통이다	④ 그렇지 않다	⑤ 매우 그렇지 않다	

설문에 성실히 응답해 주셔서 감사합니다.

여서·문수지구 일방통행 시민만족도 여론조사 결과

박강석(연구소 사회여론조사센터장)
서희종(연구소 사회조사부장)

1. 조사 배경 및 목적

본 조사는 여수시가 2012여수세계박람회를 대비하여 도심권 교통난을 해소하기 위해 지난 4월 5일부터 실시한 여서·문수지구 일방통행과 관련하여 일방통행 실시 이후 시정에 대해 시민들의 만족도와 기타 불편사항 등을 조사하기 위해 실시한다.

2. 조사 설계

1) 조사대상: 여수시민(도서지역 제외)
2) 조사방법: 구조화된 설문지를 이용한 전화조사

3) 유효표본: 482명(모집단의 0.05%)

4) 표본추출: 읍면동별 인구비례에 의한 무작위 확률표집

5) 표집오차: 95% 신뢰구간에서 ±3.18%포인트

6) 조사기간: 2012. 7. 4. (1일간)

7) 의뢰기관: ㈜까치신문사

8) 조사기관: 여수지역사회연구소

3. 조사 결과

구분	내용(명)
연결시도	1,822
통화성공	950
응답성공	482
응답률	20.7

4. 응답자 분포

구분		빈도(명)	비율(%)
전체		482	100
인지 응답자		257	100
성별	남성	95	37.0
	여성	162	63.0
연령별	19세 이상 20대	26	10.1
	30대	31	12.1
	40대	62	24.1
	50대	66	25.7
	60대 이상	70	27.2
	무응답	2	0.8

5. 결과 조사 분석

1) 일방통행 인지도

「지난 4월 5일부터 여서·문수지구에 일방통행이 실시되었습니다. 이를 알고 계십니까?」라는 설문에 대해 시민의 53.3%가 알고 있다고 응답했지만, 시행 3개월이 지났음에도 불구하고 아직까지 인지하지 못한 시민들도 46.7%를 차지하여 여수시가 본 시정에 대한 좀 더 적극적인 홍보를 할 필요성이 제기되었다.

구분	인지도		Total
	알고 있다	모른다	
빈도	257	225	482
비율	53.3	46.7	100.0

인지도

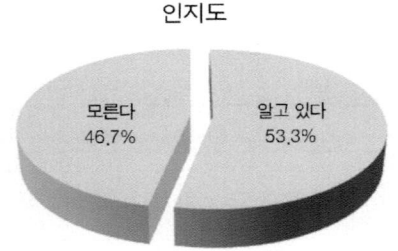

2) 일방통행로 안내표시판 만족도

여서·문수지구 일방통행로 시행을 알고 있다는 응답자를 대상으로 「일방통행 안내판 등이 제대로 설치되었다고 생각하십니까?」라는 안내표시판 만족도 설문에 표집오차 범위 내에서 보통 39.6%,

적절 36.7%, 부적절 23.7% 순으로 조사되었으며, 만족 척도는 3.2점(5점 만점, 64/100)으로 중수위 이상의 만족도를 나타내고 있다.

성별 안내표시판 만족도에 있어서, 남성은 적절 39.1%, 보통 38%, 부적절 22.9% 순이었으며, 여성은 보통 40.5%, 적절 35.3%, 부적절 24.2% 순으로 조사되어 여성이 남성보다 일방통행 안내표시에 대한 만족이 낮았다.

또한, 연령별 안내표시판 만족도에 있어서, 적절은 30대(40.6%)가, 보통은 60대 이상(48.4%)에서, 부적절은 30대(34.2%)가 일방통행 안내표시에 대한 만족 표시를 하고 있었다.

구분	안내표시판 만족도					Total	5점 척도
	매우 부적절	부적절	보통	적절	매우 적절		
빈도	7	51	97	67	23	245	3.2
비율	2.9	20.8	39.6	27.3	9.4	100.0	

안내표시판 만족도

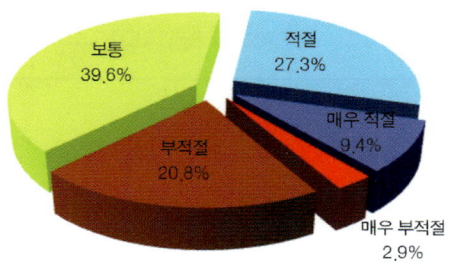

성별 안내표시판 만족도

구분		안내표시판 만족도					Total
		매우 부적절	부적절	보통	적절	매우 적절	
남자	빈도	3	18	35	24	12	92
	비율	3.3	19.6	38.0	26.1	13.0	100.0
여자	빈도	4	33	62	43	11	153
	비율	2.6	21.6	40.5	28.1	7.2	100.0
Total	빈도	7	51	97	67	23	245
	비율	2.9	20.8	39.6	27.3	9.4	100.0

연령별 안내표시판 만족도

구분		안내표시판 만족도					Total
		매우 부적절	부적절	보통	적절	매우 적절	
10~20대	빈도	1	4	12	8	-	25
	비율	4.0	16.0	48.0	32.0	-	100.0
30대	빈도	1	10	8	12	1	32
	비율	3.1	31.2	25.0	37.5	3.1	100.0
40대	빈도	2	16	20	16	7	61
	비율	3.3	26.2	32.8	26.2	11.5	100.0
50대	빈도	2	14	26	17	4	63
	비율	3.2	22.2	41.3	27.0	6.3	100.0
60대 이상	빈도	1	7	31	14	11	64
	비율	1.6	10.9	48.4	21.9	17.2	100.0
Total	빈도	7	51	97	67	23	245
	비율	2.9	20.8	39.6	27.3	9.4	100.0

3) 일방통행 만족도

여서·문수지구 일방통행로 시정을 알고 있다는 응답자를 대상으로 「여서 문수지구 일방통행에 대해 어떻게 생각하십니까?」라는 일방통행 만족도 설문에 대해 만족 68.2%, 보통 18.9%, 불만족 12.9% 순으로 조사되어 비교적 높은 만족도를 나타내고 있었으며, 만족 척도는 3.73점(5점 만점, 74.6/100)으로 본 시정에 대해 시민들은 중수위 이상의 만족도를 표시하고 있다.

성별 일방통행 만족도에 있어서, 남성은 만족 69.6%, 보통 15.2%, 불만족 15.2% 순이었으며, 여성은 만족 67.3%, 보통 21.2%, 불만족 11.5% 순으로 조사되어 여성이 남성보다 일방통행 시정에 대한 만족이 약간 낮았다.

또한, 연령별 일방통행 만족도에 있어서, 만족은 30대(78.1%)와 50대(77.8%)가, 보통은 10~20대(34.6%)에서, 불만족은 40대(19.3%)가 일방통행 시정에 대한 만족도를 표시하였다.

구분	일방통행 만족도					Total	5점 척도
	매우 불만족	불만족	보통	만족	매우 만족		
빈도	8	24	47	117	52	248	3.73
비율	3.2	9.7	18.9	47.2	21.0	100.0	

일방통행 만족도

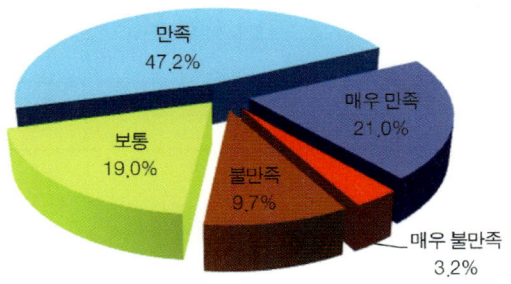

성별 일방통행 만족도

구분		일방통행 만족도					Total
		매우 불만족	불만족	보통	만족	매우 만족	
남자	빈도	5	9	14	39	25	92
	비율	5.4	9.8	15.2	42.4	27.2	100.0
여자	빈도	3	15	33	78	27	156
	비율	1.9	9.6	21.2	50.0	17.3	100.0
Total	빈도	8	24	47	117	52	248
	비율	3.2	9.7	18.9	47.2	21.0	100.0

연령별 일방통행 만족도

구분		일방통행 만족도					Total
		매우 불만족	불만족	보통	만족	매우 만족	
10~20대	빈도	1	2	9	13	1	26
	비율	3.8	7.7	34.6	50.0	3.8	100.0
30대	빈도	1	1	5	21	4	32
	비율	3.1	3.1	15.6	65.6	12.5	100.0
40대	빈도	1	11	9	31	10	62
	비율	1.6	17.7	14.5	50.0	16.1	100.0
50대	빈도	2	6	6	26	23	63
	비율	3.2	9.5	9.5	41.3	36.5	100.0
60대 이상	빈도	3	4	18	26	14	65
	비율	4.6	6.2	27.7	40.0	21.5	100.0
Total	빈도	8	24	47	117	52	248
	비율	3.2	9.7	18.9	47.2	21.0	100.0

4) 한쪽 도로 주차면 사용 만족도

여서·문수지구 일방통행로 시행을 알고 있다는 응답자를 대상으로 「현재 일방통행로의 한쪽 도로를 매주 번갈아 가며 주차면으로 사용하고 있습니다. 이를 어떻게 생각하십니까?」라는 주차면 사용 만족도 설문에 대해 표집오차 내에서 만족 39.1%, 불만족 33.3%, 보통 27.6% 순으로 조사되어 만족과 불만족의 차이가 크게 나타나지 않고 있어 현재 시책에 대체적으로 만족하는 수준이었으며, 만족 척도는 3.09점(5점 만점, 61.8/100)으로 조사되었다.

성별 일방통행 만족도에 있어서, 남성은 만족 39.6%, 불만족 37.6%, 보통 20.9% 순이었으며, 여성은 만족 38.7%, 불만족 33.3%, 보통 31.6%순으로 조사되어 남성과 여성의 차이는 거의 없었지만, 남성의 경우 보통이라고 응답한 비율이 여성에 비해 약간 낮게 나타났다.

또한, 연령별 일방통행 만족도에 있어서, 만족은 30대(53.1%)가, 보통은 10~20대(48%)에서, 불만족은 50대(40.1%)가 일방통행 시정에 대한 만족 표시를 하고 있었다.

구분	주차면 사용					Total	5점 척도
	매우 불만족	불만족	보통	만족	매우 만족		
빈도	21	61	68	70	26	246	3.09
비율	8.5	24.8	27.6	28.5	10.6	100.0	

주차면사용 만족도

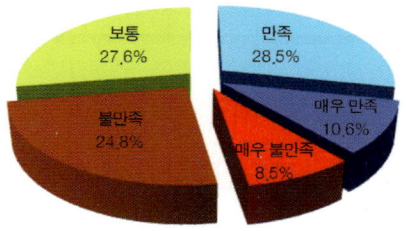

성별 주차면 사용 만족도

구분		주차면 사용 만족도					Total
		매우 불만족	불만족	보통	만족	매우 만족	
남자	빈도	13	23	19	22	14	91
	비율	14.3	25.3	20.9	24.2	15.4	100.0
여자	빈도	8	38	49	48	12	155
	비율	5.2	24.5	31.6	31.0	7.7	100.0
Total	빈도	21	61	68	70	26	246
	비율	8.5	24.8	27.6	28.5	10.6	100.0

연령별 주차면 사용 만족도

구분		주차면 사용 만족도					Total
		매우 불만족	불만족	보통	만족	매우 만족	
10~20대	빈도	1	6	12	6	-	25
	비율	4.0	24.0	48.0	24.0	-	100.0
30대	빈도	3	4	8	12	5	32
	비율	9.4	12.5	25.0	37.5	15.6	100.0
40대	빈도	5	18	18	13	8	62
	비율	8.1	29.0	29.0	21.0	12.9	100.0
50대	빈도	8	17	11	19	7	62
	비율	12.9	27.4	17.7	30.6	11.3	100.0
60대 이상	빈도	4	16	19	20	6	65
	비율	6.2	24.6	29.2	30.8	9.2	100.0
Total	빈도	21	61	68	70	26	246
	비율	8.5	24.8	27.6	28.5	10.6	100.0

5) 일방통행 유지에 대한 지지도

여서・문수지구 일방통행로 시정을 알고 있다는 응답자를 대상으로 「여수시에서는 여서 문수지구의 일방통행을 계속 유지할 계획입니다. 이에 대해 어떻게 생각하십니까?」라는 설문에 대해 찬성 72.7%, 반대 16.1%, 보통 11.2% 순으로 응답하여 다수의 시민들이 일방통행 유지에 대해 압도적인 찬성 의견을 보이는 것으로 나타났다. 척도는 3.85점(5점 만점, 77/100)으로 매우 높은 수준의 만족도를 보여 주고 있다.

성별 일방통행 유지에 대한 지지도에 있어서, 남성은 찬성 71%, 반대 15%, 보통 14%순이었으며, 여성은 찬성 73.7%, 반대 16.7%, 보통 9.6% 순으로 조사되어 여성이 남성보다 일방통행 계속 유지에 대한 찬성률이 약간 높았다.

또한, 연령별 일방통행 유지에 대한 지지도에 있어서, 찬성은 50대(79.7%), 반대는 40대(19.3%), 보통은 10~20대(30.7%)에서 높은 응답을 하였다.

구분	계속 유지					Total	5점 척도
	매우 반대	반대	보통	찬성	매우 찬성		
빈도	10	30	28	102	79	249	3.85
비율	4.0	12.0	11.2	41.0	31.7	100.0	

계속유지 지지도

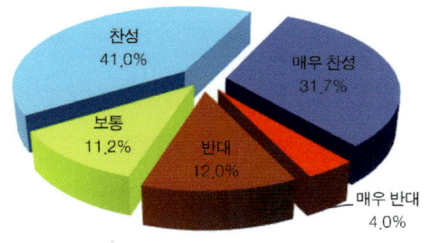

성별 일반통행 유지에 대한 지지도

구분		계속 유지					Total
		매우 반대	반대	보통	찬성	매우 찬성	
남자	빈도	3	11	13	33	33	93
	비율	3.2	11.8	14.0	35.5	35.5	100.0
여자	빈도	7	19	15	69	46	156
	비율	4.5	12.2	9.6	44.2	29.5	100.0
Total	빈도	10	30	28	102	79	249
	비율	4.0	12.0	11.2	41.0	31.7	100.0

연령별 일반통행 유지에 대한 지지도

구분		계속 유지					Total
		매우 반대	반대	보통	찬성	매우 찬성	
10~20대	빈도	-	2	8	12	4	26
	비율	-	7.7	30.8	46.2	15.4	100.0
30대	빈도	2	4	2	16	8	32
	비율	6.2	12.5	6.2	50.0	25.0	100.0
40대	빈도	3	9	6	26	18	62
	비율	4.8	14.5	9.7	41.9	29.0	100.0
50대	빈도	2	8	3	19	32	64
	비율	3.1	12.5	4.7	29.7	50.0	100.0
60대 이상	빈도	3	7	9	29	17	65
	비율	4.6	10.8	13.8	44.6	26.2	100.0
Total	빈도	10	30	28	102	79	249
	비율	4.0	12.0	11.2	41.0	31.7	100.0

설문지

안녕하세요? 여론조사기관인 여수지역사회연구소입니다. / 다름 아니라, 까치신문의 의뢰로 이번 여수시 여서·문수지구 일방통행과 관련하여 시민여러분의 소중한 의견을 듣고자 전화를 드렸습니다. / 3분만 시간을 내 주세요. 잠깐이면 됩니다. / 선생님(사모님)의 응답 내용은 절대 비밀입니다. 통계법에 따라 통계로만 처리되므로 안심하셔도 됩니다.

1. 지난 4월 5일부터 여서 문수지구에 일방통행이 실시되었습니다. 이를 알고 계십니까?

   ① 알고 있다   ② 모른다

2. 그렇다면 일방통행 안내판이 제대로 설치되었다고 생각하십니까?

   ① 매우 적절하다   ② 적절하다   ③ 보통이다

   ④ 적절하지 않다   ⑤ 매우 적절하지 않다   ⑥ 무응답

3. 선생님께서는 여서문수지구 일방통행에 대해 어떻게 생각하십니까?

   ① 매우 만족한다   ② 만족한다   ③ 보통이다

   ④ 불만이다   ⑤ 매우 불만족한다   ⑥ 무응답

4. 현재 일방통행로의 한쪽 도로를 매주 번갈아 가며 주차면으로 사용하고 있습니다. 이를 어떻게 생각하십니까?

   ① 매우 만족한다   ② 만족한다   ③ 보통이다

   ④ 불만이다   ⑤ 매우 불만족한다   ⑥ 무응답

5. 여수시에서는 여서 문수지구의 일방통행을 계속 유지할 계획입니다. 이에 대해 어떻게 생각하십니까?

   ① 적극 찬성한다   ② 찬성한다   ③ 보통이다

   ④ 반대한다   ⑤ 매우 반대한다   ⑥ 무응답

   ※ 1. 연령별: ① 10~20대   ② 30대   ③ 40대

                ④ 50대   ⑤ 60대 이상

      2. 성 별: ① 남성   ② 여성

<설문에 응해 주셔서 감사합니다.>

연구소의 略史와 향후 과제

1. 연구소의 역사(사무실 이전사를 중심으로)

1) 준비위원회 활동

• 연구소 태동의 발걸음

여수지역사회연구소는 1994년, 세계의 변화와 문민정부 출범 등으로 사회 운동의 방향이 재정립되어야 하는 시대적 환경과 민주주의 정착을 위한 지방자치 시대를 맞아 지역을 위하여 무슨 일을 어떻게 할 것인가를 고민한 끝에 이영일 운영위원을 중심으로 1994년 5월 연구소 기획 및 구상을 마련하여 9월 19일 여수시 전교조 사무실에서 15명이 임시모임을 갖고 여수여천지역사회연구소 설립 운영을 결의한 것으로부터 출발되었다.

10월 10일 자산라이온스 클럽에서 연구소 창립준비를 위하여 준비위원회 및 운영위원회 체제가 결정되어 준비위원장에 이태형, 운영위원에 한창진, 이영일, 염동필, 황홍연이 선출되어 본격적인 연구소 준비 작업에 들어갔다.

11월 3일 운영위원회를 거쳐 제1차 준비위원회를 11월 7일 구 여천시 전교조 사무실에서 전남동부지역사회연구소 이학영 소장을 모시고 지역연구소 운영사례에 따른 주제 강연과 공식 출범 전까지의 체제, 실무, 재정, 사업계획, 회칙 등 준비위원회 상정 안건을 토론하였으며, 제2차 준비위원회를 11월 21일 세종각 호텔에서 이래일(당시 순천YMCA총무) 준비위원을 모시고 지역사회 단체의 위상과 역할의 주제발표와 토론에 이어 창립자료집 준비에 따른 토론과 회원배가 운동을 결의하였습니다.

제3차 준비위원회는 12월 6일 비치호텔에서 최연석 여수 중부교회 목사님을 모시고 연구소 운영총론에 대한 주제강연과 토론에 이어서 회원 확보를 결의하였다.

제4차 준비위원회는 12월 19일 한국숯불갈비식당에서 개최되어 이영일 운영위원의 지역사회연구소의 위상과 방향 정립 주제 발표와 토론에 이어서 창립 전까지 준비위원 체계를 총무, 정책기획, 조사연구, 사업 등 4개 분과로 나눠 염동필, 이영일, 한창진, 황홍연 운영위원이 각각 분담하여 책임 추진키로 결정하였으며, 1995년 사업계획을 채택한 후 송년의 밤 행사를 개최하였다.

1995년, 본격적인 지방자치 원년을 맞이하여 제5차 준비위원회를 1월 16일 산호장어식당에서 주제발표를 생략하고, 사업계획에 따른 임무부여와 분과별 사업추진을 결의하였으며, 여수은현교회 새성전

이전 초청강연회에 회원 모두 참여하였고, 1월 28일 천상국 준비위원 자택에서 신년 인사회 겸 회원 단합대회를 가졌다.

제6차 준비위원회는 2월 20일 양자강식당에서 조길환 여수수산대학교 교수를 모시고 지역개발 전망과 시민참여에 대한 주제 강연과 토론에 이어 창립준비연구사업 분과별 경과보고회를 가졌으며 6명의 신입회원이 가입되었다.

제7차 준비위원회는 3월 27일 대화관광호텔에서 문정인 여수문화원장을 모시고 지방자치와 지역문화에 대한 주제 강연과 토론에 이어 창립준비사업 보고를 하였으며, 일신상의 이유로 사퇴한 황홍연 운영위원 대신 김동채 운영위원을 선출하였으며, 6명의 신입회원이 가입되었다. 또한 주제강연회를 창립 이후 포럼위원회로 승격, 운영키로 하였으며, 그 전 단계로 지방자치학교를 개설키로 하며, 지역산업위원회는 운영위에서 연구, 검토키로 하였다.

제8차 준비위원회는 4월 27일 대화관광호텔에서 김충석 준비위원을 모시고 임란유적지 장도, 송도 보존의 역사적 의의와 가치에 대한 주제 강연과 토론에 이어 회원모집을 1차 마감하였으며, 창립준비사업이 시민의식 실태조사와 정책토론회로 축소 변경 결정되었고, 창립총회 일정이 6월 1일로 확정되었다.

사무실 확보가 그 무엇보다도 중요하였으나 구하지 못하는 어려움 속에 운영위원을 중심으로 기획사업 등 다각적인 검토가 있던 중 김충석 준비위원의 배려로 중앙동 사무실을 무상으로 사용하게 되었다.

5월 22일 여가식당에서 개최된 제9차 준비위원회를 끝으로 50명의 회원으로 6월 1일 저녁 7시 30분 사무실에서 창립총회를 개최하였다.

9차에 걸친 준비위원회와 15회의 운영위원회 개최, 3여통합 주민 의견조사 공정감시단 활동, 임진왜란 유적지 장도, 송도 보존대책위 연대사업, 4대 지방선거 공명선거협의회 연대사업, 전국지방자치연 구소 협의회 및 각종 세미나 참석 등을 통해 시민의 참여와 기대 속 에 지방자치시대의 이론과 정책 대안의 빛나는 업적으로 후세에 길 이 남는 연구소의 역사적인 출범이었다.

창립회원: 50명

　　이태형, 최연석, 한창진, 정회선(현), 이청연, 조정현, 염동필(현), 이춘택(현), 천상국(현), 김상구, 김동채, 이의백, 황홍연, 주종섭, 여 태용, 이영일(현), 최동현(현), 서춘택, 진준규(현), 김병호(현), 최철 훈, 석종철, 심종식(현), 이병전, 김재출, 이준현, 이학영, 김정명, 조 동목, 이래일, 오창주(현), 김영화, 김영수, 문정인, 김상민, 김희천, 조성웅, 노재구, 권동채, 김충석, 이상실, 오상달, 이승, 이재현, 김경 만(현), 황치호, 신경주, 신영수, 김태문(현), 마영욱 (무순)

2) 중앙동 사무실(1995년 6월 1일~1998년 1월 6일)

・1995년 6월 1일: 여수여천지역사회연구소 창립

3) 오림동 사무실(1998년 1월 7일~2003년 5월 31일)

・1998년 12월 22일: 사단법인 여수지역사회 연구소로 명칭 변경

4) 여서동 사무실(2003년 6월 1일~현재)

5) 역대 이사장, 소장

- 1994년 10월 10일: 준비위원장 이태형
- 1995년 6월 1일: 초대 이사장 김충석, 소장 이영일
- 1998년 6월 1일: 제3·4대 이사장 이환희
- 2002년 3월 14일: 제5대 이사장 박상곤
- 2003년 6월 12일: 제6·7대 이사장 김준옥
- 2006년 1월 11일: 제7대 소장 김병호
- 2007년 1월 18일: 제8대 이사장 김병호, 소장 주철희
- 2009년 1월 14일: 제9대 이사장 김병호, 소장 이무성
- 2011년 2월 15일: 제10대 이사장 천상국, 소장 이영일

6) 역대 상근활동가

이름	근무 기간	이름	근무기간
조원주	1998. 6. ~ 1999. 3.	강정수	2004. 3. ~ 4.
문갑태	1999. 4. ~ 2000. 12.	최지혜	2004. 5. ~ 2008. 2.
유희동	2001. 1. ~ 2001. 11.	양정윤	2005. 1. ~ 2005. 11.
정정윤	2001. 11. ~ 2003. 12.	김미성	2005. 12. 21. ~ 2006. 9.
신정훈	2003. 1. ~ 2004. 1.	김정배	2006. 4. ~ 2007. 2.
박강배	2003. 12. ~ 2004. 3.	심현주	2008. 1. ~ 2008. 10.
김성석	2004. 2.	정태균	2007. 3. ~ 현재
조성진	2004. 3. ~ 4.	서희종	2008. 1. ~ 현재

조직도

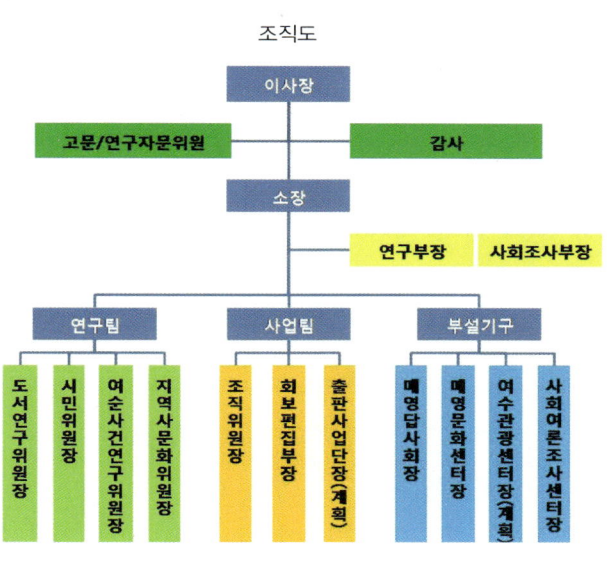

기구표

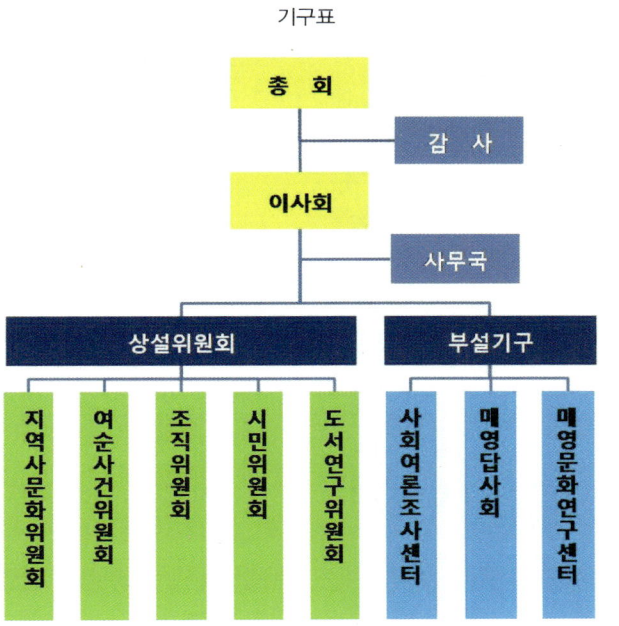

2. 연구소의 연구 현황과 과제

1) 연구소의 설립

여수지역사회연구소는 20세기 후반 격변의 시대, 외적으로는 자본주의와 사회주의 양 진영 간의 대립 체제가 구소련의 사회주의 내적인 모순에 의한 사회주의의 몰락과 함께 자본주의 일방의 세계주도의 세계사적인 변화를 모색하고, 내적으로는 민중운동의 쇠퇴와 시민운동의 등장과 함께 문민정부 출범 등으로 사회 운동의 방향이 재정립되어야 하는 시대적 환경과 민주주의 정착을 위한 지방자치 시대를 맞아 지역을 위하여 무슨 일을 어떻게 할 것인가의 고민 끝에 태동하였다. 이에 지역의 활동가들은 1994년 5월 연구소 기획 및 구상을 마련하여 9차에 걸친 준비위원회와 15회의 운영위원회를 개최하였고, 삼려통합2) 주민의견조사 공정감시단 활동, 임진왜란 유적지 장도, 송도 보존대책위 연대사업, 4대 지방선거 공명선거협의회 연대사업, 전국지방자치연구소 협의회 및 각종 세미나 참석 등을 통해 시민의 참여와 기대 속에 1995년 6월 1일 출범하여 올해 17년째를 맞았다.

연구소는 지역의 역사와 사회조사, 노동과 경제분석을 주요 연구사업으로 설정하여 1998년 구 여수시, 여천시, 여천군의 행정구역 통합으로 인해 여수지역사회연구소로 명칭을 변경하였고, 지역의 인문사회과학연구소로 활동하고 있다.

지역현안을 중심으로 정책적 대안을 제시하고, 국회의원, 자치단

---

2) 구 여수시, 여천시, 여천군의 행정구역 통합을 이름.

체장, 주요기관장 등을 초청하는 초청토론회를 개최하고 있는 시민위원회와 조직사업을 통해 회원들의 시민운동영역 활동 확대에 힘쓰는 사업위원회, 여순항쟁 진실규명 활동을 중심으로 인권운동에 지평을 열어 가고 있는 여순사건위원회, 지역의 역사·문화·민속·섬 등 지역문화의 가치화에 노력하는 지역사문화위원회 등의 상설 연구위원회에서 80여 명의 정회원들이 활동하고 있다. 또한, 부설기구인 사회여론조사센터에는 지역현안 및 선거여론조사를 통해 과학적인 지역정세분석을 주도하고 있으며 전문적인 지역문화 연구 사업을 수행하는 매영문화연구센터와 문화유산 전문 답사단인 매영답사회도 조직적으로 꾸준하게 활동 중이다.

시민연구단체로서 정보의 탈권력화를 위해 연구소의 성과들은 시민강좌, 책자발간, 현장답사 그리고 정기적으로 발간하는 회보인 『여수커뮤니티』와 『매영문화』 등을 통해 지역사회와 함께 공유하고 있으며, 이를 적극 지원하는 후원회원도 조직되어 있어 지역의 건전한 시민연구단체로 자리매김하고 있다. 이와 같은 연구소의 연구 활동과 현황을 분야별로 소개하면 다음과 같다.

2) 시민정책 연구조사 및 연대활동

참된 민주주의를 향한 지방자치의 시대정신을 지역에서 실천하기 위한 구체적인 목표를 설정하여 「여수시, 여천시, 여천군 지역의 주민의식실태조사」와 보고서 발간을 시작으로 객관적인 지표자료를 생산하기 위해 자체적으로 구축한 여론조사 시스템을 통해 조사를 실시, 분석하여 지역민의 이해와 요구를 근간으로 시민사회 활동영역 확장에 기여하고 있다.

매년 창립 기념행사를 통해 지역민의 의견을 수렴하는 지역 현안에 대한 여론조사를 실시하였으며, 이를 바탕으로 지역구 국회의원과 시장, 군수 등 자치단체장, 지방의회 대표, 해양항만청장 등 관계 기관장 등을 초청하여 지역현안에 대한 대안을 구체적으로 모색하는 정책토론회를 개최하고 있다.

또한, 여수지역을 중심으로 한 전남 동부지역의 민감한 현안 문제들 역시 사회여론조사를 통해 수렴된 주민여론을 분석, 발표하여 정책 결정에 중요한 영향력을 행사하고 있으며, 지방자치와 시민의 역할을 주제로 한 강연회와 토론회를 주최하여 다양한 의견들을 공유하는 장을 마련하고 있다.

이 밖에도 전남 동부권의 총선과 지자체 선거 등 주요 선거여론조사를 전문적으로 수행하여 자타의 공인을 받으면서 지역의 정세와 동향을 파악하고 있다는 장점도 연구소의 활동에 많은 동력을 제공하고 있다. 사회여론조사의 축적된 성과를 바탕으로 여수국가산업단지 입주 업체의 기여도 조사, 여수시 사회복지 중장기 계획수립, 여수시 사회복지 실태 및 복지자원조사, 큰여수 희망복지 실현 네트워크 활동, 평생학습도시 네트워크 활성화 등 보편적 복지를 정책적으로 실천할 수 있는 기반을 조성하고 있다.

지역사회 시민사회단체들과의 공동대응 활동도 활발하여 민주주의를 열망하는 시민들과 함께 한 촛불집회를 비롯하여 여수국가산업단지 환경오염문제, 삼려통합운동, GS-칼텍스 해고노동자 복직투쟁, 시티파크 골프장 건설 반대, 시의회 개혁운동, 무분별한 개발사업 추진반대운동, SSM 입점저지운동, 전라선폐선부지 활용 등 지역사회 공공의 선을 위한 현안에 적극 참여하고 있다.

특히, 올해는 조례부분에 대한 집중 연구를 통해 조례 제·개정을 위한 주민자치운동을 중점사업으로 선정해 활동하고 있다.

3) 지역사·문화 조사 연구활동

중앙집권적이며 거시적인 중앙사 중심의 역사·문화 기술을 탈피하여 민의를 형성하는 민중들의 삶의 기반인 지역의 과거와 현재를 연구 대상으로 삼아 현장과 문헌을 조사, 연구하면서 여수학(麗水學)의 학문적 정립을 위해 꾸준하게 성과들을 시민들과 공유하고 있다.

'삼려지역의 문화재 보존 실태조사'를 시작으로 문화유산 보존, 관리 모니터링을 지속적으로 실시하고 있으며, 『여수시문화재도록 및 문화유적지도(1999, 2001)』, 『여수의 고인돌(2001)』 등을 발간하였고, '여수시 문화재 안내체계 개선사업' 등 전문적인 문화재 관리, 보호사업에도 참여하였다.

역사 속에 기록된 문헌들을 발굴, 연구하면서 의미 있는 자료를 발굴, 해제(解題)하여 쉽게 풀어쓴『여수의 고시가-천년의 노래(2001)』, 『여수의 옛이야기-전라남도여수군읍지(2002)』, 『여수의 옛이야기-호좌수영지(2010)』를 편찬하였으며, 각 읍·면의 지지(地誌)편찬사업에 주도적으로 참여하여 『남면지(1994)』, 『화양면지(1999)』, 『돌산읍지(2000)』, 『삼산면지(2000)』 등을 발간하였다.

지역자료의 디지털화를 목적으로 한국학중앙연구원이 주관하여 전국적으로 진행하고 있는 지역별 향토자료 아카이브 구축사업을 지역에서 주관하여 '디지털여수문화대전(2009)'을 구축하였고, 새주소 사업에 참여하여 지역고유의 지명을 살려 도로 및 생활주소에 반영될 수 있도록 『여수시 도로명 부여사업 학술연구용역 결과보고서

(2004)』를 주민공청회를 거쳐 발간하였다.

또한 동학농민혁명 워크숍 개최(2003)와 윤자환, 윤형숙 등 지역의 독립운동가 발굴, 기념사업(2001) 등 기억을 기록하지 못한 역사를 발굴하는 데에도 지속적인 조사와 연구를 진행하고 있다.

삶의 공간에 내재되어 있는 아름다움을 관광자원화하여 문화적 감수성을 공유하고 해양관광도시로의 지역이미지 개선, 그리고 지역민의 자긍심을 높이기 위해 문화관광분야에도 적극 참여하여 관광자원의 구체화에 멘탈(mental)적 요소를 담당하고 있다.

여수 최초의 문화유산 전문답사단인 매영[3]답사회를 연구소 창립 초기에 설립하여 여수지역 구석구석을 심층 답사하였으며, 일본의 미야자키, 중국 실크로드 등 국내외 문화유적답사를 100여 차례 이상 진행하여 그 연구 성과들을 축적, 검증, 공유하고 있다. 최근에는 '여수 올래길 찾기'의 성과로 '금오도 비렁길' 등 생태탐방로 개설사업도 주도적으로 참여하여 도보여행을 통한 관광활성화에도 기여하고 있다. '여수시티투어 코스 개발 및 시범운영(2002~2004)'을 진행하였으며, 답사전문책자인 『여수, 아름다움 속에 남겨진 삶의 흔적 (2000)』과 『여수시관광자원해설서 − 여수의 향기, 아름다움이 여기에(2008)』를 발간하였다. 또한, '여수시문화관광해설가 소양교육 (2006)', '여수시 공무원 관광마인드 함양 워크숍(2010)' 등을 주관하여 체계적인 문화관광 인프라 구축을 위해 노력하였다.

그런가 하면 잊혀 가는 전통문화를 발굴, 복원, 재현하여 세시풍속과 일생의례 등 일상적 문화들을 유의미화하기 위해 매년 '정월대

---

3) 梅營, 전라좌수영의 별칭으로 여수의 옛 이름

보름 달집태우기 행사'를 주최하였고, '고려가요 동동 학술세미나와 북축제'(2006), 문화체육관광부 전통예술복원사업으로 선정되었던 '여수삼동매구' 복원 및 재현(2009)하여, 현재 상설공연 행사를 매주 진행하고 있다.

다도해해상국립공원과 한려해상국립공원에 포함되어 있는 여수는 353개의 유·무인도가 있는데 이들 섬들의 아름다운 비경과 함께 다양한 역사와 문화가 이어져 내려오고 있어 연구소의 도서지역에 대한 조사, 연구 활동도 중요한 연구 성과로 지역사회에서 인정을 받고 있다. 지속적인 현장조사와 성과를 바탕으로 각종 책자 편찬사업과 함께 남해안 공룡화석지 세계자연유산 등재 추진협의회 활동 (2007), 시민체험교육인 '섬마을 천리길 학당'(2010)과 지역밀착형 섬마을 체험프로그램인 '주말에 만난 섬마을 사람들(2010~11)'도 운영하였다.

호국의 도시 여수를 이충무공 유적 중심의 역사해석에서 나아가 민중사적 시각을 기초로 전적지 및 인물 발굴을 통해 지역축제인 '여수 진남제 임진왜란 역사유적 답사'를 매년 주관하고 있으며, 『이충무공과 여수 오충사(2006)』도 발간하였다.

이와 같은 성과들을 적극적으로 공유하여 여수공동체의 정체성을 일신하기 위해 시민들과 청소년을 대상으로 '문화유적알기 학교 방문교육', '여수시민역사문화학교', '여수학 아카데미 - 매영학사', '청소년을 위한 매영학사' 등 시민교육 프로그램을 운영해 오고 있다. 이와 같은 연구소의 활동과 성과는 앎을 실천하는 적극적인 정보의 공유이며, 이는 지역과 민중 시각으로의 역사 재정립과 일상의 가치화를 통해 여수공동체의 정체성을 새롭게 형성하는 데 일조하고 있다.

4) 여순사건 진실규명 활동

과거사 정리와 역사 재조명을 통한 지역공동체 복원운동의 일환
으로 여순사건 진실규명 활동을 적극적으로 주도해 왔다. 1996년부
터 자체적으로 매년 여러 해 동안 피해실태조사 및 국내외 학술회의
와 현장 워크숍을 통하여 자료를 구축해 왔으며, 유족들의 명예회복
과 진상규명을 위하여 유족회 조직 및 특별법 제정을 추진해 왔다.

진상규명을 위해 1996년부터 자료조사와 함께 1997년부터 1년 7
개월간 10여 명의 조사원들이 여수지역 피해실태조사를 전수조사
형식으로 수행하여, 1998년 10월 드디어 국가가 아닌 시민사회단체
의 힘으로 여순항쟁 발발 50년 만에 최초로 『여순사건 피해실태조
사 보고서 제1집』을 발간하였다. 피해상황과 증언을 토대로 1998년
10월, 여수시 호명동 암매장지를 자체적으로 발굴하였고, 1999년에
는 그동안 연구소가 확보한 국내외 신문자료 모음과 함께 여순항쟁
전문연구자 제1호인 김득중 박사의 논문 "이승만 정부의 여순사건
대응과 민중의 과제"를 수록하여 『여순사건 자료집』을 발간하고 아
울러 학술세미나를 개최하였다.

또한, 2000년에는 순천지역의 구 승주군 지역을 역시 전수조사
형식으로 1년간 10여 명의 조사원이 조사하여 『여순사건 실태조사
보고서 제3집』을 발간하였으며, 이후부터 매년 여순항쟁 관련 국내
외 학술심포지엄을 조직하였다. 특히 2002년에는 여순항쟁 54주년
을 맞아 한국을 비롯한 일본, 오키나와, 대만, 캐나다, 독일 등의 연
구자와 관련 단체 및 피해유족들 250여 명이 동아시아의 국가폭력
에 관한 의제를 주제로 3박 4일간 여수에서 '제6회 동아시아 평화인
권 국제학술회의 여수대회'를 개최하였다.

여순항쟁과 관련한 조사연구 활동을 토대로 유족회를 조직하고, 여수민예총 등 시민사회단체의 참여와 전국 연대를 도모하였으며, 여순항쟁과 인권을 주제로 다양한 추모행사를 진행하고 있다. 진상 규명과 명예회복을 위해 추진하였던 포괄적인 과거사 정리의 특별 법을 토대로 진실화해위원회가 발족되어 한국전쟁 전후 민간인집단 학살사건과 함께 여순사건도 어느 정도 조사를 하였으나, 진실화해 위원회는 여순사건을 역사적인 중요한 사건으로 규정하여 직권조사 로 전환 의결했음에도 불구하고, 당시 피해 추정인원의 10~20% 수 준의 여전히 극히 소수의 신청인 중심에 그치고 말았으며, 그나마도 여순사건이라는 역사적으로 단일한 사건을 지역별, 유형별 사건의 분리 개별보고서로 작성함으로 인해 유족회 공동체가 파괴됨은 물 론, 여순사건이라는 역사 공동체 또한 파괴되어 버린 것이 진상규명 의 현주소이다.

5) 향후 과제

'무엇을 할 것인가'라는 창립 초기의 목표가 현장에서 구체적으로 실현되어 가고 있는 연구소 16년. 이제 연구소는 새로운 전환기적 사고와 함께 물적, 양적 토대 구축을 위해 보다 전문적인 연구인력 충원, 안정적인 재정 마련을 위한 재단 설립, 회원조직의 재정비 등 의 '어떻게 할 것인가'를 고민하는 시점이다.

조직화된 회원운동의 성과는 다양한 시민사업을 통해 대중적으로 발전하고 있는 반면, 시민사회의 위상을 축소시키려는 권력집단의 영악하고 집요한 수단에 현명하고 의연하게 대처해가야 할 시기이 다. 이에 분야별로 축적된 연구 활동의 성과를 바탕으로 조직의 외연을 확대하고 부설기구의 상설운영화를 통해 회원중심의 연구 진행을 강화하고자 한다.

시민정책 연구 및 포럼 활동은 지역 내 확실한 견제세력으로서 건전한 비판활동을 위해 객관적인 여론수렴 자료를 기초로 의제를 기획하고, 장기적인 연구를 통해 정책적 대안을 제시하는 싱크탱크(**think tank**) 역할을 책임 있게 수행하고자 한다.

지역사·문화 조사 연구활동은 축적된 연구 성과들을 아카이브화하여 체계적으로 관리, 공유될 수 있도록 출간된 자료뿐만 아니라 수집, 촬영한 사진, 영상 자료를 디지털화하는 것이 시급하다. 또한 학문적 성과의 저작권을 공식화하는 작업과 연령별, 수준별 눈높이에 맞게 가공해서 정보독점을 통한 문화권력의 경계를 허물고자 한다.

또한, 육지부에 비해 다소 소외되어 있는 도서부에 대한 종합적인 연구 성과물들을 지속적으로 생산해 내고, 2012여수세계박람회의 주제인 '살아 있는 바다, 숨 쉬는 연안'을 구호의 추상이 아닌 삶의 현장인 어촌공동체를 중심으로 구현할 수 있는 실질적 방안을 제시하는 데 적극 참여하고자 한다.

여순사건 진실규명 활동은 유형별, 지역별로 분리되어 있는 진실화해위원회의 조사결과보고서를 중심으로 여순사건 진실규명의 총체적인 정리 작업을 통해 60년간 지속된 지역사회 내의 갈등을 풀고 화해를 이끌어 내어야 한다. 이는 현재 진행 중인 독자적인 여순사건특별법 제정 이후의 기초자료로 활용될 것이며, 진실규명과 함께 사건의 성격 규정과 정명작업 등의 역사 재조명을 위한 본격적인 첫걸음일 것이다.

끝으로 위와 같은 연구 활동들을 보다 조직적이고도 체계적으로

펼쳐 내기 위해서는

1) 기존의 전문성을 갖춘 회원들을 통한 전문 인력 양성과 전문화된 연구 인력의 확충

2) 경제적 재원을 지속적으로 보장하는 재단 설립

3) 조직화된 회원들의 활동영역의 자율적 운영 확대와 소수의 전문가 집단에서 시민참여 연구단체로의 이미지 변환과 저변확대, 그리고 대중사업을 통한 후원회원 확보가 수반되는 등의 양적・물적 토대가 안정적으로 구축되어야 한다.

2012년도 연구소 주요 사업계획

2012년 임진년, 어느 덧 창립 17주년을 맞는 연구소는 지난 2월 9일 「2012년도 정기총회」를 거쳐 2011년도 사업・회계감사보고서 채택과 함께 일부 정관변경 및 2012년도 사업을 최종 확정지었다. 2012년도는 기존의 사무국, 4개 연구위원회, 4개 부설기구에서 도서연구위원회를 신설하고 고용보험사무조합을 폐지하여 사무국, 5개 연구위원회, 3개 부설기구를 중심으로 404백만 원의 예산을 확보하여 운용하기로 하였다. 기구별 주요 사업내용은 다음과 같다.

1. 사무국

사무국은 이사회, 총회 조직과 함께 연구소의 오랜 숙원사업이던 자료기록보관실을 구축 운영한다. 이는 그동안 연구소가 소장하고 있는 30,000여 권에 이르는 각종 자료와 책자, 유물, 사진, 영상들을 체계적으로 목록화하여 D/B 구축을 하려는 것이다. 또한 6월 1일,

창립 17주년을 맞아 무크지 '지역사회연구'를 재창간하고, 여수교육
장 초청 정책토론회를 통하여 지역의 교육문제를 진단하려 한다. 한
편 연구소 중장기 발전을 위한 박물관, 평화인권센터, 관광센터 등
의 프로젝트 사업도 차분한 설정으로 추진해 나아갈 것이다.

2. 연구사업위원회

지역사문화연구위원회, 여순사건연구위원회, 도서연구위원회, 조
직위원회, 시민위원회의 5개 기구로 구성된 연구사업위원회는 전년
도 이월사업과 함께 신규사업을 추진해 나아가며, 각 연구위원회의
연구 성과물을 주제와 연차별 계획에 의해 연구 총서를 발간할 계획
이다. 위원회별 주요 사업내용은 다음과 같다.

가. 지역사문화위원회는 전년도 이월사업으로 '여수지역 문화재
관리실태조사'와 '개발 및 개발예정지 조사'를 통해 여수지역 문화와
역사의 정체성 및 보존사업을 추진할 것이며, 민족문제연구소와 공동
으로 여수지역 친일인사와 계보에 대한 조사 등을 수행할 계획이다.

나. 여순사건연구위원회는 지난 2010. 12. 31일자로 업무가 종료
된 진실화해위원회의 14개 지역별, 유형별 여순사건 개별조사결과
를 단일한 역사체계로 재구성하는 '여순사건 조사결과 종합보고서'
를 편집 발간하여 여순사건의 전모를 어느 정도 밝혀낼 것이며, 여
순사건 64주기 학술심포지엄을 통해 '여순사건에 대한 진실화해위
원회의 조사의 한계와 현주소', 그에 따른 '여순사건 진상규명 특별
법 제정의 당위성', '여순사건 유족들의 트라우마 조사' 결과를 발표
할 계획이다. 또한 진실화해위원회의 여순사건 일부에 대해 국가폭

력에 의한 국가 잘못이 명백하게 밝혀진 만큼 금년부터는 중앙정부가 아니라면 지방정부 차원에서라도 여순사건 합동위령제를 주관하게끔 사업을 이관할 계획이다. 더불어 법이 허락하는 범위의 지방조례를 통해 추모위령사업을 추진하고자 한다. 전국네트워크인 민주연구단체협의회의 공동학술심포지엄에서는 '한국현대사에 있어서의 민간인집단학살사건'을 발표할 예정이다.

다. 2012년도에 신설되는 도서연구위원회는 전국에서 세 번째로 많은 도서를 보유하고 있는 여수지역 도서 전반에 대한 조사 연구를 통해 영토와 자원으로서의 도서해양문화를 정책과 법제화를 검토하려 한다. 본 사업은 30여 년 동안 전국에서 거의 유일하게 독보적인 조사 연구를 수행해 온 목포대 도서문화연구원과 공동사업으로 수행할 것이며, 그 첫 번째 공동사업으로 2012년 제3회 전국해양문화학자대회를 여수에 유치하여 2박 3일간 200명 규모의 학술대회를 조직하여 추진할 계획이다. 또한 여수 도서지역의 무형문화유산 조사를 통해 사라져 가는 우리의 전통문화를 체계적으로 복원 보존해 나아가고자 한다.

라. 조직위원회는 연구소의 중요한 동력인 후원회원들을 '후원회'로 조직하여 후원회원들과 함께하는 연구소를 만들어 갈 것이며, 예산의 1/4인 25%를 회비와 후원금으로 충당할 계획이다. 회원 친교사업을 위한 월례회, 수련회, 송년회 등의 사업을 전개함과 더불어 회원 간, 지역사회 커뮤니티의 창구인 '매영문화' 회보를 통해 연구소 공동체를 형성해 나아가고자 한다.

마. 시민위원회는 그동안의 부진한 활동을 만회하고자 우선 조직을 재정비하고, 조직이 재정비되는 대로 계획했던 조례 제·개정 및 시 주요 사업에 대한 예산 분석을 다시 시도하고자 한다.

3. 부설기구

매영답사회, 사회여론조사센터, 매영문화연구센터 3개 기구로 구성된 부설기구의 주요 사업내용은 다음과 같다.

가. 매영답사회는 전년도 해안유적지 답사에 이어 여수 도서지역을 중심으로 답사를 할 계획인데, 특히 6월경의 매영답사회 100차 답사는 최근 전 국민의 사랑을 받고 있는 남면 금오도 비렁길 전 구간 개통에 맞춰(그동안 남면 금오도 비렁길은 1구간인 절반만 개통되었음) 1박 2일의 특별답사와 함께 도서해양문화고원의 좋은 사례인 일본 나오시마 해외 답사를 계획 중이다.

나. 사회여론조사센터는 전년도 이월사업으로 '여수산단 위해환경에 대한 인지도 조사'를, 통합 7주년을 맞는 전남대 여수캠퍼스에 대해 '전남대학이 지역사회에 미치는 영향'대한 시민 만족도 조사를 하며, 오현섭 여수 전 시장과 관련된 시도비리의원 궐석에 따른 재보궐선거와 4.11총선을 맞아 과학적인 여론조사를 통해 후보군을 검증할 계획이다. 또한 중요하게 부각되는 지역현안에 대한 여론조사를 3회 정도 수행할 계획이다.

다. 매영문화연구센터는 조직 재정비와 함께 자체적인 계획을 독자적으로 수행할 예정이다.

4. 공동 T/F 사업 등

여러 기구 소속의 연구원들이 공동으로 추진하는 T/F 사업은 상반기에는 '대한민국 국회 60년사'의 편집 체계를 원용하여 정량과

정성 분석이 가능할 정도의 체계적인 편집을 바탕으로 하는 '여수시의회사 편찬'사업을, 하반기부터 2년 정도의 사업기간을 계획으로 전남대 5·18연구소 등과 함께 가능한 연구 역량을 동원하여 부문운동별, 지역별 '광주전남 민주화운동사 연구'를 통해 한국의 민주화를 온몸으로 치열한 투쟁을 전개해 온 광주전남 민주화운동을 재조명하고자 한다. 그 외에도 시민의 이해와 이익을 올바로 대변할 관점과 실력 있는 지역 정치인들을 육성할 가칭 정치학교를 개설할 계획이며, 민족문제연구소처럼 연구소 자체 생산자료의 저작권 확보를 위한 총서 발간과 출판사를 검토 중이다.

1. 사무국과 연구위원회					
월	사무국	도서연구위원회	지역사 문화위원회	여순사건위원회	조직위원회
연중	*중장기 프로젝트사업 *아카이브 구축 (2~4)	*도서학술용역 (3~12)/매영문화센터와 연계 *해양학자대회 (2~8)	*친일인사계보 *문화재조사 (3~12) *개발지조사 (3~12) *박람회모니터링(5~8)	*종합보고서발간 *특별법제정활동 *유족회 지원 *구술조사(3~10)	
1	7 감사				
	11 이사회				
	* 월말결산				
2	아카이브 설계		5 대보름행사		3 매영문화 제32호 편집위위원회
	9 이사회, 총회		6 죽포용줄다리기		
	아카이브 설계			위원회 회의	
	아카이브 설계	위원회 회의	위원회 회의	20 유족회 총회	
3	7 아카이브	도서학술용역 설계		여순64주기행사 설계	매영문화 편집
	14 아카이브	10-11 도서조사		16 구술조사	15 매영문화 제32호 발행
	21 아카이브		23 개발지조사	19 유족회, 구술조사	

월	사무국	도서연구위원회	지역사문화위원회	여순사건위원회	조직위원회
3	28 아카이브	24-25 도서조사	30 문화재조사		
				3-4 4.3행사참석	5 월례회
4	11 아카이브	14-15 도서조사		13 구술조사	
	18 아카이브		20 개발지조사	19 유족회, 구술조사	
	25 아카이브	28 도서조사 손죽도 화전놀이 지원	27 문화재조사		
5	5 어린이날행사				
	11 이사회		12~ 박람회 모니터링		
				17-18 5.18행사참석	매영문화 원고수집
		26 도서조사	25 개발지조사	21 유족회, 구술조사	
	* 월말결산		31 문화재조사		
6				15 구술조사	15 매영문화 제33호 발행
		23 도서조사	22 개발지조사	19 유족회, 구술조사	
	28 창립기념행사 (무크지 발간)		29 문화재조사		
7		해양문화학자대회 본격 준비			
	11 이사회	14-15 도서조사			하계수련회
				19 유족회, 구술조사	
			20 개발지조사		
	월말결산	25 국제식생대회 답사 지원	27 문화재조사		
8		2~4 해양문화학자대회			
					8 월례회
				17 구술조사	
			24 개발지조사		
	월말결산		31 문화재조사		
9		8-9 도서조사			
	12 이사회			14 구술조사	
			21 개발지조사	19 유족회, 구술조사	
	29~1 추석연휴		28 문화재조사		

월	사무국	도서연구위원회	지역사 문화위원회	여순사건위원회	조직위원회
9		8-9 도서조사			
	12 이사회			14 구술조사	
			21 개발지조사	19 유족회, 구술조사	
	29~1 추석연휴		28 문화재조사		
10				여순행사 집중준비	
				12 구술조사	10 월례회
				18-20 위령제, 학술대회, 조사결과 보고서발간행사	
	월말결산	도서조사 집중			
11	2013 사업계획 및 예산수립	도서조사보고서 집중			
	7 이사회				
			23 개발지조사	19 유족회, 구술조사	
	월말결산		30 문화재조사		
12			문화재조사보고서집중		
		도서조사보고서 발간			
				19 유족회, 구술조사	
			문화재조사보고서발간		매영문화 34호 발행
	월말결산 및 연말결산 송년회				

월	사회여론 조사센터	매영문화 연구센터	매영답사회	T/F사업단	전국/ 지역연대활동
1				의회20년사 편찬 사업 자료수집	
	여론조사센터 시 스템 정비				
2					16 정례회
	선거여론조사		25·26운영진워 크숍	의회20년사 편찬 사업 원고집필	
3		도서학술 용역설계		의회20년사 편찬 중간보고회	
	선거여론조사	10-11 도서조사	10~11 98차답사		15 대표자회
		24-25 도서조사	24~25 99차답사		
4			100차 행사준비		
		14-15 도서조사	14~15 100차특별		
					19 정례회
		28 도서조사	28 101차답사		
			3.4 진남제특별답사		
5					17 정례회 18 기념행사
	지역현안여론조사 -금오도 비렁길 관광객 만족도 조사		26 104차 답사		
		26 도서조사			
6	지역현안여론조사 여서문수일방통 행만족도조사				
		23 도서조사	23 105차 답사	25 의회20년사 발간	14 대표자회
7					민주연구단체협 의회 하계연구발 표회(서울)
		14-15 도서조사	14 106차 답사		
					해양환경보존의 날행사

2. 부설기구와 T/F사업단

			해외답사준비집중		시민운동가대회
8					
			19~22 해외답사		
9		8-9 도서조사	8 108차 답사		
					10 삼려통합기념 행사
					20 대표자회
			22 109차 답사		
10			5~6 110차 답사		민주연구단체 협의회 추계학술대회 (대구)
	지역현안여론조사 -의정비 의견수렴 여론조사		20 111차 답사		18 정례회
		도서조사 집중			
11		도서조사보고서 집중			
					15 정례회
			24 112차 답사		
12		도서조사보고서 발간			20 대표자회 및 송년회
			31 향일암 특별		

연구소를 이끌어 가는 사람들

2012. 6. 30일 현재

정회원

임 원

이사장 천상국(천상국 공인회계사), 부이사장 염동필(여수시청), 부이사장 김만수(우리한의원), 소장 이영일(사회운동가), 재정이사 김경만(까치신문), 매영문화연구센터장 김병호(여수해양과학고), 매영답사회장 김옥균(B.K사), 사회여론조사센터장 박강석(여수부영여고), 지역사문화위원장 박종길(GS-caltex정유), 도서연구위원장 신종암(전남대), 시민위원장 이무성(녹색대학), 여순사건위원장 이오성(손해사정인), 조직위원장 조화익(형설서점), 이사 정광섭(온길서예원), 감사 김태문(여수중앙여고, 전남도교육청), 감사 정회선(사회운동가)

회 원

강영국(하이테크 카센터), 권인홍(여수시립국악단), 김갑인(여수진남여중), 김광중(여수시청), 김명천(가마솥 추어탕식당), 김민수(동부이앤에스), 김삼채(하정냉장), 김양기(진실의 힘), 김양자(여수시청), 김영유(전 국민건강보험공단 광양지사), 김용신(전남도청 동부출장소), 김유삼(조은기획), 김윤석(여수시청), 김원교(재원건설), 김종성(여수충무고), 김준옥(전남대), 김진수(거북수산), 김채형(전남장애인부모회), 김칠선(여수여고), 김행숙(전남도청), 김현석(여수인터넷신문), 남광희(GS-caltex정유), 도기룡(여수시의회), 도경란(여수시청), 목미경(주부), 문원일(여수여고), 박석현(범민장학회), 박강수(녹색 오피스 서플라이), 박정명(여수시청), 박준호(범한검정㈜), 서완석(여수시의회), 서종원(여수정보과학고), 서홍기(여수시청), 소은애(여수시청), 신병은(여수정보과학고), 신영한(여수안심초등학교), 심재수(2012여수세계박람회 여수시문화예술행사추진위원회), 심종식(심종식어학원), 안창임(아쿠아리움 푸드코트), 오창주(모아치과), 오충호(여수시장애인종합복지관), 유현수(푸른솔한의원), 이영민(해영 MRST-피조개 양식업), 이정심(허벌라이프 여수 금호아파트점), 이정훈(여수여고), 이춘택(영암우체국), 이형기(여수시청), 임채욱(용문도예), 임호상(㈜소리기획), 장상수(순천대), 장성관(LG화학), 장윤창(여수시청 둔덕동주민센터), 장주익(제일프로덕션), 전영식[건설업(수중공사)], 정기선(베스트 오피스), 정수만(여수시청), 정인석(석영정보통신), 조미선(서울보증보험증권 영진대리점), 주석봉(여수문화원), 주철희(개인사업), 진준규(여진상운), 추정완(신화광고기획), 최동현(코아시스템기술㈜), 최정삼(여수고), 최태봉(해양 엔지니어링), 한상훈(안도 백송민박식당),

홍석봉(현대자동차 여수지점) (가나다순)

후원회원

강경구, 강금희, 강다은, 강민석, 강선희, 강성수, 강안자, 강용주,
강인규, 강종열, 강희근, 고봉수, 고재열, 고 현, 공문택, 곽경아,
곽동수, 권혁종, 김강순, 김경희, 김계환, 김광오, 김기홍, 김대성,
김대훈, 김덕희, 김동진, 김동채, 김두혁, 김맹자, 김민곤, 김민성,
김민철, 김범수, 김병돌, 김복희, 김상훈, 김선정, 김선희, 김성천,
김성훈, 김소영, 김숙경, 김숙희, 김양임, 김영수, 김영애, 김용남,
김우복, 김 웅, 김은우, 김일훈, 김점용, 김정균, 김정미, 김정배,
김정숙, 김종순, 김 준, 김지순, 김지연, 김지영, 김진수, 김진현,
김창진, 김창희, 김채준, 김탁경, 김형임, 김형종, 노진우, 명치완,
문갑태, 문숙희, 문 연, 문 정, 문정기, 박경진, 박도창, 박병오,
박보경, 박성은, 박송미, 박수매, 박이남, 박진영, 박춘걸, 박춘택,
박형규, 박형길, 박형도, 박희숙, 백길자, 백명숙, 백인숙, 백종구,
서상수, 서순덕, 서점렬, 선종철, 성혜란, 소홍석, 손 웅, 송영복,
송옥준, 송은일, 신미경, 신선자, 신성종, 신순호, 신신호, 안정연,
안철식, 안현주, 양경희, 양삼덕, 양선남, 양영채, 양해웅, 염현진,
오기만, 오태광, 원지연, 유금석, 유남이, 유상길, 윤광종, 윤순심,
이강숙, 이광일, 이명환, 이미영, 이민하, 이선심, 이승근, 이승무,
이영란, 이영록, 이옥자, 이용수, 이우선, 이은섭, 이의경, 이재원,
이정주, 이종복, 이 진, 이충현, 이행자, 이형기, 이 훈, 임경화,
임병욱, 임복순, 임수빈, 임여호, 임영욱, 임찬규, 임채민, 장경동,

장은진, 장현종, 장형익, 전대열, 전병랑, 전용화, 전장길, 전형민, 전형진, 정광순, 정금례, 정영훈, 정운해, 정원주, 정윤수, 정찬순, 정현택, 조경일, 조경찬, 조계신, 조선영, 조성삼, 조성훈, 조영희, 조용규, 조종호, 조현구, 지순정, 지영수, 차정숙, 천상진, 추금숙, 최명진, 최문정, 최병욱, 최성준, 최순자, 최영민, 최영철, 최원호, 최윤정, 최은복, 최익호, 최인제, 최재우, 하경숙, 하봉영, 하임순, 한규정, 한금희, 한상욱, 한상훈, 한수진, 한형인, 허남록, 허　원, 홍영진, 홍용준, 황병기, 황종찬, 유한기술, 여수중부교회, 동남산업 ㈜(가나다순)

편집 후기

연구소 무크지 복간 「지역사회연구」!

창간 이후 12년 만의 발행이라 복간이라 할 수 없는 재창간이어서 실로 부끄럽기 짝이 없다. 그동안의 연구소 사업과 연구성과에 비한다면 대단한 게으름과 나태함이라는 질책도 부끄러울 뿐이다. 복간 '지역사회연구' 제2호는 지난 2011년부터 2012년 4월까지 1년 4개월 동안 연구소 회원들의 귀중한 사업과 연구 성과물들이다. 이는 저작권 모두가 회원들이라는 얘기에 다름 아닌 것이다.

모쪼록 다시 시작하였으니 이제는 중단 없는 항해를 약속해 본다. 연구소의 주제 표어가 一炷明窓(한 작은 촛불로 온 창을 밝힌다)이다. 독립운동가이자 민주화운동가이기도 한 사상계 발행인인 고 장준하 선생의 유언이다시피 한 격언이다. 희생과 헌신, 겸허함이 극히 돋보이는 강렬한 메시지이다. 연구소 초기부터 즐겨해 온 표어로서 '연구소 연구의 불빛이 온 창을 밝혀 여수를 비춘다'로 쓰고 있으며, 연구소 홈페이지와 회보인 '매영문화' 표지에 있다.

복간 지역사회연구를 위해 귀한 옥고를 주신 강봉룡 원장님, 허상수 교수님, 한홍구 교수님께 특별히 감사를 드린다. 앞으로 더욱 긴 호흡 큰 걸음으로 연구소는 항상 회원들과 함께 가려 한다. 12년 만에 복간된 무크지 '지역사회연구'를 위해 지난 1년여 동안 여러 활동을 해 주신 연구소 회원 여러분께 진심 어린 감사를 드리며, 길게 내다보며 지금처럼 뚜벅뚜벅 함께 더불어 동행을 감히 꿈꾸어 본다.

(사)여수지역사회연구소

(사)여수지역사회연구소는 20세기 후반 격변의 시대, 외적으로는 자본주의와 사회주의 양 진영 간의 대립 체제가 구소련의 사회주의 내적인 모순에 의한 사회주의의 몰락과 함께 자본주의 일방의 세계 주도 세계사적인 변화를 모색하고, 내적으로는 민중운동의 쇠퇴와 시민운동의 등장과 함께 문민정부 출범 등으로 사회 운동의 방향이 재정립되어야 하는 시대적 환경과 민주주의 정착을 위한 지방자치 시대를 맞아 지역을 위하여 무슨 일을 어떻게 할 것인가의 고민 끝에 태동하였다. 이에 지역의 활동가들은 1994년 5월 연구소 기획 및 구상을 마련하여 9차에 걸친 준비위원회와 15회의 운영위원회를 개최하였고, 삼려통합 주민의견조사 공정감시단 활동, 임진왜란 유적지 장도, 송도 보존대책위 연대사업, 4대 지방선거 공명선거협의회 연대사업, 전국지방자치연구소 협의회 및 각종 세미나 참석 등을 통해 시민의 참여와 기대 속에 1995년 6월 1일 출범하여 올해 17년째를 맞았다.

연구소는 지역의 역사와 사회조사, 노동과 경제분석을 주요 연구 사업으로 설정하여 1998년 구 여수시, 여천시, 여천군의 행정구역 통합으로 인해 여수지역사회연구소로 명칭을 변경하였고, 지역의 인문사회과학연구소로 활동하고 있다.

MOOK
THE RESEARCH LOCAL COMMUNITY

지역사회연구

초 판 인 쇄 | 2012년 8월 21일
초 판 발 행 | 2012년 8월 21일

지 은 이 | (사)여수지역사회연구소
펴 낸 이 | 채종준
펴 낸 곳 | 한국학술정보㈜
주　　소 | 경기도 파주시 문발동 파주출판문화정보산업단지 513-5
전　　화 | 031) 908-3181(대표)
팩　　스 | 031) 908-3189
홈 페 이 지 | http://ebook.kstudy.com
E-mail | 출판사업부 publish@kstudy.com
등　　록 | 제일산-115호(2000. 6. 19)

ISBN 978-89-268-3753-5 93330 (Paper Book)
978-89-268-3754-2 95330 (e-Book)